龙州舍巴遗址

广西文物保护与考古研究所
龙 州 县 博 物 馆 编著

文物出版社

图书在版编目（CIP）数据

龙州舍巴遗址 / 广西文物保护与考古研究所, 龙州县博物馆编著. -- 北京 : 文物出版社, 2021.12
ISBN 978-7-5010-7258-3

Ⅰ. ①龙… Ⅱ. ①广… ②龙… Ⅲ. ①文化遗址—考古发现—研究—龙州县 Ⅳ. ①K878.05

中国版本图书馆CIP数据核字（2021）第217877号

审图号：桂S（2021）14-3号

龙州舍巴遗址

编　　著：广西文物保护与考古研究所
　　　　　龙州县博物馆

封面设计：王文娴
责任编辑：乔汉英
责任印制：陈　杰

出版发行：文物出版社
社　　址：北京市东城区东直门内北小街2号楼
邮　　编：100007
网　　址：http://www.wenwu.com
经　　销：新华书店
印　　刷：天津图文方嘉印刷有限公司
开　　本：889mm×1194mm　1/16
印　　张：13.25
版　　次：2021年12月第1版
印　　次：2021年12月第1次印刷
书　　号：ISBN 978-7-5010-7258-3
定　　价：270.00元

The Sheba Site in Longzhou City

Compiled by

Guangxi Institute of Cultural Relics Protection and Archaeology

Longzhou County Museum

Cultural Relics Press

目　录

插图目录

彩版目录

第一章　自然环境及建置沿革[1]

第一节　地理位置及自然环境

一　地理位置

龙州县位于广西壮族自治区西南部的左江上游，其东邻崇左市江州区，南接宁明县及凭祥市，东北与大新县相连，西及西北与越南接壤，总面积2317.8平方千米，辖5镇7乡，总人口272287人（2017年），有壮、汉、瑶、苗、回、侗等民族，其中壮族人口占总人口的95%左右。

二　地质地貌

龙州地处大青山和苗岭山脉地带，境内四面环山，仅东有缺口，地壳褶皱断裂非常发育，构造复杂，地势南北较高，中部水口河—丽江—左江横贯全境，形成低平的河谷平原。江北以岩溶地貌为主，主要有峰丛洼地、峰丛谷地和峰林谷地，走向大致为北西—南东向，海拔高度多在500 ~ 700米。江南主要是土山及岩溶地貌，土山是大青山山脉，走向是北北西—南南东向；岩溶地貌以峰林谷地为主，海拔高度多在500米以下，分布比较零散。主要地貌类型有水口河—左江溶蚀侵蚀谷地盆地区、大青山山地区、北部及东部峰林峰丛区共三大地貌区。

其中水口河—左江溶蚀侵蚀谷地盆地区主要分布于境内中部偏南的水口河—左江两岸一带，岩性是石炭系和三叠系的石灰岩、白云岩及泥岩、砂岩等。该区断裂发育，碳酸岩岩层破碎，沿河一带发育成宽广的溶蚀侵蚀谷地及盆地，盆地中一般发育有二级阶地及台地。其中第一级阶地高出河面15 ~ 20米，沿河岸两侧分布，由河流堆积的砾石层及亚砂土层组成，离岸较远的地方多为第四纪红土层所覆盖，形成以溶蚀残积为主，未具砾石层的台地；第二阶地已被后期地表水流侵蚀破坏，形成和缓波状起伏的台地，一般高出河面35 ~ 40米，海拔160 ~ 170米，坡度5° ~ 10°，最大也不过15°。在这些阶地或台地上，尤其是第四纪土层覆盖的溶积台地上，时有石芽、

[1] 本章内容主要参考龙州县地方志编纂委员会：《龙州县志》，广西人民出版社，1993年。

落水洞、漏斗、圆洼地或干谷出现，有些地方还有孤峰耸立在平原上，盆地谷地外围多是高达80～150米、最高250米的峰林峰丛。

大青山山地区位于县境西南部，由下冻河起向东南延伸至平而河北岸。该区主要由早三叠世喷出酸性火山岩组成，主要有凝灰熔岩、扉细岩、石英斑岩、夹熔岩、角砾岩等，北部局部区域还夹有灰岩及泥岩。由于火山岩易风化，因此大青山山脉虽然山体高大，但顶部却浑圆和缓，有较厚的风化层，而山谷地带，却因切割强烈，形成较狭窄的深谷。山地外缘有山前丘陵分布，主要由火山岩及中三叠统的泥岩、粉砂岩等组成。丘陵比较破碎，顶部比较和缓，山地与丘陵之间多有盆地。

北部及东部峰林峰丛区面积最大，包括水口河—左江河谷以北及左江两岸地区。岩性主要是泥盆系、石炭系、二叠系及三叠系的灰岩、白云岩及含杂质的碳酸岩等，局部有寒武纪系砂岩、泥岩、粉砂岩等。受地质构造、河流等因素影响，区内各处地貌发育也有所不同。其中县城至武德一带多连体峰林，峰林间分布有槽谷。左江至金龙一带多峰丛洼地，江两岸有高出河面15～20米的阶地及35～40米的山麓台地。这段左江河谷深切，河道弯曲，两侧峰林高耸，河谷宽度相对狭窄。

三 气候

龙州地处北回归线以南，属南亚热带季风气候区。气候冬春微寒，夏炎多雨，光照充足，热量及雨量均较充沛。历年平均日照时数为1679.9小时，最多的是7～9月，月平均达189.6～206小时；最少的是1～4月份，历年月平均为64.3～99.4小时，其中2月份仅57.7小时。年平均气温为21℃～22.1℃，最热月7月年平均气温为27.1℃～28.1℃，最冷1月年平均气温为12.2℃～14.1℃。雨量自西北向东南递减，北部的武德、金龙、逐卜雨量最多，年降雨量为1515.4～1752.2毫米；南部和东南部的龙州、上金、响水雨量较少，年降雨量1233.5～1344毫米。历年相对湿度最高的是8月，为85%，最小是1月，为77%。

四 水系

县内河流属珠江流域西江水系，河流总长178.5千米，总积雨面积35977平方千米，多年平均总径流量735.5亿立方米。主要河流有水口河、平而河、黑水河、丽江、明江、左江。水口河和平而河均发源于越南境内，其分别呈西北—东南流向和西南—东北流向贯穿县境西部，年平均径流量分别为34.4亿立方米及39.38亿立方米，二者在龙州县城洗马滩汇入丽江，在修建电站及拦河坝之前，船只沿水口河和平而河可分别抵达越南的高平及凉山，是龙州通往越南最便捷的水上运输通道。水口河和平而河汇合后称为丽江，其自西向东横贯县境南部，至上金新街与明江汇合后称为左江。明江发源于十万大山北麓，其略呈东南—西北向自宁明流入县境东部，河流年径流量28.57亿立方米，在龙州境内长度仅12.6千米，是上思、宁明两县商船进入左江的主要水上通道。丽江和明江汇合后称为左江，其自西向东蜿蜒东流，在县境东部棉江与黑水河汇合后于驮棉进入崇左市江州区。黑水河是龙州与崇左的自然分界线，其发源于靖西县境内，自西北向东南流经大新县及左江区，在龙州县内长度仅 10.4 千米。

五　野生植物

龙州植物资源丰富，县内有用材植物 500 多种，药用植物 690 种，纤维植物 138 种，淀粉植物 33 种，油脂、蜡类植物 58 种，橡胶植物 5 种，饲料植物 82 种，野果植物 48 种，饮料植物 21 种，鞣料植物 32 种，紫胶虫寄主植物 16 种，芳香植物 48 种，观赏植物 105 种，栲胶植物 31 种，这些植物种类分别占广西同类植物种数的 21% ～ 64% 不等。除此之外还有蜜源植物 21 种，菜类植物 26 种，农药植物 35 种，绿肥植物 33 种，染料植物 22 种，树脂糊料植物 10 种。

其中淀粉植物主要有桄榔、董棕鱼尾葵、山菠萝、七叶薯、五叶薯、海芋、买麻藤、黄独、细子龙等 9 种。

药用植物主要有密花美登木、闭花木、山海带（龙血树）、海南大风子、广西马兜铃、弄岗通城虎、山乌龟、七叶莲、鸡矢藤、两面针、苦玄参（苦草）、毛勾藤、天门冬、对叶百部、绿背桂花、络石、贯众、白桐树、火焰花、黄毛豆腐木、砂仁、苏木、金果榄、流苏石斛、粉花石斛、大苞括楼、茜草、青天葵、大花忍冬、红滕忍冬、萝芙木、桑寄生等 32 种。

油脂、蜡类植物主要有东京桐、石栗、茶条木、细子龙、毛桐、黄连木、海南吹风楠、油渣果、乌榄、山苍子、千年桐、蓖麻、乌桕、圆叶乌桕、野漆树等 16 种。

纺织纤维植物有破布木、广西芒木、截裂翻白叶树、刺蒴麻、地桃花、对叶榕等；特用纤维植物有桄榔、家麻树、苹婆、假苹婆、海南椴等；造纸纤维植物有钩树、柘树、斜叶榕、五节芒、水冬瓜、类芦、斑茅等；编织纤维植物有黄藤、小白藤、龙须草及各种竹类；填充纤维植物有木棉。

野果植物主要有冬果、苹婆（九层皮）、人面果、坤果、糕果（发冷果）、银棟果、火果、野牡丹果、雀梅果、牛奶果、野酸枣、凉粉果、水榕树、野栗、金英、豆稔、酸藤果、洋桃、扁桃果、番桃果、粘果、野黄皮、鸡皮果、橄榄、番石榴、余甘子、牛甘果、桑果、野沙梨等 29 种。另外，因丢荒或人类不自觉传播而处于半野生状态的果树有龙眼、荔枝、柚、酸梅、黄皮、木菠萝、番木瓜、芭蕉、枇杷、桃果等。

饮料植物主要有腺萼木、薜荔、黄牛木、后山茶、苦丁茶、甜茶、葫芦茶、绞股蓝、百解藤、青天葵等 10 种。蜜源植物主要有龙眼、荔枝、柚、黄皮、鸡皮果、洋桃、粗糠柴、豆梨、野芭蕉、黄荆、阔叶猕猴桃等 11 种。

野生蔬菜类植物有利用竹笋的麻竹、甜竹、苦竹、钓鞭竹、大头竹等 5 种；利用嫩叶的望江南、假篓、香椿、龙须菜、羊角菜、刺芫荽、红背菜、赤苍菜、甜树菜、咸菜、雷公筋等 11 种；利用果实的有乌榄、木蝴蝶、鸡椒等 3 种。农药植物主要有厚果鸡血藤、苦楝、假烟叶、山石榴、乌桕、苦树、黄花蒿、对叶百部等 8 种。

高等真菌资源有子囊菌 7 属 7 种、担子菌 35 属 70 种（包括 2 变种），具应用价值的有木耳、银耳、灵芝、裂褶菌、厚皮木层孔菌等 26 种，其中食药兼用菌 9 种，食用菌 7 种，药用菌 10 种。

六 野生动物

龙州县石灰岩山地占多，山峰林立，常绿阔叶林分布及植被覆盖面较广，为动物提供较好的生存条件。据不完全统计，县内有兽类 7 目 20 科 30 种，禽类 11 目 25 科 71 种，鱼类 175 种；节肢、两栖、爬行类动物 11 目 12 科 39 种；昆虫 14 目 101 科 707 种，其中林木害虫天敌 43 种，农作物害虫天敌 86 种，主要药用昆虫 29 种。

其中兽类有树鼩、果蝠、白头叶猴、黑叶猴、穿山甲、红腹松鼠、白腹巨鼠、巨松鼠、棕鼯鼠、竹鼠、箭猪、貉（聋狗）、食蟹獴、鼬獾（猪仔狸）、花面狸（果子狸）、林麝、斑林狸、豹猫（抓鸡虎）、野猪、赤鹿（黄猄）、鬣羚（苏门羚）、狐狸、大灵猫、小灵猫、华南虎、云豹、熊、乌猿、金丝猴、猕猴、懒猴、熊猴、金猫、水獭、蝙蝠、老鼠、水鹿等。

禽类有小鷿鷉、兰翅八色鸫、鼋、黄斑苇鸦、黑冠虎斑鸦、蛇雕、白鹇、原鸡、灰头麦鸡、白腰杓鹬、珠颈斑鸠、绿背金鸠、绿嘴地鹃、褐翅鸦鹃、小鸦鹃、红头咬鹃、普通翠鸟、白胸翡翠、戴胜、斑犀鸟、棕啄木鸟、栗啄木鸟、兰背八色鸦、赤红山椒鸟、黑冠黄鹎、红耳鹎、白喉冠鹎、短脚黑鸭、红尾伯劳、白喉红臀鸭、白鹅、树鹨、棕背白劳、发冠卷尾、小盘尾、八哥、大嘴乌鸦、灰蓝鹊、红胁兰尾鸭、白颈鸦、鹊鸲、北红尾鸲、白尾地喉石鸲、灰林鸲、橙头地鸲、白腹鸲、棕颈勾嘴眉、短尾鹪眉、红头穗眉、黑喉噪眉、画眉、灰眼雀眉、白眶雀眉、白腹风眉、黄眉柳莺、黄腰柳莺、黄腹鹟莺、火尾缝叶莺、灰头鹪莺、北灰鹟、棕腹大仙鹟、黑枕王鹟、白喉扇尾鹟、大山雀、冕雀、朱背啄花鸟、叉尾太阳鸟、暗绿绣眼鸟、树麻雀、白腰文鸟、鹧鸪、红毛鸡、鹰、鸬鹚（鱼鹰）、猫头鹰、草鸮（猴面鹰）、杜鹃（布谷）、雁、燕子、鹌鹑、山胡、黄鹂、白鹭等。另外尚有很多至今未知名的鸟类。

鱼类有赤魟、鲤鱼、鲢鱼、鲮鱼、鲫鱼、鲶鱼、青竹鱼、桂鱼、斑鱼、草鱼、胡子鲶（塘角鱼）、黄鳝鱼、泥鳅鱼、鳙鱼、倒刺鲃、桂华鲮、南方白甲鱼、菱形白甲鱼、鲮卷口鱼、大鳞鱲、红眼鱼、银似鲛、沙鳅、条纹二须鲃、细身光唇鱼、短鳍结鱼、麦穗鱼、花刺似逆鮈、长棒花鱼、锦鱼（好运鱼）、胡鲇、灰鲇、斑鳗、黄颡鱼、福建级胸鮡、竹壳斑鳢、大刺鳅等。

节肢、两栖、爬行类动物有虾、蟹、青蛙、泥蛙、长脚蛙、虎纹蛙、沼蛙、泽蛙、斑腿树蛙、林蛙、饰纹姬蛙、花姬蛙、蟾蜍、红边龟、金边龟、地龟、牛屎龟、金钱龟、草龟、八角龟、鹰嘴龟、水鱼（鳖）、山瑞、蛤蚧（大壁虎）、壁虎、马鬃蛇、巨蜥、蜈蚣（百足）、两头蛇、蟒（南蛇）、过树龙、百花锦蛇、三索锦蛇、草游蛇、红脖游蛇、小头蛇、横纹翠青蛇、林蛇、灰鼠蛇、水蛇、绿瘦蛇、紫沙蛇、水律蛇、眼镜蛇（膨颈蛇）、青竹蛇、山万蛇、吹风蛇、金环蛇（金包铁）、银环蛇（银包铁）、青蛇、三线蛇、黑蛇、白蛇、白花蛇、五爪金龙等。

软体动物有田螺、山螺、菜螺、花螺、坚螺、圆口螺、石螺、河蚌、溪蚌、蜗牛等。

昆虫有大蜻蜓、山凤蝶、碧凤蝶、纵带凤蝶、巴黎凤蝶、玉带凤蝶、蟋蟀、桑蚕、木薯蚕、蓖麻蚕、樟木蚕、蜜蜂、黄蜂、地蜂、竹蜂、赤眼蜂、绿姬蜂等。

第二节　建置沿革

龙州历史悠久，早在新石器时代就有人类在此生息繁衍。

秦统一岭南，置桂林、南海、象三郡。龙州开始纳入中原王朝版图，但其属桂林还是象郡并不明确。

秦末南越割据，龙州地属南越国。

汉武帝平定南越后，龙州属郁林郡雍鸡县，遗址东南面的庭城遗址很可能就是县治所在。

东汉省雍鸡县入临尘县，龙州属临尘县地。

三国时期，龙州属郁林郡地，县属不详。

两晋南朝时期，龙州属晋兴郡，县属不详。

唐仪凤元年（公元 676 年），于今龙州县金龙乡置羁縻金龙州；先天二年（公元 713 年），置羁縻龙州，州署位于今逐卜乡谷阳村旧州屯，是为龙州得名之始。

五代（公元 907 ~ 959 年），龙州先属楚，后属南汉。

宋初，仍沿袭羁縻龙州不变，另于下冻、布局一带置羁縻冻州，并将原羁縻金龙州改为迁龙寨；至和二年（公元 1055 年），州署自今逐卜乡谷阳村旧州屯迁至今龙州县城。

元大德三年（公元 1299 年），升龙州为万户府，府治位于今龙州县城。同时将羁縻冻州分为上峒、下峒两土州，至正二十年（公元 1360 年），又合称上下冻州，归龙州万户府承审，仍属太平路。

明洪武二年（公元 1369 年），废龙州万户府，复称龙州，上下冻州因旧，属太平府。九年（公元 1376 年），将迁龙寨改名金龙峒，隶太平府安平土州。

清初因袭明制。雍正三年（公元 1725 年），分龙州为上龙（驻今上金乡）、下龙（驻今龙州县城）两个土巡检司，隶太平府。五年（公元 1727 年），下龙司改土归流，移太平府通判驻龙州城接管。上龙司因原制，仍隶太平府。乾隆五十六年（公元 1791 年），于下龙司地复置龙州，隶太平府，上龙司归龙州承审。五十七年（公元 1792 年），改龙州为龙州厅，仍属太平府。光绪三十三年（公元 1907 年），上龙土司，上下冻土州废世袭制，属龙州厅。宣统元年（公元 1909 年），金龙峒从安平州划归龙州厅管辖。

1912 年 1 月，升龙州厅为龙州军政分府，辖凭祥厅、上龙土司、上下冻土州及金龙峒。

1913 年 6 月，裁龙州军政分府，置龙州县，仍辖上龙土司、上下冻土州及金龙峒，隶镇南监督区。凭祥厅归原治。

1927 年，改土归流，上下冻土州并入龙州县。

1928年，上龙土司及金龙峒合并为上金县（县治位于今上金乡，即遗址所在地附近），隶镇南督察区（区治设于龙州）。

1936年4月，龙州县更名为龙津县。

1951年5月5日，龙津县、上金县合并为龙津、上金联合县，后称龙州县。

1952年8月，改龙州县为丽江县。

1953年4月23日，复改丽江县为龙津县。

1958年12月，龙津、宁明、凭祥三县（市）合并成立睦南县，治凭祥市。

1959年5月，裁撤并县建置，原龙津县各机关迁回龙州，仍称龙津县。

1961年12月31日，正式将龙津县更名为龙州县。

第二章　遗址概况及发掘整理经过

第一节　遗址位置及周边环境

舍巴遗址位于龙州县上金乡联江村舍巴屯东北约 230 米的丽江南岸，西北距龙州县城约 13 千米，东北距上金乡约 1.8 千米，地理坐标为北纬 22°19′1.8″，东经 106°59′10.3″。

遗址地处丽江和明江交汇处西面，丽江和明江分别自西北和东南蜿蜒而来，在遗址东北约 400 米处汇入左江（图一）。沿河两岸是宽广的溶蚀侵蚀谷地及盆地，地势较为开阔。盆地中发育有二级阶地及台地，一级阶地高出河面 15 ~ 20 米，由河流堆积的砾石层及亚砂土层组成；二级阶地大多被后期地表水流侵蚀破坏，形成和缓波状起伏的台地。离岸较远的地方多被第四纪红

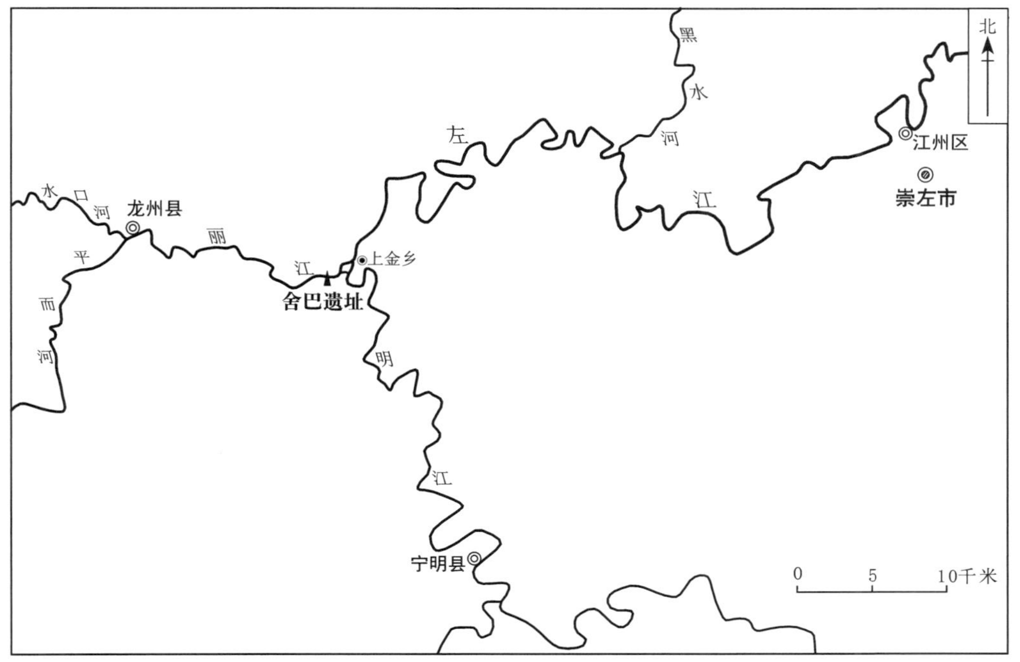

图一　舍巴遗址地理位置示意图

土层所覆盖，形成以溶蚀残积为主，未具砾石层的台地。在阶地或台地上，时有石芽、落水洞、漏斗、圆洼地出现，盆地外围是高达百米左右的石灰岩峰林峰丛。

遗址扼守三江交汇之处，不仅周围土地肥沃开阔，同时也是左江进入龙州及宁明乃至越南的重要通道。优越的地理环境造就了遗址周边古代文化的发达，早在新石器时代就有人类在此生息繁衍，仅在遗址周边的上金乡范围内就发现有宝剑山、下白雪、三洲头、三洲尾、紫霞洞、沉香角、无名山、渡船山、白雪屯、根村等十余处新石器时代洞穴、岩厦或台地贝丘遗址。战国秦汉时期，遗址周边的沿江岩壁上不仅出现了大量岩画，而且还发现了零星具有明显越文化特征的米字纹等几何印纹硬陶陶片，而位于遗址东北约140米处的庭城遗址的发现更是表明，至迟至西汉中期开始，遗址所在地便已出现了行政建制。

第二节 遗址分布范围及发现发掘经过

遗址处于丽江南岸相对凸起的石灰岩河岸上，河岸较为陡直稳固，其背靠石灰岩山坡，前临丽江，高出江面约8米（彩版一）。遗址中部凸起，两侧凹陷，分布范围南北长约30米，东西宽约25米，面积约750平方米。主体堆积为一直径约20米的近圆形贝丘，凸起呈圆丘状，中心点高出周边地面1 ~ 2米不等（彩版二，1）。除地表可见的贝丘堆积之外，周边地表亦有零星石器散布，其散布范围甚至延至遗址东北约140米的汉代庭城遗址，足见遗址分布范围之广和文化内涵之丰富。

2009年，在开展第三次全国文物普查工作期间，广西文物保护与考古研究所与崇左、龙州等地市相关文博单位联合对左江流域进行专题考古调查，在明江和丽江交汇处的舍巴屯东北发现了舍巴遗址及汉代庭城遗址。

2010年11月，为配合左江花山岩画申遗工作，探寻左江流域相关遗存与岩画之间的关系，广西文物保护与考古研究所及龙州县博物馆计划联合对庭城遗址进行考古发掘，但由于村民的百般阻挠，致使考古工作一直无法顺利开展，经多方协商无果后，决定将发掘目标转至庭城遗址西南约140米的舍巴遗址。

为了最大限度地降低试掘对遗址的破坏，发掘选取圆丘状贝丘堆积外缘靠近江岸一块较为狭窄的平地进行，根据地形起伏及走向，按北偏东20°布设2米 ×5米探沟一条，编号为T1（彩版二，2）。

整个发掘工作自11月27日开始，至12月12日田野工作结束，野外发掘前后持续16天，发掘面积为10平方米（彩版三）。

第三节　地层堆积及文化分期

一　地层堆积

地层堆积共分 5 层，由于发掘部位处于遗址边缘，加之受探沟内一块较大的石灰岩岩体的影响，各文化层厚薄分布不均（图二；彩版四）。各层堆积情况如下：

第 1 层：耕土层。灰褐色沙土。厚约 8 ~ 20 厘米。土质疏松，包含有零星扰乱的螺壳及动物骨骼碎屑。本层下发现墓葬一座，墓葬打破第 2 层。

第 2 层：灰黄色沙土堆积层。厚约 0 ~ 50 厘米，主要分布于探方北壁和东壁，西壁及南壁仅有局部分布。土质较为纯净致密，含沙量较大，应为江水上涨淤积形成。

第 3 层：棕红色沙黏土堆积层。厚约 18 ~ 40 厘米。土质较硬，结构相对致密，包含较多腐朽的动物骨骼及零星螺壳碎屑和红烧土块。动物骨骼大多朽化较严重，螺壳几乎全部朽化呈粉末状。从螺壳数量及保存状况看，这些螺壳为高处的封土状贝丘堆积扰入的可能性较大。本层石器分布较为密集，包括砍砸器、刮削器、石片、石锛、石斧、斧（锛）毛坯及石器断块等石制品。

第 4 层：浅棕红色沙黏土堆积层。厚约 10 ~ 41 厘米。土质略显疏松，含沙量较大，包含少

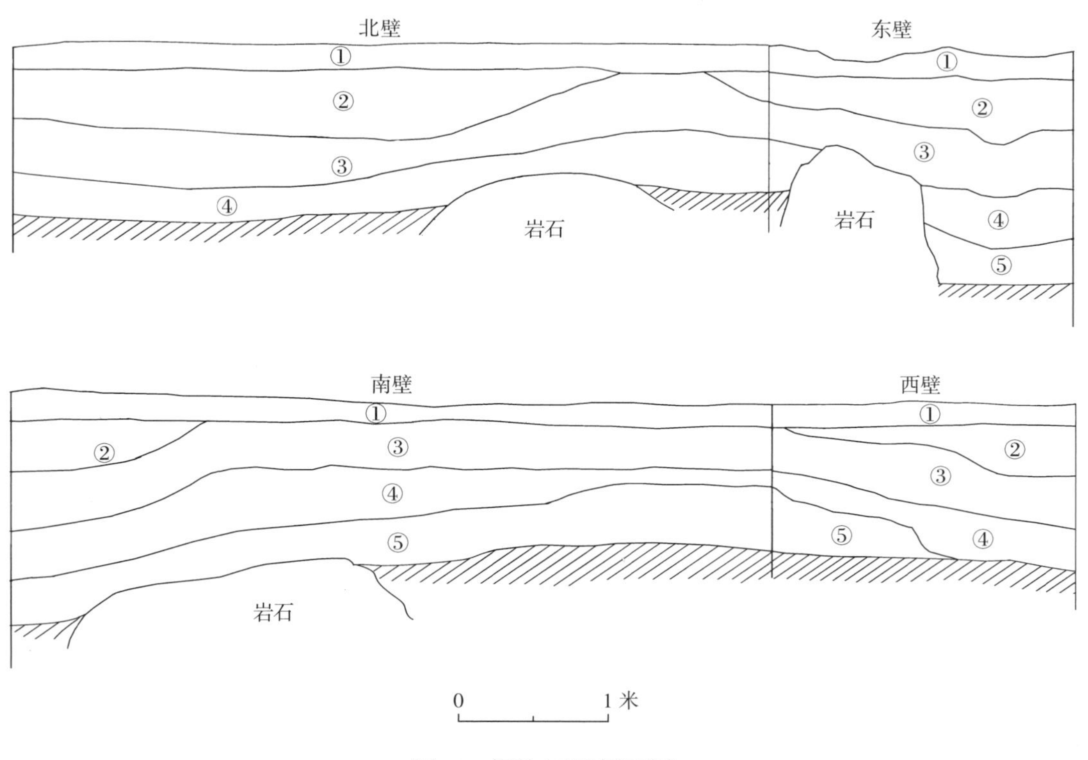

图二　探沟四壁剖面图

量红烧土块及兽骨，几乎不含螺壳。本层亦包含大量石器，类型有砍砸器、刮削器、石片、石锛、石斧、斧（锛）毛坯及半成品。石器分布虽不如第 3 层密集，但特征完全一致。

第 5 层：螺壳堆积层。厚约 0 ～ 43 厘米，主要分布于探方南半部。为螺壳夹少量灰褐色沙土堆积，包含物有少量石器及大量动物骨骼。石器有砍砸器、刮削器、石锛、石片等，特征与第 3、4 层区别不大，但石料颜色差别较明显。本层下为黄色黏土，较纯净，表面偶尔夹杂零星螺壳，应为人类活动前的原始地面。

二 文化分期

从地层堆积及遗物特征看，遗址一共分为三期。其中第一期为遗址第 5 层，属贝丘堆积，生业模式以渔猎捕捞为主。第二期为遗址第 3、4 层，为棕红色沙黏土堆积，生业模式由渔猎捕捞为主转向狩猎采集为主。第三期仅发现墓葬一座，与第一、二期之间有明显的间歇层。

整体上看，第一、二期之间尽管在生业模式上存在明显的区别，但二者前后相延，且遗物特征较为一致。说明二者不仅年代接近，且属同一文化范畴。第三期遗物较为单薄，无论是文化面貌还是所处年代与第一、二期差异均较大。

第四节 资料整理及报告编写

在发掘结束后，对出土器物进行了清洗、编号，但未及系统整理。2020 年 2 月，开始对资料进行全面系统整理。整理之初原本计划以简报形式进行发表，但考虑到遗址遗物相对独特，而且在广西史前文化发展序列、生业模式的演进及石器制作技术等方面均具有一定的意义，为了能够更为全面完整的介绍遗址资料，故决定以报告的形式进行整理出版。

在整理石器时，由于不少石器表面附着有胶结的凝结物，为便于观察其加工痕迹，故采用稀释的醋液对其进行浸泡清除，因此照片中的石器呈现出的均是清理表面凝结物后的面貌。由于这些石器表面胶结的情况与同处左江上游地区诸遗址几乎完全一致，若需了解清洗前石器表面胶结情况，可参考《广西左江花山考古（2013 ～ 2016）》[1]一书中相关遗址出土石器的相关照片。

在资料整理期间，为补充遗址的相关信息，曾对遗址进行航拍。在航拍时，由于遗址所处耕地已抛荒，地表可见大量石器散布，为了丰富遗址资料，故对地表所见石器进行了采集。共采集到石器 105 件，均采自遗址约 750 平方米的主体分布范围内。鉴于这些采集的石器对于丰富遗址的认识具有一定的补充作用，因此将其单独作为一节进行介绍。

出土遗物编号采用出土年份 + 遗址代号 + 探方号（或遗迹号）+ 层位号 + 比号 + 序号的方式进行，由于遗址代号使用字母表示容易引起混淆，故直接以“龙州”和“舍巴”的首字进行代替，

[1] 广西文物保护与考古研究所：《广西左江花山考古（2013 ～ 2016）》，文物出版社，2021 年。

简写为“龙舍”，如“10 龙舍 T1 ④：1”或“10 龙舍 M1 ：1”。为了介绍方便，报告中均简写为“T1 ④：1”或“M1 ：1”。

采集遗物大致分三种情况进行编号，一种是表面洁净无凝结物者，从发掘出土石器特征看，此类石器来自第二期棕红色黏土堆积的可能性较大，故直接采用遗址代号 + 采 + 比号 + 序号的方式进行区分，如“龙舍采：1”，本报告中均直接简写为“采：1”。另外一种是表面粘附有兽骨或其他凝结物，但未见贝壳者，此类遗物与第一、二期出土器物均有相似之处，故采用遗址代号 +N（表示凝结物）+ 采 + 比号 + 序号的方式进行区分。如“龙舍 N 采：1”，在本报告中均直接简写为“N 采：1”。第三种是表面附着有螺壳者，此类石器来自贝丘堆积的可能性较大，故采用遗址代号 +B（代表贝丘）+ 采 + 比号 + 序号的方式进行区分，如“龙舍 B 采：1”，在本报告中均直接简写为“B 采：1”。

需要说明的是，舍巴遗址试掘资料此前曾在《考古龙州》[1]、《左江右江流域考古》[2]等刊物中进行过介绍，由于当时资料尚未经过系统整理，故以往发表资料中若有与本报告冲突之处，均以本报告发表资料为准。

[1] 杨清平、李敏：《考古龙州》，广西科学技术出版社，2017 年。

[2] 广西壮族自治区文化厅、广西壮族自治区文物局：《左江右江流域考古》，广西科学技术出版社，2015 年。

第三章 出土器物

第一节 第一期出土器物

本期为遗址第 5 层，属贝丘堆积。出土器物较少，仅 19 件，这与本次发掘的本期地层堆积厚度较薄及分布范围较小密切相关。在出土器物中，除 1 件骨针外，其余均为石制品，类别有打制石器、磨制石器和砺石三种。其中打制石器共 10 件，包括砍砸器、刮削器、石片三种，约占本期出土石器总数的 55.6%；磨制石器共 7 件，包括斧（锛）毛坯及其成品，约占本期出土石器总数的 38.9%；砺石仅 1 件，仅占本期出土石器总数的 5.6%。

本期打制石器以黑褐色辉长岩为主，石料特征较为一致，颜色偏深黑褐（彩版八，1），与第二期出土打制石器在石料质地和颜色方面构成了明显区别。

一 砍砸器

仅 1 件，占本期出土石器总数的 5.6%，占本期打制石器总数的 10%。为单边直刃带尖砍砸器。

T1 ⑤：8，黑褐色辉长岩。两面均较平整，平面近梯形。其以体形相对厚重的横长型石片修刃而成。石片打击点位于器体上部左侧，打击点宽大内凹，腹面平整，放射线清晰。石片远端单面正向修刃，刃面略陡，修整面较窄，片疤大而密集，刃缘长而锋利，无明显使用痕迹。刃部左端与斜侧形成较锐的尖角，可直接作为手镐使用。长 8.1、宽 11.6、厚 3.7 厘米，重 477 克，刃角 58°（图三，1；彩版五，1）。

二 刮削器

共 3 件，约占本期出土石器总数的 16.7%，占本期打制石器总数的 30%。岩性有辉长岩、辉绿岩两种。均以石片单面正向修刃而成，有双边刃和多边刃两种。

（一）双边刃

1 件。为双侧刃。

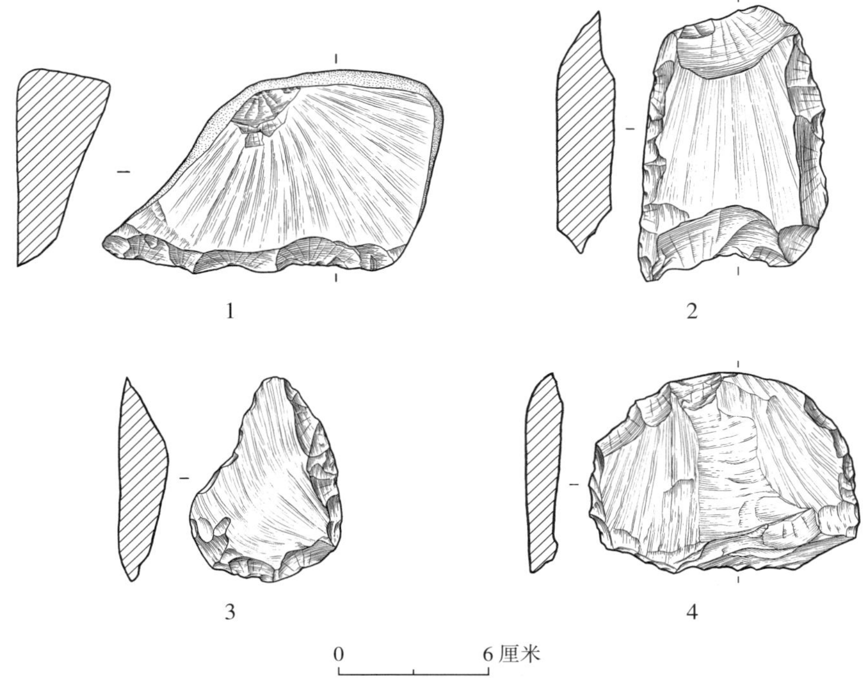

图三　第一期砍砸器、刮削器

1. 单边直刃砍砸器（T1⑤：8）　2. 双边刃刮削器（T1⑤：17）　3、4. 多边刃刮削器（T1⑤：13、10）

T1⑤：17，黑褐色辉长岩。体形稍大，平面近长方形。以纵长型石片两侧修刃而成，石片打击点位于器体右侧，打击点宽大，同心波较明显，劈裂面稍平。石片左侧截断，上下两侧均从背面向正面单面修刃。上侧刃缘近直，修整程度较轻，片疤小而细碎；下侧刃缘微弧，片疤略大，较锋利。长11.3、宽7.5、厚2.3厘米，重248.5克，刃角60°（图三，2；彩版五，2）。

（二）多边刃

2件。器体周边连续修刃，形状有三角形及近椭圆形两种。

T1⑤：13，灰绿色辉绿岩。体形较小，平面近三角形。以横长型石片修刃而成，石片打击点位于器体右下部，打击点宽凹，劈裂面平整，放射线清晰。器体边缘连续正向修刃，右侧及下端修整片疤稍大，刃缘均呈弧形，左侧修整相对轻微，刃缘内凹，两侧刃缘在上部交汇，形成一个较为锐利的尖角，可作为尖状器使用。长8.4、宽5.9、厚1.9厘米，重90克，刃角43°～62°（图三，3；彩版五，3）。

T1⑤：10，黑褐色辉长岩。器体扁薄，平面近椭圆形。以横长型石片修刃而成，石片打击点被修整片疤破坏，腹面平整。器体边缘连续单面正向修刃，刃缘有连续锯齿状片疤。长8.2、宽10.6、厚1.6厘米，重185克，刃角30°～62°（图三，4；彩版五，4）。

三　石片

共6件，占本期出土石器总数的33.3%，占本期打制石器总数的60%。岩性均为黑褐色辉长岩，均以砾石以锐棱砸击的方式一次性打片而成。腹面多较平坦，打击点及放射线多较清晰，除1件打击点背面略有崩裂外，其余背面均保留完整砾石面。石片有横长型和纵长型两种，以纵长型居多，除1件横长型石片体形较大外，其余均相对轻薄。平面形状有近椭圆形、近三角形及近四边形三种，以近三角形居多。石片边缘均较锋利，绝大部分有使用痕迹。

（一）横长型

1件，占石片总数的16.7%。

T1⑤：9，体形大而厚重，平面近椭圆形。打击点较宽凹，向背面轻微崩裂，半锥体及同心波不明显。劈裂面中部凸起，远端边缘略内卷，边缘较锋利，有使用痕迹。长10.4、宽12.4、厚5.7厘米，重787克（图四，1；彩版五，5）。

（二）纵长型

5件。体形多较轻薄，长7.6 ~ 11.7、宽5.1 ~ 8.5、厚1.8 ~ 4厘米，重99 ~ 265克。

T1⑤：18，体形扁长轻薄，平面近四边形。打击点宽大，半锥体微显，劈裂面不平，呈层叠状向远端扩散，远端折断。边缘较锋利，有轻微使用痕迹。长11.7、宽5.1、厚2.1厘米，重150克（图四，2；彩版五，6）。

T1⑤：7，体形轻薄，平面呈椭圆形。打击点稍小，劈裂面近平，半锥体微显，远端边缘轻微折断。边缘较锋利，有轻微使用痕迹。长8.8、宽8.5、厚1.8厘米，重158克（图四，3；彩版六，1）。

T1⑤：11，体形较厚，平面近三角形，背面呈棱锥状凸起。打击点稍小，劈裂面平整，放射线不甚清晰，片尾反卷内收，两侧边缘较锋利，无明显使用痕迹。长10.3、宽7.5、厚4厘米，重265克，石片角32°（图四，4；彩版六，2）。

T1⑤：6，体形小巧轻薄，平面近三角形。打击点略宽凹，劈裂面平整，放射线清晰，远端下凹。边缘较锋利，有轻微使用痕迹。长7.6、宽6.9、厚1.9厘米，重99克（图四，5；彩版六，3）。

T1⑤：12，体形轻薄，平面近三角形。打击点宽大，半锥体微显，放射线清晰，劈裂面不平。边缘较锋利，有轻微使用痕迹。长7.6、宽7.4、厚1.8厘米，重105.5克，石片角62°（图四，6；彩版六，4）。

四　石斧（锛）毛坯

共2件，占本期出土石器总数的11.1%，占本期磨制石器总数的28.6%。岩性均为辉绿岩。均

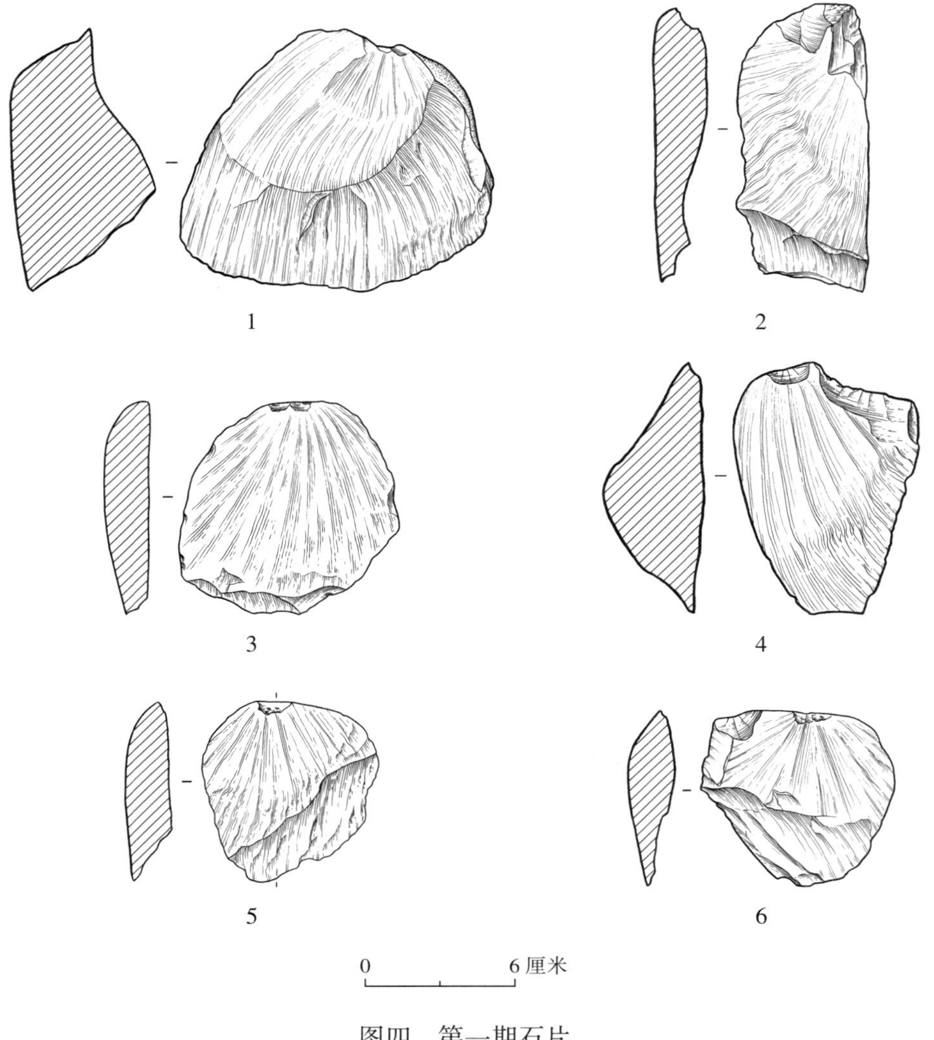

图四　第一期石片

1. 横长型石片（T1⑤：9）　2～6. 纵长型石片（T1⑤：18、7、11、6、12）

以扁长形砾石为原料打坯修整而成，打制修整部位主要集中于器体两侧及刃端。平面均呈长椭圆形。

T1⑤：3，青灰色辉绿岩，器表略有风化。器体较扁长，两端弧圆。沿器体侧缘向面部连续打片修整，片疤密集层叠，其中两侧修整面较大，片疤较连续，主要向正面崩裂。端部修整面略小，片疤向两面崩裂。长 14.2、宽 6.2、厚 2.9 厘米，重 304 克（图五，1；彩版六，5）。

T1⑤：5，青灰色辉绿岩，器表风化严重。体形扁薄，刃端及左上部稍微打制，片疤较小，主要向正面崩裂。长 9.4、宽 4.9、厚 1.2 厘米，重 104 克（图五，2；彩版六，6）。

五　石斧

共 3 件，占本期出土石器总数的 16.7%，占本期磨制石器总数的 42.9%。岩性均为玄武岩。

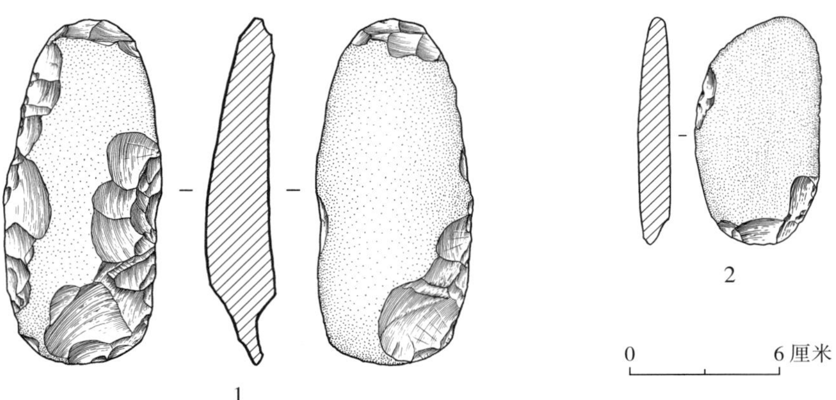

图五　第一期长椭圆形石斧（锛）毛坯

1. T1 ⑤：3　2. T1 ⑤：5

均以砾石为素材打坯磨制而成，打坯修整部位主要集中于器体两侧及刃端，磨制部位主要集中于刃部，器身侧缘亦多有轻微磨痕。平面形状有梯形和近三角形两种。

（一）梯形

2 件，占本期石斧总数的 66.7%。

T1 ⑤：4，黑褐色玄武岩。体形扁薄规整，平面呈梯形。器体两侧连续打片修整，片疤细碎密集，沿正反两面侧缘分布，柄端有轻微砸疤。磨制部位集中于刃部及两侧，刃部磨面呈弧形，磨面小而精细，两侧仅轻微磨除片疤棱角。正锋，圆弧刃，刃缘平滑锋利，无明显使用痕迹。长 8.5、宽 5.4、厚 1.3 厘米，重 89 克（图六，1；彩版七，1）。

T1 ⑤：14，灰褐色玄武岩。器体不甚规则，平面近梯形。器身通体打制，面部片疤相对较大，侧缘片疤细碎层叠。磨制部位分别位于刃部及器身局部，磨面均小而精细。正锋，圆弧刃，刃缘平滑锋利，无明显使用痕迹。长 9.6、宽 4.5、厚 2.5 厘米，重 115 克（图六，2；彩版七，2）。

（二）近三角形

1 件，占本期石斧总数的 33.3%。

T1 ⑤：15，黑褐色玄武岩，器表稍微风化。体形相对规整，柄端略显尖弧，平面近三角形。器体中下部两侧缘连续打片修整，片疤向两面崩裂，柄端保留完整砾石面。磨制部位集中于刃部及两侧，刃部磨面较小，为双面精磨，两侧仅轻微磨除片疤棱角。刃缘近直，因使用部分残缺。长 8.5、宽 4.9、厚 1.4 厘米，重 92 克（图六，3；彩版七，3）。

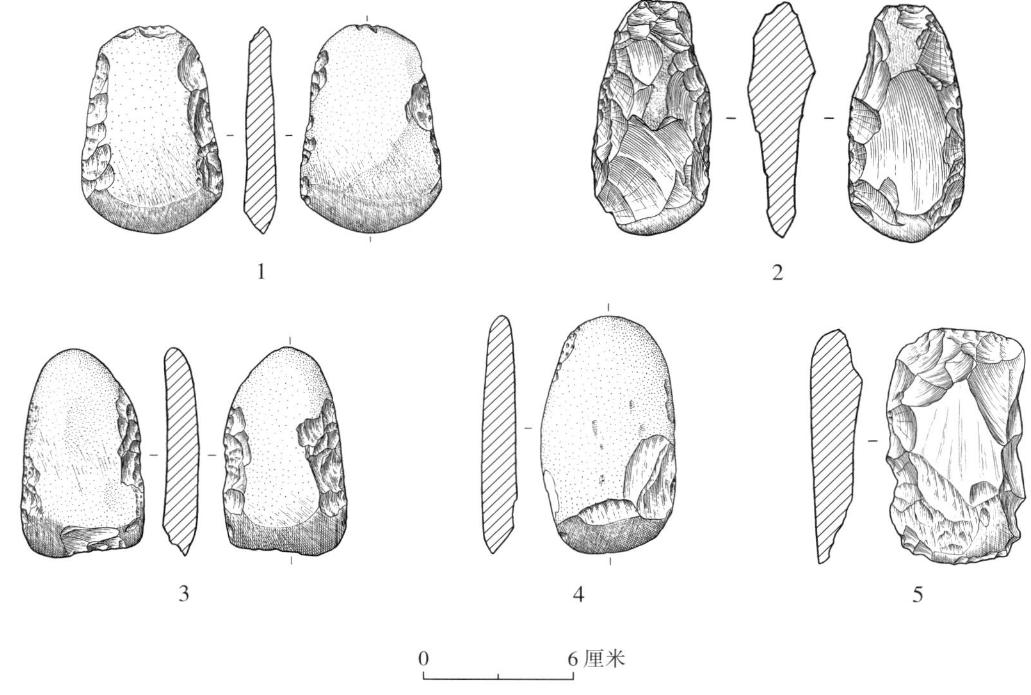

图六　第一期石斧、石锛
1、2. 梯形石斧（T1⑤：4、14）　3. 近三角形石斧（T1⑤：15）　4. 长椭圆形石锛（T1⑤：2）
5. 长方形石锛（T1⑤：16）

六　石锛

共2件，占本期出土石器总数的11.1%，占本期磨制石器总数的28.6%。岩性有辉绿岩、辉长岩两种。分别以砾石和石片为素材修整磨刃而成，修整部位主要集中在侧缘和刃端，磨制部位主要集中于刃部。平面形状分别为长椭圆形和长方形。

（一）长椭圆形

1件，占本期石锛总数的50%。

T1⑤：2，青灰色辉绿岩。体形扁薄，边缘及端部均略弧，平面为长椭圆形。刃端正面右侧有单面打制片疤，左侧近端部有轻微砸疤，其余部位保留砾石面。刃部精磨，正面磨制程度较深，刃面平而陡斜；背面轻微磨制，磨面窄弧，相对平缓。刃缘微斜弧，较锋利，无明显使用痕迹。长9.8、宽5.3、厚1.4厘米，重121克（图六，4；彩版七，4）。

（二）长方形

1件，占本期石锛总数的50%。

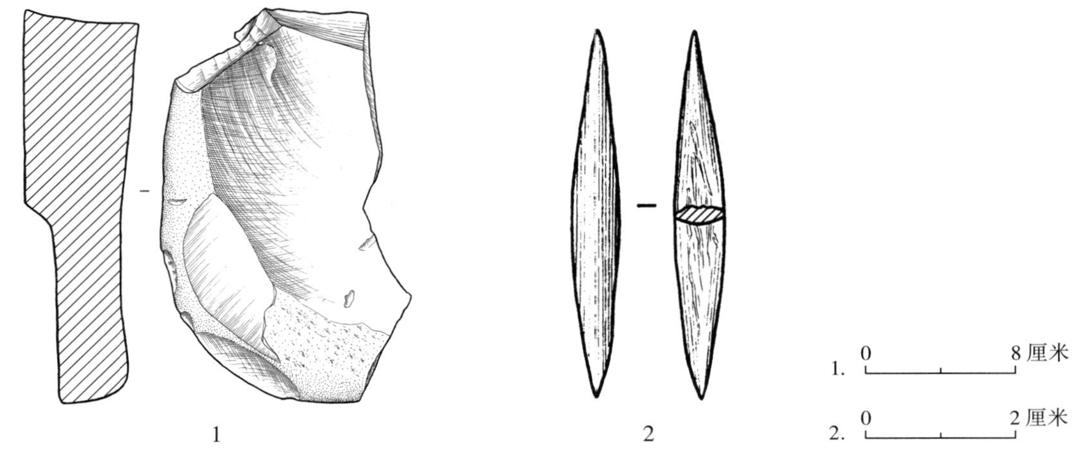

图七 第一期砺石、骨针

1. 砺石（T1⑤：1） 2. 骨针（T1⑤：19）

T1⑤：16，灰绿色辉长岩。体形扁平，平面为长方形。以纵长型石片修整磨刃而成，石片边缘有向面部连续打片修整的片疤，石片打击点被修整片疤破坏，中部保留少许相对平整的石片劈裂面，背面未修整，保留完整的砾石面。刃部两面轻微磨制，正面磨面稍大，刃面略陡，背面磨制极其轻微。刃缘微弧，有使用形成的细小崩疤及缺口。长 9.7、宽 5.2、厚 2 厘米，重 157 克（图六，5；彩版七，5）。

七 砺石

仅 1 件。T1⑤：1，黄褐色粗砂岩。体形宽大厚重，原始形状应为近椭圆形，因中间残断而呈不规则状。正面为一大而浅凹的圆弧形磨面，背面亦有轻微磨痕。残长 21.6、残宽 11.4、厚 6.2 厘米，重 1835 克（图七，1；彩版七，6）。

八 骨针

仅 1 件。T1⑤：19，器体扁平，保存状况较好，两端均较尖锐。长 5.1、宽 0.7、厚 0.2 厘米（图七，2；彩版八，2）。

第二节 第二期出土器物

第二期为遗址第 3、4 层，属棕红色沙黏土堆积，生业模式由第一期的渔猎采集为主转向狩猎采集为主。本期出土器物均为石器，总数达 165 件。其中打制石器共 90 件，占本期出土石器总数的 54.5%，包括砍砸器、手镐、刮削器、石片、石核几种；斧、锛、凿类磨制石器共 74 件，占本期出土石器总数的 44.8%，另有 1 件研磨器。

本期打制石器石料以辉绿岩为主，硬度及细腻程度比第一期打制石器略低，石料颜色比第一期偏浅，多偏青绿色（彩版八，3）。

一　砍砸器

共 24 件，占本期出土石器总数的 14.5%，占本期打制石器总数的 26.7%。均以砾石为原料制作而成。砾石石皮多呈紫红色，打制面以青灰偏绿居多。石料质地均匀致密，硬度均较大。岩性有辉绿岩、石英岩两种，除 6 件为石英岩外，其余均为辉绿岩。石器大小轻重适中，制作简单高效，除对刃部进行简单的单面打片修整外，一般不对其他部位进行修整。根据制作方式的不同分为 A、B、C 三大类。

A 类，砾石直接修刃。共 5 件，占本期砍砸器总数的 20.8%。此类砍砸器以砾石直接打制刃部而成，除刃部外，其余部位均不进行打制。

B 类，砾石打片修整修刃。共 2 件，仅占本期砍砸器总数的 8.3%。此类砍砸器以砾石打片修整修刃而成，与 A 类砍砸器相比，除刃部外，其余部位也进行局部打片修整。

C 类，石片直接修刃。共 17 件，约占本期砍砸器总数的 70.8%。此类砍砸器均以砾石为原料采取一次性对半或部分劈裂的方式打取大块石片，然后再对打下的大块石片或一次性打片后留下的类石核主石片直接修制刃部。石片均为自然台面，除少数有沿打击点向背面崩裂的小片疤或崩疤外，绝大部分背面保留完整砾石面。石片有纵长型和横长型两种，二者数量大致相当。在此类砍砸器中，有 9 件对一侧进行截断，占本期砍砸器总数的 37.5%；其截断的目的可能是避免刃缘过长，但也不排除打制或使用过程中无意识折断的可能，同样的现象在砾石直接修刃砍砸器中也有个别存在。

以上无论采用哪种方式加工的砍砸器，刃部修整面均较窄，且几乎全部采用从背面向正面打片的方式进行单面修刃，刃部背面基本无片疤崩裂。根据刃部特征分为单边端直刃、单边侧直刃、单边侧弧刃及双边刃四种，以单边侧直刃数量最多。在各种类型的砍砸器中，有 6 件刃缘一侧或两侧有较锐利的尖角，其尖刃特征较为明显，不管是否为有意识的加工，均可直接兼作手镐一类的工具使用。

（一）单边端直刃

2 件，仅约占本期砍砸器总数的 8.3%。器体呈纵长型，长均大于宽，均在一端打制刃部。有 A 类砾石直接打制刃部和 C 类石片直接修制刃部两种。平面形状分别为近长方形和近梯形。

T1 ③：24，青灰色辉绿岩。体形厚重，平面近梯形。以砾石直接打制刃部而成。柄端有一处砸击坑疤，刃部单面简单打制，片疤较大。刃面较陡平，刃缘平直锋利，有使用形成的细小缺口。长 11、宽 7.7、厚 5.4 厘米，重 666 克，刃角 76°（图八，1；彩版九，1）。

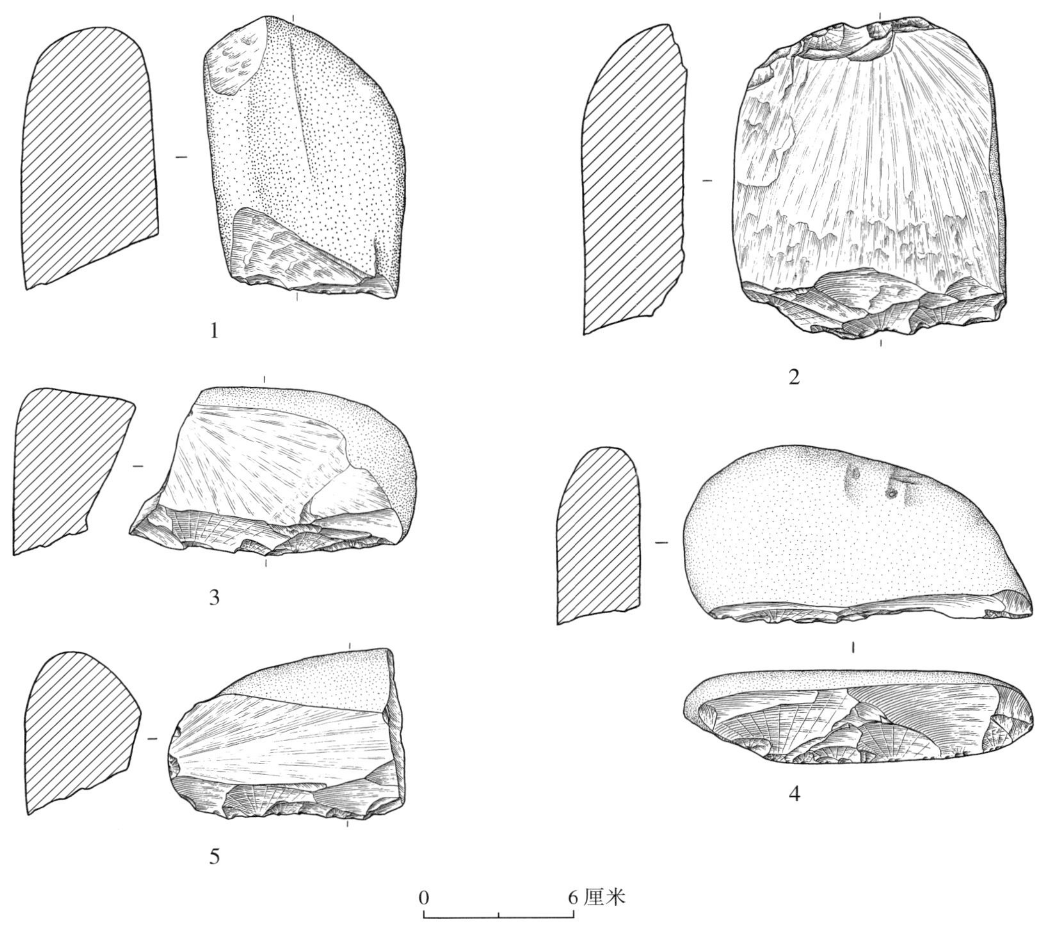

图八 第二期单边直刃砍砸器

1、2. 端直刃砍砸器（T1 ③：24、7） 3 ~ 5. 侧直刃砍砸器（T1 ③：23、100、28）

T1 ③：7，青灰色辉绿岩。体形较大，正面平整，背面弧隆，平面近长方形。以大型纵长型石片直接修刃而成。石片打击点位于顶端，打击点宽大内凹，自然台面稍宽，劈裂面略凹平，放射线较清晰，背面保留完整砾石面。石片远端单面修刃，片疤大而密集。刃面陡窄，刃缘平直锋利，有明显使用痕迹。长 12.9、宽 10.8、厚 4 厘米，重 936 克，刃角 70°（图八，2；彩版九，2）。

（二）单边侧直刃

9 件，占本期砍砸器总数的 37.5%。器体横长，均在侧边打制刃部。除 2 件长宽比较接近外，其余侧刃特征均较清晰。打制方式有 A 类砾石直接修刃和 C 类石片直接修刃两种，除 2 件以砾石直接打制刃部外，其余均以石片直接修刃制作。形状有近半圆形、近四边形、近三角形、近长方形及近梯形五种，以近四边形居多。

T1 ③：23，灰褐色石英岩。器体较厚，平面近四边形。以砾石直接打制刃部而成。左侧为砾石截断面，截断面较整齐。正面上部有一处较为平整且冲磨严重的劈裂面，应为河滩捡拾的旧器再利用。下部从背面向正面连续修刃，片疤沿底面侧缘分布，背面保留完整砾石面。刃面陡窄，片疤层叠，刃缘有锯齿状缺口，使用痕迹不明显，左端有较为尖锐的尖角。长6.9、宽11、厚4.5厘米，重550克，刃角64°～82°（图八，3；彩版九，3）。

T1③：100，青灰色辉绿岩。器体扁平，平面近半圆形。以砾石直接打制刃部而成。沿器体下部从背面向正面连续打制刃部，片疤密集层叠，主要沿底面分布，其余部位保留完整砾石面。刃面较陡直，刃缘略凹凸，无明显使用痕迹。右端较尖锐，亦可直接作为手镐使用。长7.2、宽13.2、厚3.2厘米，重505克，刃角64°～90°（图八，4；彩版九，4）。

T1③：28，青灰色辉绿岩。体形短窄，平面近四边形。以类石核的纵长型主石片直接修刃而成。打击点位于器体左侧，片疤向两面劈裂，其中背面崩裂片疤相对较小，正面劈裂片疤宽大浅平，右侧为整齐的截断面。器体下部从背面向正面连续打片修刃，刃面较陡窄，片疤层叠，刃缘平直锋利，有轻微使用痕迹。长6.9、宽9.4、厚4.4厘米，重351克，刃角69°～85°（图八，5；彩版九，5）。

T1③：97，青灰色辉绿岩。体形较为厚重，平面略呈四边形。以类石核的大型纵长型主石片直接修刃而成。石片打击点位于器体左侧，打击点宽平，劈裂面平滑，放射线较清晰。器体上部及右侧连续向正面打片修整，片疤较密集，背面保留完整砾石面。下部正向修刃，修刃片疤大而零星。刃缘较长，中间略凸出，左侧刃面较缓，右侧稍陡，刃缘有轻微使用痕迹。长10.2、宽19.4、厚6厘米，重1312克，刃角64°～87°（图九，1；彩版一〇，1）。

T1③：11，灰白色石英岩。体形扁平，平面近三角形。以横长型石片直接修刃而成。石片打击点位于器体顶端，打击点宽平，劈裂面平整，放射线较清晰，背面保留完整砾石面。远端单面修刃，左侧刃面稍缓，右侧刃面陡窄，刃缘呈锯齿状，较锋利，无明显使用痕迹。刃缘两端略呈舌状，较锋利，可直接兼作手镐一类的工具使用。长8.6、宽13.2、厚2.6厘米，重383克，刃角55°～72°（图九，2；彩版一〇，2）。

T1③：13，青灰色辉绿岩。器体窄长宽扁，平面呈横长方形。以类石核非典型石片直接修刃而成。石片打击点及放射线不清，劈裂面平整。下部连续单面修刃，背面除右侧有小块疤外，其余部位保留完整砾石面。刃面陡窄，刃缘较长，凹凸不平，无明显使用痕迹。长5.2、宽15、厚2.6厘米，重362克，刃角62°～70°（图九，3；彩版一〇，3）。

T1③：98，灰褐色石英岩。体形扁平规整，平面呈三角形。以横长型石片直接修刃而成。石片打击点位于器体顶端，打击点稍小，劈裂面较平，放射线较清晰，背面保留完整砾石面。远端稍微修刃，刃面陡窄，刃缘平直锋利，有轻微使用痕迹。刃缘两端均较尖锐，可直接作为手镐使用。长7.4、宽16.2、厚2.8厘米，重419克，刃角70°（图九，4；彩版一〇，4）。

T1③：107，灰褐色石英岩。正面平整，背面弧隆，平面近梯形。以大型横长型石片直接修刃而成，石片打击点位于器体上部左侧，打击点宽凹，劈裂面略凹平，放射线不甚清晰，背

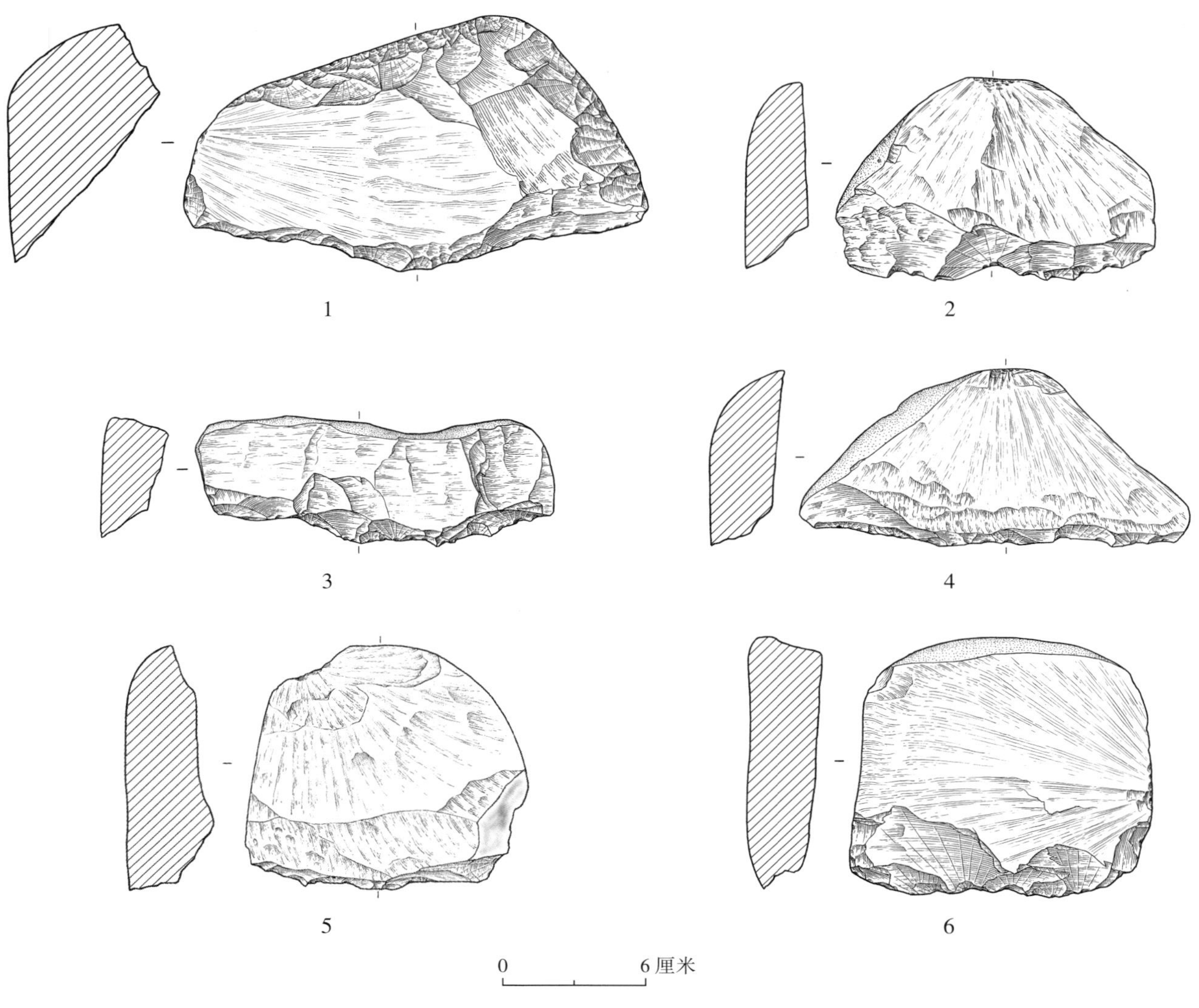

图九　第二期单边侧直刃砍砸器

1. T1③：97　2. T1③：11　3. T1③：13　4. T1③：98　5. T1③：107　6. T1④：3

面保留完整砾石面。石片远端单面修刃，片疤大而零星。刃面较陡窄，刃缘较锋利。长 10.6、宽 11.5、厚 3.6 厘米，重 559 克，刃角 88°（图九，5；彩版一〇，5）。

T1④：3，青灰色辉绿岩。体形扁平规整，平面呈长方形。以纵长型石片直接修刃而成。石片打击点位于器体右下部，打击点宽平，劈裂面平整，放射线不清晰，背面保留完整砾石面。器体下部单面修刃，修整面较小，片疤较细碎。刃面较缓，微内凹，刃缘平直锋利，有使用痕迹。长 11、宽 12、厚 3 厘米，重 617 克，刃角 47° ~ 60°（图九，6；彩版一〇，6）。

（三）单边侧弧刃

6 件，占本期砍砸器总数的 25%。均在长侧边加工刃部，除 1 件为 A 类砾石直接修刃、1 件为B类砾石打片修整修刃外，其余均为以石片直接修刃制作的C类。石片大多为特征鲜明的主、副石片，也有少数为石片特征不够典型的类石核主石片。形状有近梯形、近四边形和近椭圆形三种，以近四边形居多。

T1③：9，灰白色石英岩。器体正面微隆，背面扁平，平面略呈梯形。以砾石为素材直接单面打制刃部而成。刃面陡窄，片疤较大，刃缘中部外凸，较锋利，无明显使用痕迹。长9.8、宽11.6、厚3.5厘米，重481克，刃角50°～78°（图一〇，1；彩版一一，1）。

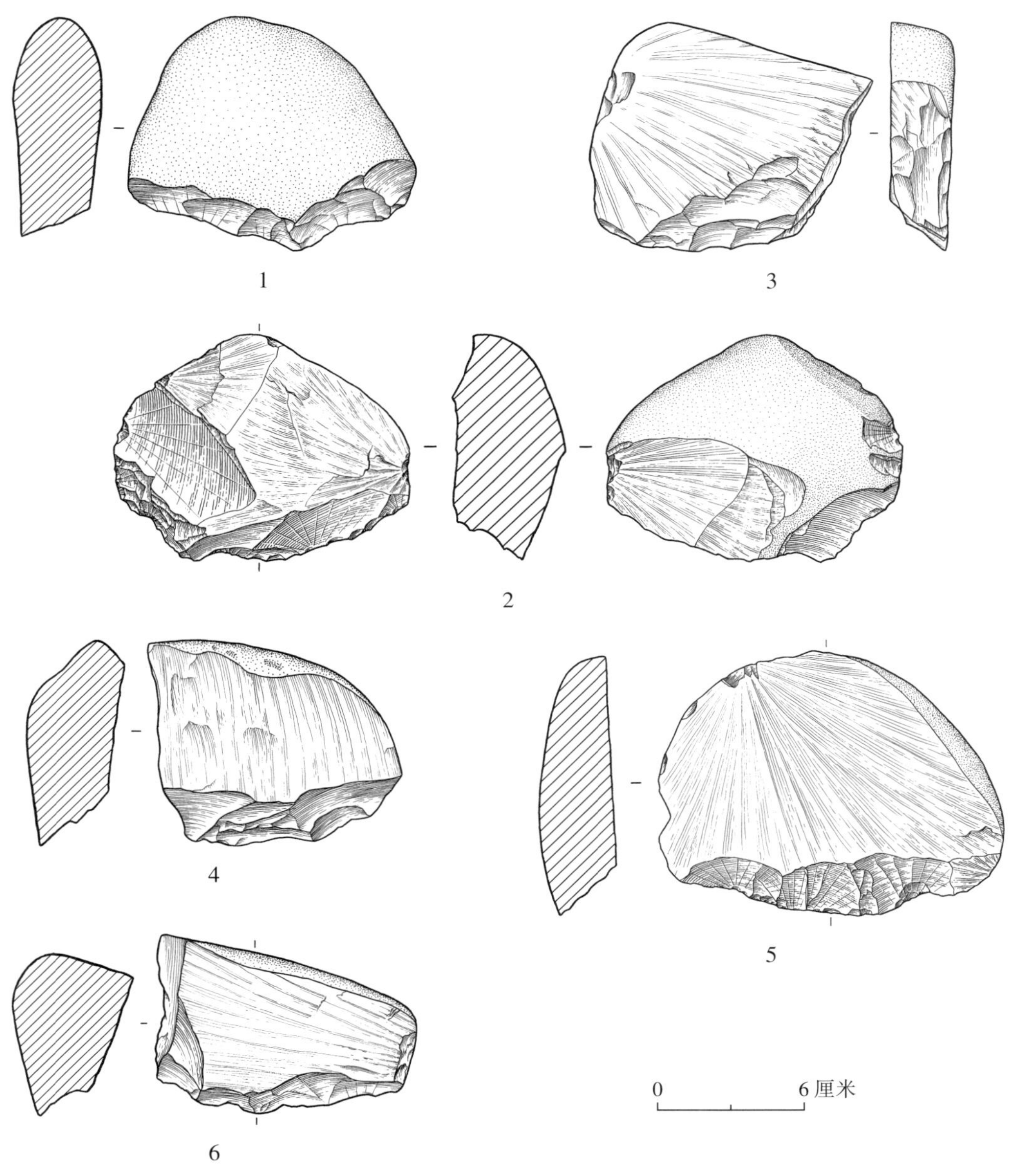

图一〇　第二期单边侧弧刃砍砸器

1. T1③：9　2. T1③：106　3. T1③：108　4. T1③：22　5. T1③：5　6. T1③：3

T1③：106，青灰色辉绿岩。器体略厚，两面均略弧，平面近椭圆形。以椭圆形砾石打片修整修刃而成。器体正面全部打片修整，左右两侧各有一个宽大的打击点，片疤向正反两面劈裂，正面片疤较大，背面片疤稍小，均沿刃缘劈裂。器体上部有一个从上部打制的小片疤。下部向正面单面修刃，刃面内凹，刃缘圆弧，较锋利，有细碎的使用缺口。长 9.8、宽 12.1、厚 4.6 厘米，重 555 克，刃角 65°（图一〇，2；彩版一一，2）。

T1③：108，青灰色辉绿岩。器体扁平，平面近四边形。以纵长型石片直接修刃而成。石片打击点位于器体左侧，打击点宽大，劈裂面平整，放射线清晰，背面保留完整砾石面。石片左侧截断，截断面较陡直。器体下部由背面向正面单面修刃，修整面较窄，刃面略陡，片疤小而细碎。刃缘短弧，较锋利，无明显使用痕迹。长 9.8、宽 11.5、厚 2.2 厘米，重 412 克，刃角约 66°（图一〇，3；彩版一一，3）。

T1③：22，灰白色石英岩。器体正面平整，背面略弧，平面近四边形。以体形厚而横长的类石核石片左侧截断后直接修刃而成。石片打击点位于器体右侧，打击点不清，劈裂面近平，放射线不清晰，背面保留完整砾石面。下部由背面向正面单面打片修刃，修整面稍大，片疤大而深。刃面较陡，刃缘弧凸锋利，无明显使用痕迹。长 8.6、宽 10.3、厚 4.2 厘米，重 477 克，刃角 66°（图一〇，4；彩版一一，4）。

T1③：5，青灰色辉绿岩。器体宽大扁平，平面近梯形。以横长型石片直接修刃而成。石片打击点位于器体上部左侧，打击点小而平，劈裂面较平整，放射线较清晰，背面保留完整砾石面。下端由背面向正面单面修刃，修整面较窄，个别片疤大而凹。刃缘弧凸锋利，有明显使用痕迹。长 11.2、宽 13.9、厚 3.3 厘米，重 723 克，刃角 60° ~ 70°（图一〇，5；彩版一一，5）。

T1③：3，青灰色辉绿岩。正面平整，背面弧隆，平面呈四边形。以体形厚重的类石核纵长型石片左端截断后修刃而成。石片打击点位于器体右下部，打击点宽平，劈裂面较平整，放射线较清晰；左端截断，截断面不甚整齐，背面保留完整砾石面。下部由背面向正面单面打片修刃，修整面稍窄，片疤较大，刃面略陡，刃缘较锋利，有轻微使用痕迹。长 7.5、宽 10.7、厚 5 厘米，重 424 克，刃角 68°（图一〇，6；彩版一一，6）。

（四）双边刃

7 件，占本期砍砸器总数的 29.2%。均为侧刃加端刃，侧刃相对较宽，为主刃，端刃相对短窄。制作方式以 C 类石片直接修刃为主，A 类砾石直接修刃及 B 类砾石打片修整修刃均仅 1 件。形状有近三角形、近梯形及横长条形三种，以近三角形居多。

T1③：104，青灰色辉绿岩。平面近三角形。以三棱锥状砾石直接在底面分别打制侧刃和端刃而成。除底面全面打片修整外，其余部位均保留完整砾石面。侧刃刃面较陡直，修整面较大，片疤层叠，刃缘呈弧形，从右端沿底面呈弧形延伸至左边，与左侧边形成一个较锐的尖角，可兼作手镐使用；端刃位于器体右侧，刃面稍缓，呈舌状，较锋利。长 6.1、宽 13.2、厚 5.6 厘米，重

442 克，端刃角 69°、侧刃角约 90°（图一一，1；彩版一二，1）。

T1 ③：44，青灰色辉绿岩。两面均微隆，平面近三角形。以砾石打片修整修刃而成。器体面部打片修整，左上部有一处主要向背面崩裂的修整片疤，正面有沿自然节理的断裂面，中部有

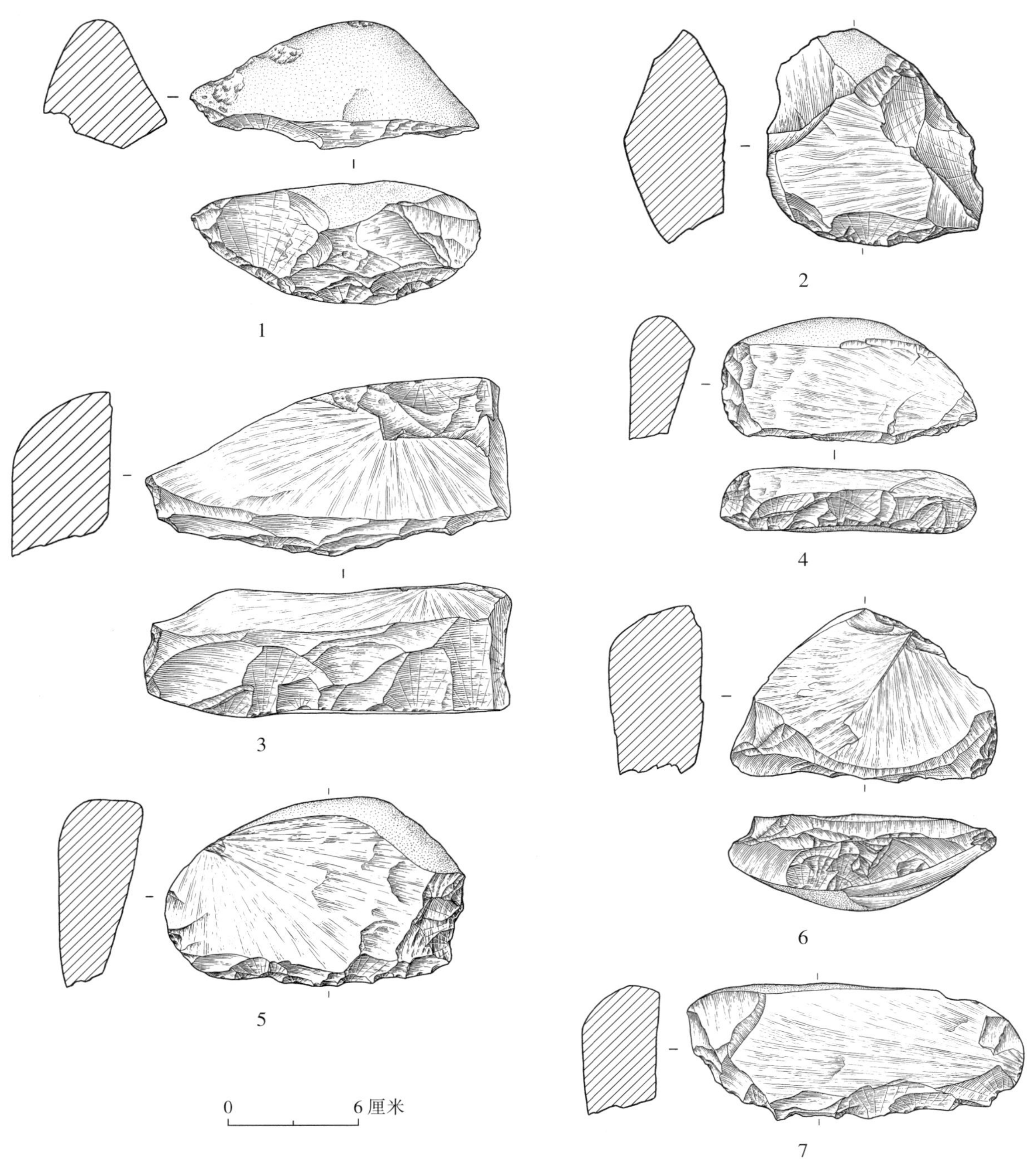

图一一　第二期双边刃砍砸器

1. T1 ③：104　2. T1 ③：44　3. T1 ③：103　4. T1 ③：110　5. T1 ③：10　6. T1 ③：118　7. T1 ③：1

一块宽平的劈裂片疤。正面右侧及下部向正面分别打制侧刃和端刃，其中右侧刃修整面稍大，刃面相对略缓，片疤大而深；下部端刃刃面相对较陡，片疤稍浅，刃缘相对厚钝。刃缘略弧，均有明显使用痕迹。长 10.2、宽 9.5、厚 4.5 厘米，重 513 克，端刃角约 87°、侧刃角 66°（图一一，2；彩版一二，2）。

T1③：103，青灰色辉绿岩。体形横长厚重，平面呈三角形。以宽大厚重的大型类石核横长型主石片截断后直接修刃而成。器体左侧为整齐的截断面，石片打击点位于器体右上部，打击点宽大内凹，劈裂面略平，放射线清晰，背面保留完整砾石面。下部正向修制侧刃，刃面较陡直，刃缘略呈弧形。端刃位于左侧，刃缘较窄，近尖状。长 7.9、宽 16.5、厚 4.4 厘米，重 943 克，端刃角约 70°、侧刃角 70° ~ 87°（图一一，3；彩版一二，3）。

T1③：110，青灰色辉绿岩。体形横长，小巧轻薄，平面近梯形。以纵长型石片直接修刃而成。石片打击点位于器体右侧，劈裂面长而平，打击点及放射线均较清晰，背面保留完整砾石面。下部及左侧分别向正面修制侧刃及端刃，侧刃刃面较窄，刃缘平直；端刃刃面略宽，刃缘略呈短舌状。均较锋利，有轻微使用痕迹。长 5.9、宽 11.6、厚 2.9 厘米，重 297 克，刃角均为 70° 左右（图一一，4；彩版一二，4）。

T1③：10，青灰色辉绿岩。器体扁平，平面近梯形。以体形稍大的横长型石片直接修刃而成。石片打击点位于器体左上部，打击点宽平，劈裂面较平整，放射线较清晰，背面保留完整砾石面。下部及右端向正面分别修制侧刃及端刃，修整面均较小，片疤较细碎。刃面均较平缓，刃缘平直锋利，有轻微使用痕迹。长 8.7、宽 13.5、厚 3.6 厘米，重 614 克，刃角均为 65° 左右（图一一，5；彩版一二，5）。

T1③：118，青灰色辉绿岩。器体正面平整，背面弧隆，平面近三角形。以体形较厚的横长型石片直接修刃而成。石片打击点位于器体右上部，打击点较宽大，正面劈裂面宽大平整，背面有连续崩疤。下部及右侧分别正向修出一个侧刃和一个端刃。侧刃刃缘凹弧，刃面较陡，片疤大而深，背面有片疤崩裂，刃缘较锋利，无明显使用痕迹；端刃刃面较缓，片疤较细碎，刃缘短直，较锋利，有明显使用痕迹。刃缘右侧有一个较锐的舌状刃，非常适宜作为手镐类的工具使用。长 8、宽 11.8、厚 4.2 厘米，重 468 克，端刃角约 60°、侧刃角约 80°（图一一，6；彩版一二，6）。

T1③：1，青灰色辉绿岩。器体窄长，平面呈横长条形。以纵长型石片直接修刃而成。石片打击点位于器体右端，劈裂面长而平整，背面保留完整砾石面。下部从背面向正面修制侧刃，片疤大而密集，刃面较陡，直刃呈锯齿状，较锋利，无明显使用痕迹；左侧端部稍微修刃，刃面稍缓，刃缘斜弧，片疤较细碎。长 6.4、宽 15、厚 3.4 厘米，重 467 克，端刃角约 54°、侧刃角约 75°（图一一，7；彩版一三，1）。

二 手镐

共 5 件，占本期出土石器总数的 3.0%，占打制石器总数的 5.6%。石料有质地较为坚硬细腻的辉绿岩和辉长岩两种，均以大型石片单面修刃而成。石片有典型的扁薄石片和厚重的类石核非典型主石片两种，刃部加工方式均为两侧至尖部连续单面打制，均为双侧刃夹一尖角。以扁薄的典型石片加工者体形均较宽扁，侧刃修整面较小；以厚重的类石核主石片加工者体形窄长且厚，侧刃修整面较大，石片劈裂面大多被修整片疤所覆盖。形状有近三角形和芒果形两种，以近三角形稍多。刃尖有尖状和舌状两种，以尖刃手镐特征最为典型。

T1③：102，青灰色辉绿岩。器体扁薄，平面近三角形。以锐棱砸击石片正向修刃制作而成。石片打击点位于器体左下部，劈裂面较平，放射线微显，打击点不甚清晰，背面保留完整砾石面。器体左右两侧至尖部连续向面部修刃，片疤较为密集。两侧刃缘近直，刃面平缓，刃缘均较锋利，无明显使用痕迹。尖部呈三角形，较尖锐，亦无明显使用痕迹。长 13.3、宽 9.3、厚 2.7 厘米，重 400 克，侧刃角 60° ~ 78°、尖刃角 55°（图一二，1；彩版一三，2）。

T1③：18，青灰色辉绿岩。器体较厚重，两面中部隆起，边缘较薄，平面呈三角形，横截

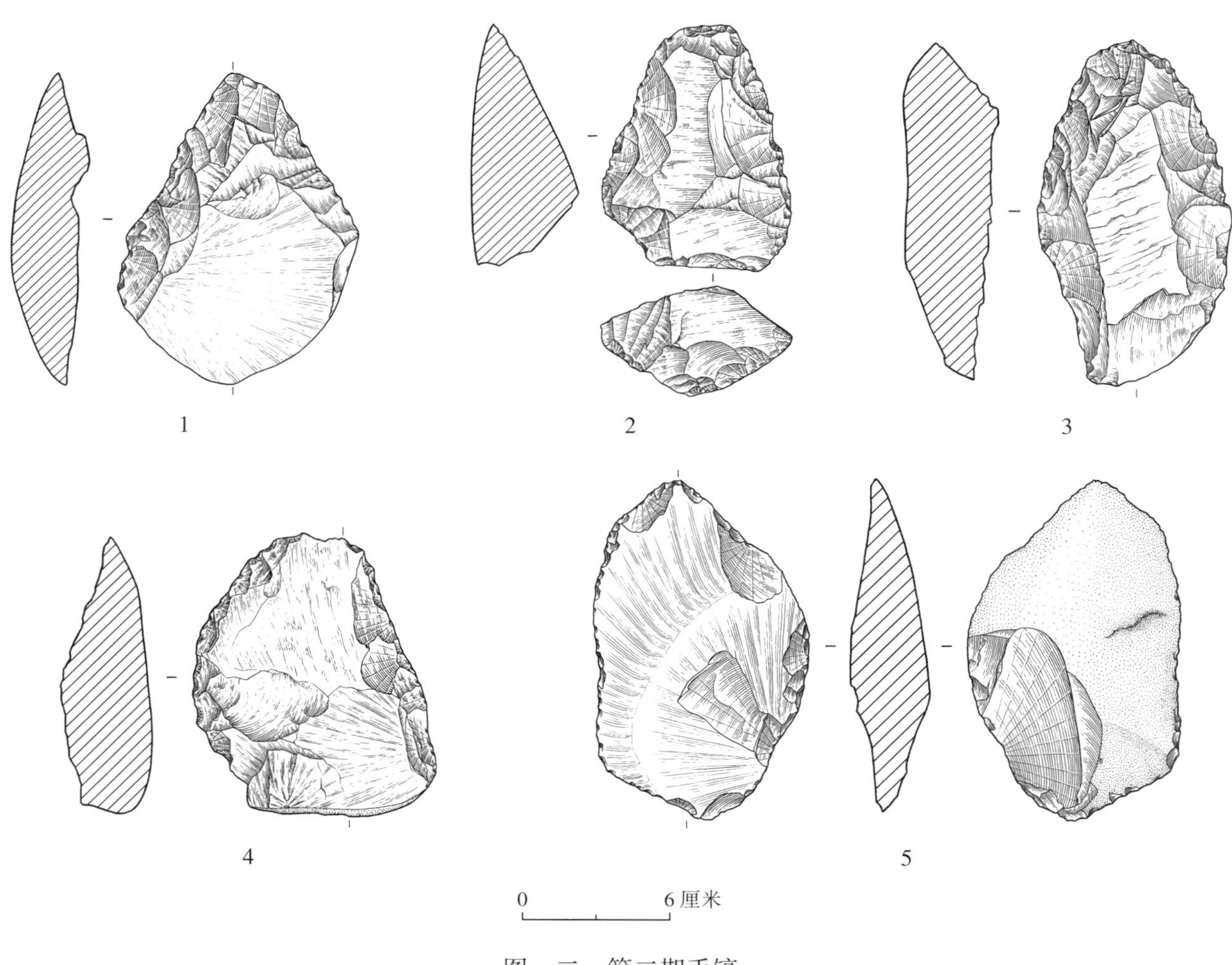

图一二　第二期手镐

1. T1③：102　2. T1③：18　3. T1③：101　4. T1③：99　5. T1③：4

面近菱形。以厚而窄长的类石核主石片截断修刃而成。石器修整面较大，打击点及大部分劈裂面均被修整片疤覆盖。石片下部截断，截断处有两处较大的从背面打击的锤击片疤，除个别片疤向背面崩裂外，其余保留完整砾石面。器体左右两侧至尖部连续向面部打片修刃，修整面较大，片疤密集层叠，一直延至尖部。侧刃刃面均略缓，刃缘近直，尖部呈舌状，有细小修整片疤。刃缘均较锋利，有轻微使用痕迹。长 10.2、宽 7.6、厚 4.3 厘米，重 327 克，侧刃角 67° ~ 80°、尖刃角 55°（图一二，2；彩版一三，3）。

T1③：101，青灰色辉绿岩。平面呈芒果形。以厚而窄长的类石核主石片修刃而成。石片修整面较大，打击点及大部分劈裂面被修刃片疤覆盖，除右上部有一块修制侧刃时向背面崩裂的片疤外，其余部位保留完整砾石面。左右两侧至尖部连续向正面打片修整，修整面均较大，片疤大而密集，一直延伸至尖部。两侧刃刃面均略陡，刃缘呈弧形与尖部连为一体，刃缘均较锋利。尖部稍厚，刃面呈弧隆的舌尖状。长 14、宽 7.8、厚 3.7 厘米，重 466 克，侧刃角 68° ~ 80°、尖刃角 80°（图一二，3；彩版一三，4）。

T1③：99，青灰色辉绿岩。器体扁平，平面近三角形。以锐棱砸击石片修刃而成。石片打击点位于器体左下部，打击点清晰，劈裂面不平滑，背面保留完整砾石面。左右两侧向尖部正向修刃。左侧刃缘较平直，修整程度稍高，片疤相对明显。右侧刃缘呈弧形，修整程度较轻，片疤较细碎。尖部略宽，呈舌状，手镐特征不够典型。刃缘均较锋利，有较明显使用痕迹。长 11.7、宽 9.2、厚 3.5 厘米，重 475 克，侧刃角 60° ~ 76°、尖刃角 44°（图一二，4；彩版一三，5）。

T1③：4，青灰色辉长岩。平面近芒果形。以大型横长型石片稍微修刃而成，石片打击点位于器体右下部，打击点宽凹，劈裂面稍平，背面有大片同源同向劈裂片疤，其余部位保留完整的砾石面。左右两侧至尖部稍微正向修刃，由于石片边缘较锋利，侧刃修制较轻微，两侧刃片疤细碎零星，尖部片疤相对集中，刃缘均较锋利。长 14.1、宽 8.9、厚 3 厘米，重 370 克，刃角约 50°、尖角约 30°（图一二，5；彩版一三，6）。

三　刮削器

共 25 件，占本期出土石器总数的 15.2%，占本期打制石器总数的 27.8%。岩性有辉长岩、辉绿岩、石英砂岩、石灰岩几种，以辉绿岩和辉长岩居多。素材有砾石和石片两种，除 1 件以砾石打片修刃制作外，其余均以石片单面稍微修刃制作。石片均为零台面的锐棱砸击石片，有纵长型和横长型两种，以纵长型石片居多。石片打击点多较粗大清晰，劈裂面多较平整，放射线多较清晰，除个别打击点背面有同源同向崩裂片疤外，其余背面均保留完整的砾石面。修刃方式均为从背面向正面单面修刃，修整面多较小，绝大部分仅对刃缘进行轻微修整。形状有椭圆形、梯形、三角形、不规则形等，以椭圆形居多。根据刃部特征分为单边直刃、单边弧刃、双边刃及多边刃几种，以单边弧刃居多。

（一）单边直刃

7 件，占本期刮削器总数的 28%。均以石片修刃制作而成，除 1 件为端刃外，其余均为侧刃。

T1 ④：1，青灰色辉长岩。平面近三角形。以横长型石片远端修制侧刃而成。石片打击点位于器体顶端偏左，打击点宽大，自然台面稍宽，放射线较清晰，劈裂面不平，右侧远端轻微折断，折断面较陡，背面除一处砸击疤痕外，其余保留完整砾石面。下部正向修刃，修整面稍大，刃缘平直锋利，有明显使用痕迹。左端与左侧边交汇处呈舌尖状，可兼作尖状器使用。长 6.5、宽 10.2、厚 2.4 厘米，重 159 克，刃角 55°（图一三，1；彩版一四，1）。

T1 ③：12，灰褐色石英砂岩。体形稍大，呈不规则形。以纵长型锐棱砸击石片侧边修制侧刃而成。石片打击点位于器体左侧，打击点宽凹，放射线较清晰，劈裂面较平整，远端较厚，进行两次截断。下部从背面向正面单面修刃，刃面稍陡，片疤大而凹，刃缘较锋利，无明显使用痕迹。

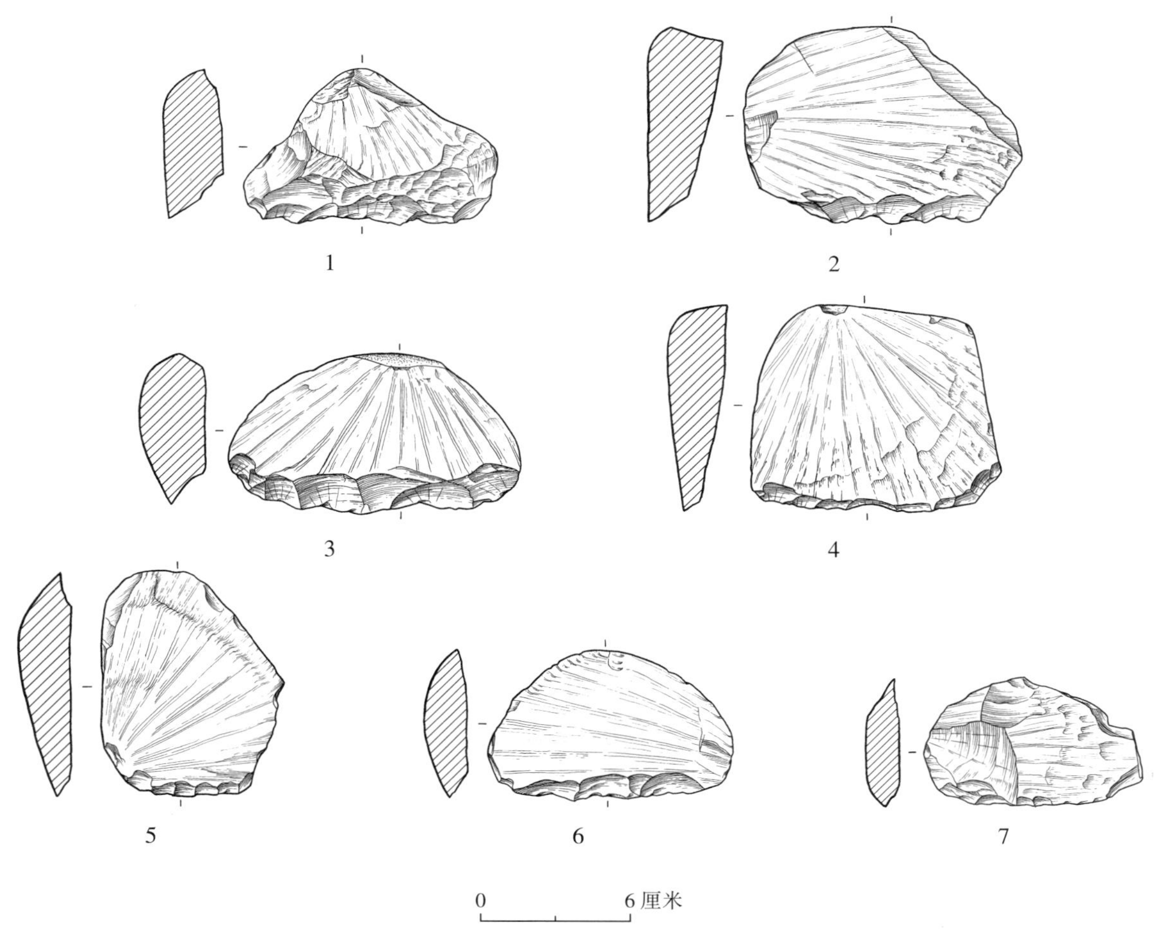

图一三　第二期单边直刃刮削器

1. T1 ④：1　2. T1 ③：12　3. T1 ③：109　4. T1 ③：38　5. T1 ③：43　6. T1 ③：33　7. T1 ③：45

长 8.1、宽 11.1、厚 3 厘米，重 305 克，刃角 68°（图一三，2；彩版一四，2）。

T1③：109，灰褐色石英砂岩。体呈贝壳状，平面近椭圆形。以横长型石片远端修制侧刃而成。石片打击点位于器体上部，自然台面稍宽，劈裂面近平，打击点及放射线均较清晰，背面保留完整的砾石面。下部单面修刃，修整面稍宽，片疤大而深，刃缘较锋利，无明显使用痕迹。长 6.6、宽 11.5、厚 2.6 厘米，重 262 克，刃角 70°（图一三，3；彩版一四，3）。

T1③：38，青灰色辉长岩。器体扁平规整，平面近梯形。以横长型石片远端修制侧刃而成。石片打击点位于器体上部左侧，打击点粗大，自然台面较宽平，劈裂面较平整，背面保留完整砾石面。下部轻微修刃，刃缘平直锋利，无明显使用痕迹。长 8.6、宽 9.8、厚 2.5 厘米，重 289 克，刃角 60°（图一三，4；彩版一四，4）。

T1③：43，青灰色辉长岩。平面近梯形。以横长型锐棱砸击石片在侧边修制端刃而成。石片打击点位于器体左下部，打击点及放射线均较清晰，远端略向正面反卷，右下部截断，截断面较平滑，背面保留完整砾石面。下端稍微修刃，刃缘短直，片疤较细碎，有轻微使用痕迹。器体右上部斜边较锋利，虽未修刃，但有明显使用痕迹。长 9.2、宽 7.3、厚 2.1 厘米，重 186 克，刃角 50°（图一三，5；彩版一四，5）。

T1③：33，灰褐色石英砂岩。体呈小巧轻薄的贝壳状，平面近椭圆形。以纵长型锐棱砸击石片在侧边修制侧刃而成。石片打击点位于器体右端，劈裂面较平整，打击点及放射线均不清晰。下部稍微修刃，修整面较窄，片疤小而细碎。刃缘较锋利，有明显使用痕迹。长 6.2、宽 9.7、厚 1.7 厘米，重 117 克，刃角 62°（图一三，6；彩版一四，6）。

T1③：45，灰绿色辉绿岩。体形较小，平面近椭圆形。以纵长型锐棱砸击石片在侧边修制侧刃而成。石片打击点位于器体左侧，劈裂面近平，远端轻微折断，背面有大片的同源同向剥裂片疤，其余部位保留完整的砾石面。下部轻微修刃，片疤细碎层叠，刃缘锋利，有明显使用痕迹。长 5.3、宽 8.5、厚 1.4 厘米，重 68 克，刃角 48° ~ 60°（图一三，7；彩版一五，1、2）。

（二）单边弧刃

11 件，占本期刮削器总数的 44%。除 1 件以砾石打片修整外，其余均以石片修刃而成，除 1 件为端刃外，其余均为侧刃。

T1③：17，青绿色辉绿岩。器体厚重，平面近椭圆形。以砾石单面连续打片修整制作而成。正面从侧缘向面部连续交互打片修整，修整面较大，片疤密集层叠，背面保留完整砾石面。下部正向修刃，刃面较陡，片疤大而深，刃缘宽弧，中部凸出，较锋利，有明显使用痕迹。长 5.6、宽 10.8、厚 4.1 厘米，重 377 克，刃角 78° ~ 88°（图一四，1；彩版一五，3）。

T1③：15，灰绿色辉绿岩。器体宽大扁薄，正面平整，背面呈贝壳状凸起，平面近椭圆形。以大型横长型石片修制侧刃而成。石片打击点位于器体上部，打击点宽大，自然台面宽平，劈裂面平整略内凹，放射线较清晰，右侧有一处大而深凹的砸击片疤，片疤向背面轻微崩裂，其余部

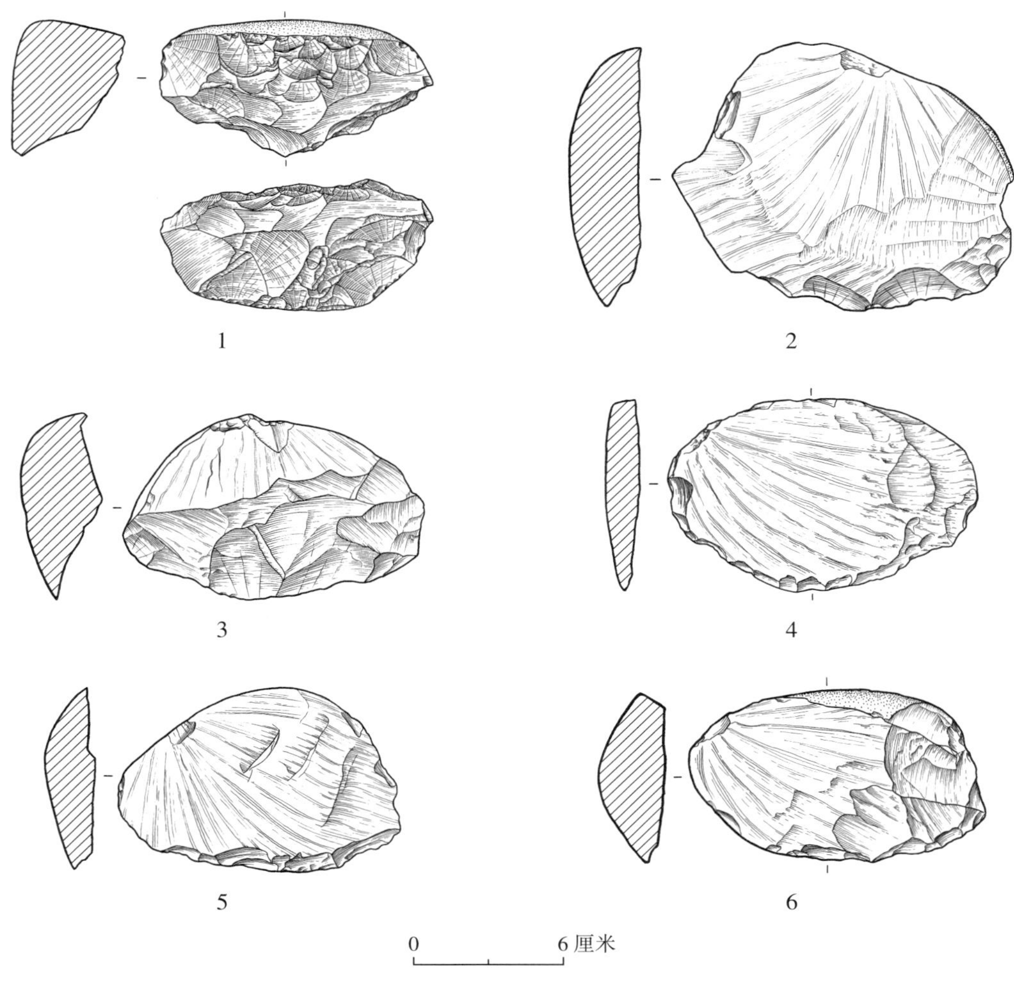

图一四　第二期单边弧刃刮削器

1. T1 ③ : 17　2. T1 ③ : 15　3. T1 ③ : 19　4. T1 ③ : 36　5. T1 ③ : 113　6. T1 ③ : 112

位保留完整砾石面。下部单面修刃，修整面不大，片疤大而零星，刃缘呈弧形，较锋利，无明显使用痕迹。长 11.1、宽 13.6、厚 2.8 厘米，重 545 克，刃角 75°（图一四，2；彩版一五，5、6）。

T1 ③ : 19，青灰色石灰岩。平面近椭圆形。以稍厚的横长型石片修制侧刃而成。石片打击点位于器体上部，打击点宽凹，自然台面宽大，沿自然解理劈裂，劈裂面平整，背面保留完整砾石面。下部单面打制刃部，加工面较大，刃缘较锋利，有轻微使用痕迹。长 7.5、宽 12、厚 3.2 厘米，重 288 克，刃角 56°（图一四，3；彩版一五，4）。

T1 ③ : 36，青灰色辉绿岩。体形扁薄，平面近椭圆形。以纵长型锐棱砸击石片直接修刃而成。石片打击点位于器体左上部，劈裂面较平整，放射线不甚清晰，背面保留完整砾石面。下部稍微修刃，修整极其轻微，片疤较细碎。刃缘较弧凸，有明显使用痕迹。长 7.9、宽 12.3、厚 1.5 厘米，重 187 克，刃角 33° ~ 60°（图一四，4；彩版一六，1）。

T1③：113，灰绿色辉绿岩。体形扁薄，平面近椭圆形。以纵长型石片修制侧刃而成。石片打击点位于器体左侧，打击点小而深凹，自然台面稍宽平，劈裂面平整，放射线不明显。下部轻微修刃，片疤细碎层叠，刃缘锋利，有明显使用痕迹。长 7.6、宽 11.1、厚 2.1 厘米，重 191 克，刃角 64°（图一四，5；彩版一六，2）。

T1③：112，灰褐色石英砂岩。平面近椭圆形。以类石核纵长型主石片修制侧刃而成。石片打击点位于器体左端，劈裂面平整略内凹，打击点及放射线均较清晰，右侧有一处较大的砸击疤痕，片疤向两面崩裂。下部轻微修刃，修整面较小，片疤细碎层叠，刃缘锋利，有明显使用痕迹。长 7.5、宽 11.8、厚 2.6 厘米，重 249 克，刃角 60°（图一四，6；彩版一六，3、4）。

T1④：45，灰绿色辉绿岩。平面近椭圆形。以纵长型砸击石片修制侧刃而成。石片打击点位于器体上部正中，打击点宽平，放射线清晰，腹面平坦，远端向背后打片，片疤向背面劈裂。左右两侧向正面修刃，左侧刃缘短弧，片疤较细碎，右侧刃缘弧长，片疤相对较大，均有明显使用痕迹。长 8.6、宽 10.4、厚 2 厘米，重 237 克，左侧刃角 40°、右侧刃角 60°（图一五，1；彩版一六，5）。

T1④：13，黑褐色辉长岩。体形短小厚重，平面近梯形。以类石核纵长型主石片截断修制端刃而成。石片自然台面宽平，打击点位于器体左上部，劈裂面不甚平滑，石片右侧截断，截断处有向背面崩裂的大块片疤，其余部位保留完整砾石面。下部正向修刃，修整面较大，刃面略陡，部分片疤大而凹，刃缘有明显使用痕迹。长 8.1、宽 7.1、厚 3.3 厘米，重 242 克，刃角 68°（图

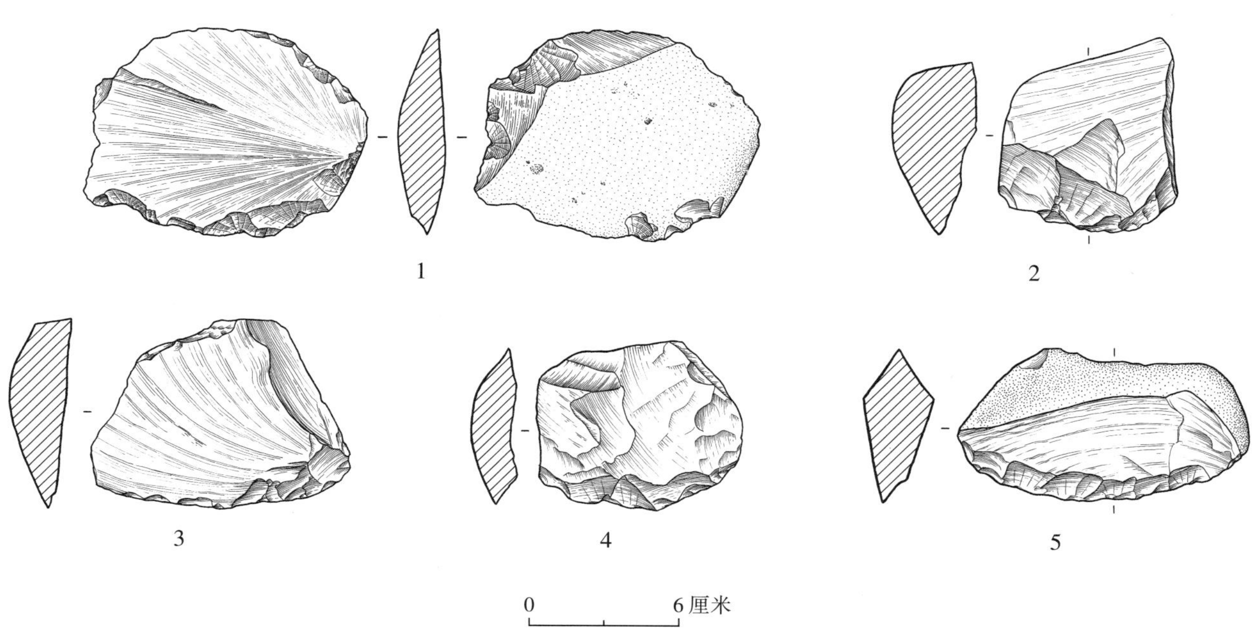

图一五　第二期单边弧刃刮削器

1. T1④：45　2. T1④：13　3. T1③：21　4. T1③：39　5. T1③：32

一五，2；彩版一六，6）。

T1③：21，灰绿色辉绿岩。平面近梯形。以纵长型石片修制侧刃而成。石片打击点位于器体右下端，打击点较清晰，片疤分别向正面及侧面劈裂，背面亦有小片崩疤，其余部位保留完整砾石面。下部稍微正向修刃，片疤细碎零星，刃缘有明显使用痕迹。长7.7、宽10.3、厚2.4厘米，重204克，刃角56°（图一五，3；彩版一七，1）。

T1③：39，灰绿色辉绿岩。体形小巧轻薄，平面近梯形。以锐棱砸击石片修制侧刃而成。石片劈裂面不甚平整，打击点及放射线均不清晰，左右两侧各有一处轻微折断，背面保留完整砾石面。下部正向修刃，片疤较细碎，刃缘中部略凸，有轻微使用痕迹。长6.9、宽8.2、厚1.8厘米，重150克，刃角60°（图一五，4；彩版一七，2）。

T1③：32，青灰色辉绿岩。体呈横窄长的不规则状。以纵长型锤击石片修制侧刃而成。石片打击点位于器体右下端，由同一打击点同源同向沿同一侧缘向正反两面均衡劈裂，劈裂面较窄长，一面平整，另一面稍微隆起呈弧形。下部单面修刃，片疤较细碎层叠，有明显使用痕迹。长6.2、宽11.5、厚2.8厘米，重189克，刃角65°（图一五，5；彩版一七，3、4）。

（三）双边刃

4件，占本期刮削器总数的16%。除1件以横长型石片外，其余以纵长型石片修刃而成，除1件为双侧刃外，其余均为侧刃加端刃。

T1④：8，青灰色辉长岩。体形稍大，平面近横梯形。以纵长型锐棱砸击石片修刃而成。石片打击点位于器体左侧，打击点宽平，劈裂面平整，背面有小片同源同向片疤，其余部位保留完整砾石面。右侧及底端分别修制侧刃及端刃，修刃片疤均较细碎，刃缘平直锋利，有明显使用痕迹。长10.5、宽11.3、厚2.3厘米，重317克，端刃角40°、侧刃角30°（图一六，1；彩版一七，5、6）。

T1④：2，青灰色辉长岩。体形厚重，呈不规则形。以纵长型石片两侧修刃而成。石片打击点位于器体左端，劈裂面较平整。器体上下两侧均正向修刃，上部修制部位主要集中于右侧，刃缘短弧，片疤大而零星，个别片疤向背面崩裂；下部修刃部位主要集中于左侧，右侧有一个较大的劈裂片疤，片疤边缘较锋利，未做进一步修制。刃缘较锋利，无明显使用痕迹。长6.5、宽13.1、厚2.9厘米，重298克，上部刃角77°、下部刃角60°～80°（图一六，2；彩版一八，1）。

T1③：20，青绿色辉绿岩。平面呈不规则形。以横长型锐棱砸击石片修整而成。石片打击点位于器体左下部，打击点宽平，劈裂面平整，同心波微显，放射线清晰。器体上部顶端有向两侧劈裂的砸击片疤，背面除零星砸疤外其余保留砾石面。器体下部及右侧分别修制侧刃和端刃，修整片疤较零星。侧刃稍显弧长，端刃略呈舌状，均较锋利，无明显使用痕迹。长9.4、宽10.1、厚3.2厘米，重292克，端刃角约78°、侧刃角约30°（图一六，3；彩版一八，2）。

T1④：16，青灰色辉长岩。体形小巧轻薄，平面近横梯形。以纵长型锐棱砸击石片修刃而成。石片打击点位于器体左侧，打击点宽平，劈裂面平整，远端呈坎状下凹折断，背面保留完整砾石

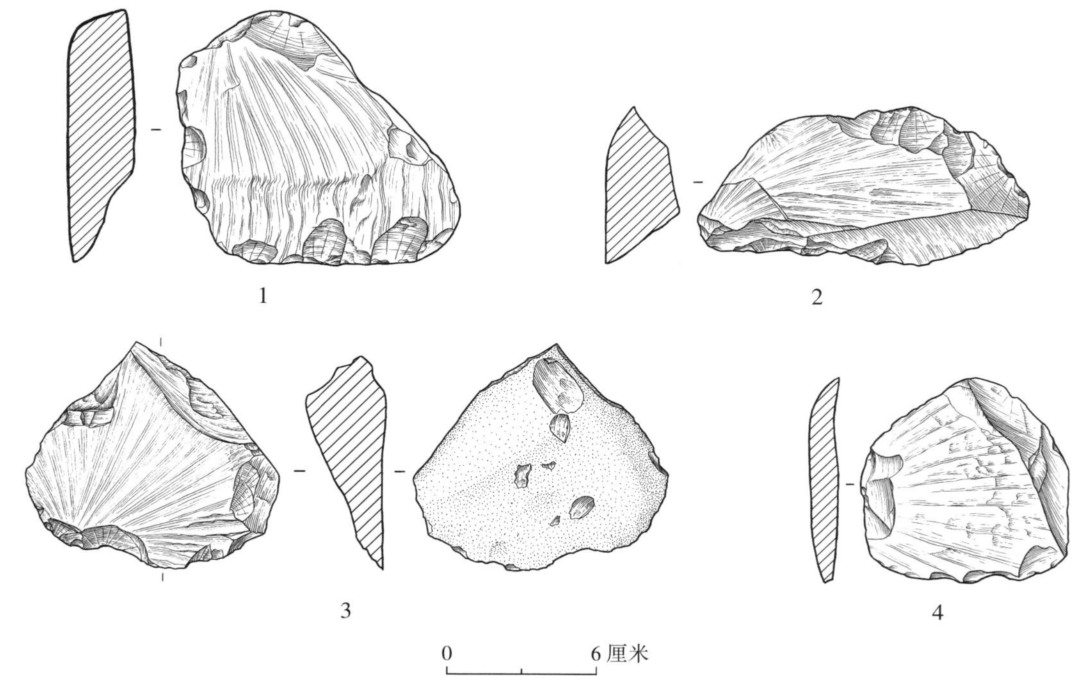

图一六　第二期双边刃刮削器

1. T1④：8　2. T1④：2　3. T1③：20　4. T1④：16

面。下部和左侧分别轻微修制侧刃和端刃，修刃片疤细碎零星。侧刃稍宽，端刃略窄，刃缘近直，有轻微使用痕迹。长8.5、宽8.3、厚1.2厘米，重108克，刃角30°（图一六，4；彩版一八，3）。

（四）多边刃

3件，占本期刮削器总数的12%。均以石片修刃而成，平面均呈椭圆形。

T1④：6，黑褐色辉长岩。体形较大，平面近椭圆形。由纵长型石片修刃制作而成。石片打击点位于器体上部，自然台面宽平，劈裂面略弧，打击点粗大，放射线较清晰，背面保留完整砾石面。除近端外，器体侧缘连续修刃，片疤较密集，呈锯齿状。刃缘较锋利，有明显使用痕迹。长11.2、宽9.5、厚2.6厘米，重337克，刃角约55°（图一七，1；彩版一八，4）。

T1③：25，灰褐色石英砂岩。平面近椭圆形。以体形稍厚的石片周边修刃而成。正面从侧缘向面部连续交互打片修刃，边缘及面部均有相对密集的片疤，背面保留完整砾石面。刃缘局部呈锯齿状，有轻微使用痕迹。长7、宽9.9、厚2.8厘米，重247克，刃角约70°（图一七，2；彩版一八，5）。

T1③：116，青绿色辉绿岩。体形较小，平面近椭圆形。以纵长型锐棱砸击石片修刃制作而成。石片打击点位于顶部，打击点及放射线均不清晰，劈裂面较平整，石片尾端轻微折断。除石片近端外，器体周边均轻微修刃，以右侧修刃最为明显，片疤呈锯齿状。刃缘较锋利，左侧有明

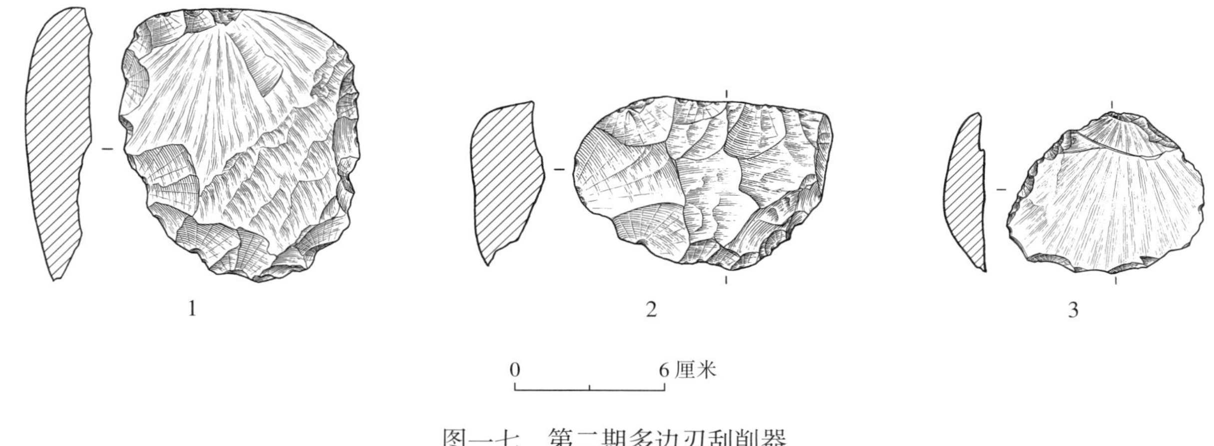

图一七　第二期多边刃刮削器

1. T1④：6　2. T1③：25　3. T1③：116

显的使用痕迹。长6.7、宽7.8、厚1.7厘米，重85克，刃角约60°（图一七，3；彩版一八，6）。

四　石核

共3件，占本期出土石器总数的1.8%，占本期打制石器总数的3.3%。岩性有辉长岩、石英岩、辉绿岩三种。均以砾石为原料进行打片，石核利用率较低，均为单次打片。

T1③：2，青灰色辉长岩。平面近椭圆形。以砾石较宽一侧为台面进行单次打片，打击点及放射线均较清晰，劈裂面平坦外翻。长9.4、宽12.9、厚5厘米，重648克（图一八，1；彩版一九，1）。

T1③：31，灰褐色石英岩。平面近长方形。以砾石一端为台面进行单次打片，打击点及放射线均较模糊。长13.2、宽6.6、厚4.8厘米，重513克（图一八，2；彩版一九，2）。

T1③：42，灰绿色辉绿岩。平面呈四边形。以砾石较宽平一端为台面分别向两面打片，劈裂面均较平整，打击点及放射线均较清晰。长12、宽10.3、厚4.7厘米，重624克（图一八，3；彩版一九，3、4）。

五　石片

共33件，占本期出土石器总数的20%，占本期打制石器总数的36.7%。均以硬度较大的砾石一次性打片而成，岩性有辉绿岩、辉长岩、石英岩三种，以辉绿岩居多。打片方式主要为锐棱砸击法打片，台面均为未经修整的自然台面。石片打击点大多较为清晰，腹面多较平坦，半锥体及同心波多不明显，放射线多较清晰，背面除部分因打片时因反作用力形成的小片崩疤外，绝大部分保留完整砾石面。石片边缘均较锋利，除无明显修刃痕迹外，与刮削器在形态上并无明显区别，事实上这些石片无需修整亦可直接使用，而且绝大部分石片均可见明显的使用痕迹。根据石片特征分为横长型和纵长型两种，以纵长型居多。

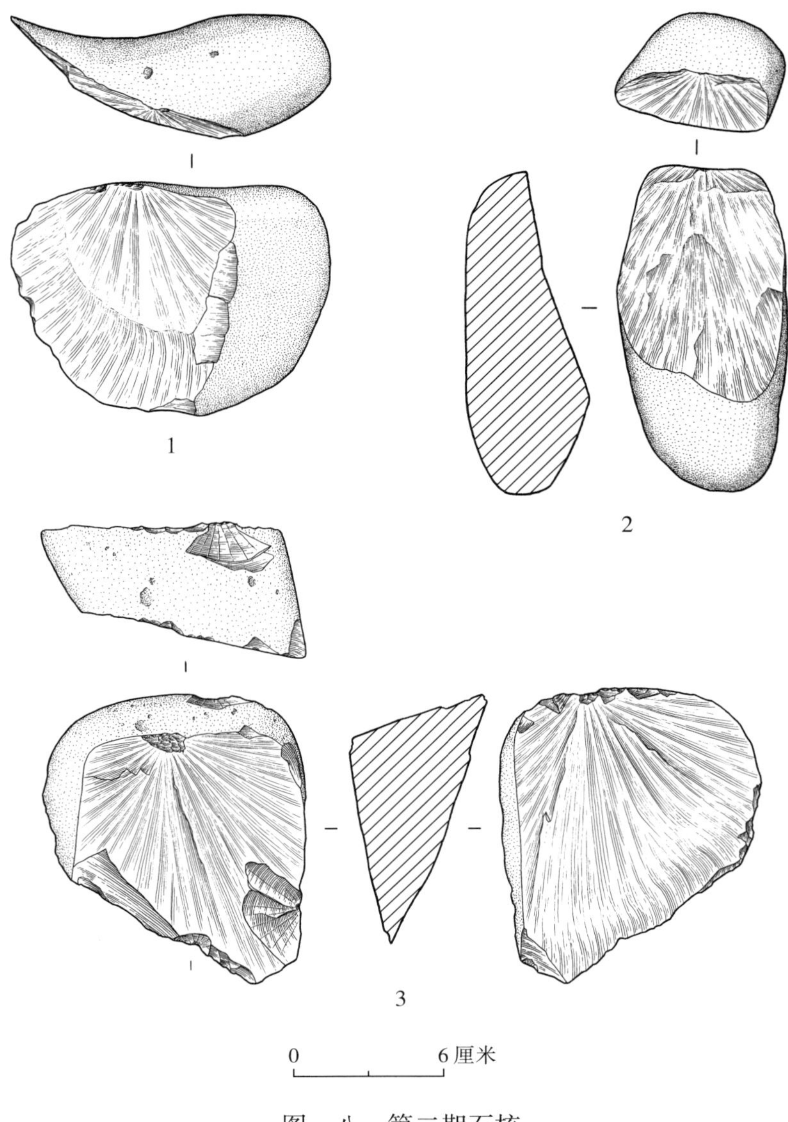

图一八　第二期石核

1. T1③：2　2. T1③：31　3. T1③：42

（一）横长型

13件，占本期石片总数的39.4%。石片宽均大于长，器体多呈贝壳状，形状有近梯形、近椭圆形、近三角形和近扇形几种，以近梯形和近椭圆形居多，二者数量大致相当，近三角形和近扇形均较少。

T1③：16，灰绿色辉绿岩。体形扁薄，平面近梯形。石片打击点位于器体上部，打击点宽大，放射线清晰，劈裂面平整，远端边缘向外翻卷，背面保留完整砾石面。石片边缘较锋利，有轻微使用痕迹。长7、宽10.2、厚1厘米，重73克（图一九，1；彩版一九，5）。

T1③：26，灰褐色石英岩。平面近梯形。石片打击点位于器体上部正中，打击点微内凹，

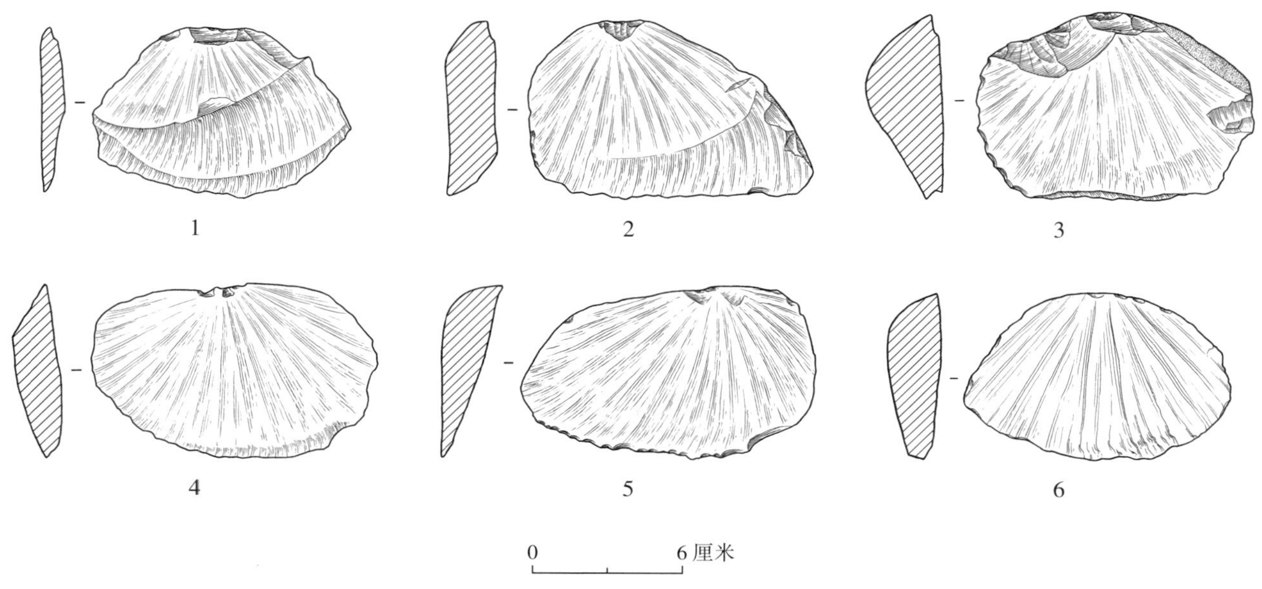

图一九　第二期横长型石片

1. T1③：16　2. T1③：26　3. T1③：50　4. T1③：27　5. T1③：121　6. T1③：115

劈裂面光滑，远端略向背面翻卷，背面保留完整砾石面。石片下部边缘较锋利，有锯齿状使用痕迹。长 7.3、宽 10.3、厚 2 厘米，重 197 克（图一九，2；彩版一九，6）。

T1③：50，青绿色辉绿岩。平面近梯形。石片打击点位于器体上部，打击点宽大，劈裂面较平整，远端边缘轻微折断。打击点左侧有一处向正面崩裂的修整片疤，器体右侧有一处较大的向背面崩裂的砸疤，其余部位保留砾石面。石片左侧边缘较锋利，有明显使用痕迹。长 7.8、宽 10.9、厚 3 厘米，重 251 克（图一九，3；彩版二〇，1、2）。

T1③：27，灰褐色辉长岩。石片厚薄匀称，平面近椭圆形。打击点位于器体上部中间，打击点宽平，劈裂面平滑，背面有小片同源同向片疤，其余保留砾石面。石片远端边缘向外翻卷，边缘较锋利，无明显使用痕迹。长 7.1、宽 11.4、厚 1.8 厘米，重 170 克（图一九，4；彩版二〇，3、4）。

T1③：121，青绿色辉绿岩。平面呈椭圆形。石片打击点位于器体上部，打击点宽平，劈裂面较平整，放射线较清晰，远端边缘略向外翻卷，背面保留完整砾石面。石片边缘较锋利，下部有明显使用形成的锯齿状缺口。长 7、宽 11.6、厚 1.9 厘米，重 242 克（图一九，5；彩版二〇，5）。

T1③：115，灰绿色辉绿岩。体呈贝壳状，平面近椭圆形。石片打击点位于器体上部，劈裂面平整，打击点及放射线均较清晰，背面保留完整砾石面。石片远端左侧折断，其余部位有较厚钝的使用痕迹。长 6.8、宽 10.5、厚 2.1 厘米，重 176 克（图一九，6；彩版二〇，6）。

T1④：14，灰褐色石英岩。体形扁薄，平面近椭圆形。打击点位于器体上部正中，打击点宽平，腹面平滑，中间隆起，边缘较薄，近远端呈环状下凹，边缘有轻微折断。石片边缘较锋利，无明显使用痕迹。长 7.4、宽 9.3、厚 1.6 厘米，重 110 克（图二〇，1；彩版二一，1）。

T1 ④：44，灰绿色辉绿岩。体形窄长扁小，平面近椭圆形。打击点及放射线均较清晰，同心波明显，劈裂面平滑，远端略向外翻卷。石片远端边缘较锋利，有明显使用痕迹。长 5.1、宽 9.7、厚 1.9 厘米，重 79 克（图二〇，2；彩版二一，2）。

T1 ③：46，灰褐色石英岩。平面近三角形。石片打击点粗大，自然台面宽平，半锥体微显，劈裂面平滑，放射线不清晰，片尾轻微折断，背面保留完整砾石面。石片边缘较锋利，有明显使用痕迹。长 7.8、宽 8.5、厚 2.2 厘米，重 162 克（图二〇，3；彩版二一，3）。

T1 ④：5，青灰色辉长岩。体形扁薄，平面近三角形。石片打击点不清，劈裂面平整，右侧残断，其余部位保留砾石面。石片边缘较锋利，有较明显的使用痕迹。长 7.1、宽 10、厚 1.5 厘米，重 111 克（图二〇，4；彩版二一，4）。

T1 ③：114，青绿色辉绿岩。平面近扇形。石片打击点位于器体顶端，打击点较清晰，劈裂面较平整，侧面有小片崩裂片疤，其余部位保留砾石面。石片下部边缘较锋利，有明显使用痕迹。右侧有较为锋利的尖角，有向两面崩裂的使用片疤，可能曾作为尖状器使用。长 7.1、宽 9.8、厚 2.3

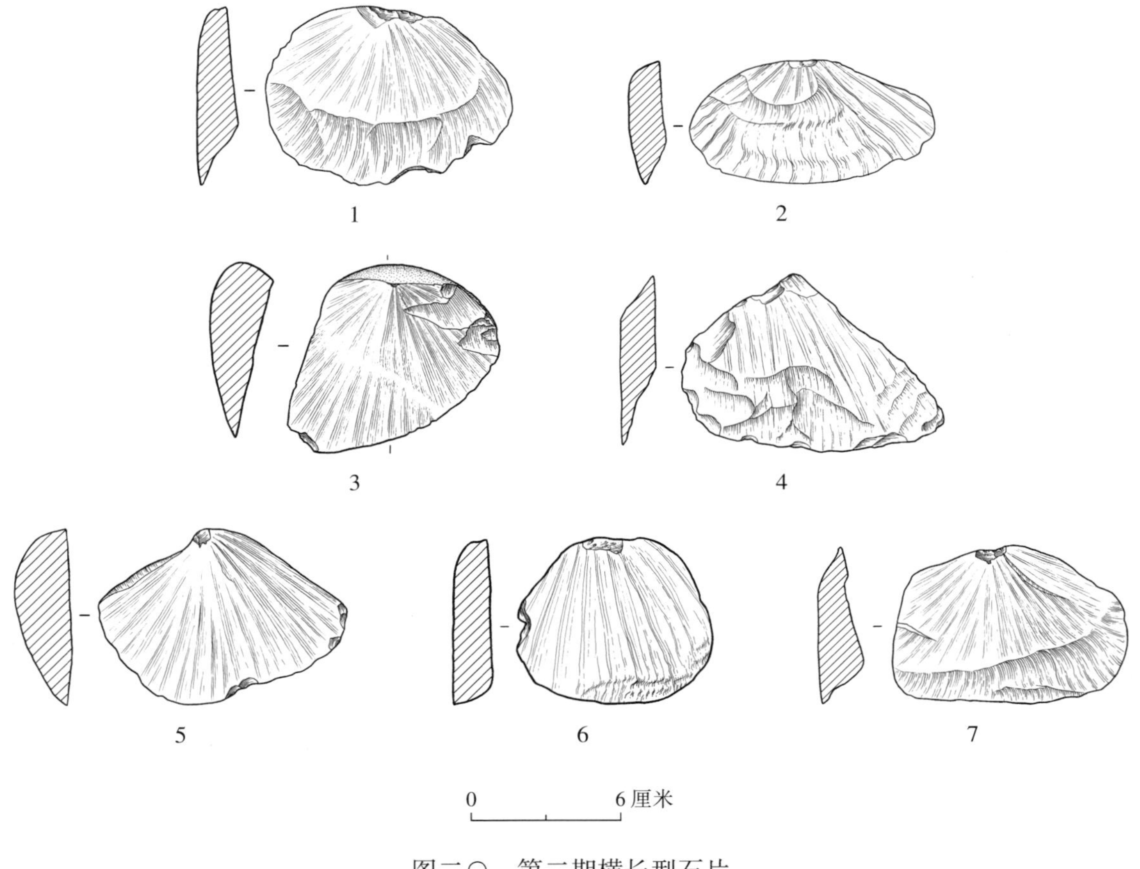

图二〇　第二期横长型石片

1. T1 ④：14　2. T1 ④：44　3. T1 ③：46　4. T1 ④：5　5. T1 ③：114　6. T1 ③：53　7. T1 ③：54

厘米，重 161 克（图二〇，5；彩版二一，5）。

T1 ③：53，灰绿色辉绿岩。体形扁平匀称，平面近梯形。打击点位于器体上部正中，打击点粗大，劈裂面平滑，呈中部略微凸起的贝壳状，远端向背面翻卷，背面保留完整砾石面。石片远端及两侧边缘均较锋利，无明显使用痕迹。长 6.8、宽 7.7、厚 1.6 厘米，重 102 克（图二〇，6；彩版二一，6）。

T1 ③：54，灰褐色石英岩。平面近梯形。石片打击点位于器体上部正中，打击点及放射线均较清楚，劈裂面平滑，背面有小片平滑的同源同向劈裂片疤，其余部位保留完整砾石面。石片远端向背面翻卷，边缘较锋利，有明显使用痕迹。长 6.4、宽 9.2、厚 1.8 厘米，重 133 克（图二〇，7；彩版二二，1、2）。

（二）纵长型

20 件，占本期石片总数的 60.6%。石片长均大于宽，体形普遍比横长型略大。体形以叶状居多，平面形状有近椭圆形、近三角形、近长方形、近四边形、近梯形几种，以近三角形居多。

T1 ③：35，青绿色辉绿岩。平面近椭圆形。打击点粗大内凹，放射线较清晰，腹面平整，片尾有一小崩疤，背面保留完整砾石面。石片边缘较锋利，有使用痕迹。长 9、宽 8.5、厚 2.1 厘米，重 199 克（图二一，1；彩版二二，3）。

T1 ④：12，青绿色辉绿岩。体形较小，轻薄匀称，平面呈椭圆形。打击点宽平，劈裂面平整，放射线不清晰，背面保留完整砾石面。石片边缘较锋利，无明显的使用痕迹。长 7.6、宽 6.7、厚 1.2 厘米，重 62 克（图二一，2；彩版二二，4）。

T1 ③：29，青灰色辉长岩。体形较厚重，平面近三角形。打击点宽凹，有小崩疤向背面崩裂。劈裂面平整，呈同心波状向远端呈阶梯状劈裂，片尾略微向内反卷。石片边缘较锋利，有明显使用痕迹。长 13.2、宽 8.4、厚 5 厘米，重 448 克（图二一，3；彩版二二，5）。

T1 ③：14，青灰色辉长岩。体形较厚重，平面近三角形。打击点宽平，背面有小片同源同向崩疤。半锥体及同心波均较明显，劈裂面凹凸不平，放射线较清晰，石片尾端略向内反卷。边缘较锋利，无明显使用痕迹。长 19、宽 11.9、厚 5.3 厘米，重 1199 克（图二一，4；彩版二二，6）。

T1 ④：4，黑褐色辉长岩。体形宽大扁薄，平面近椭圆形。打击点宽平，背面有较小的同源同向崩裂片疤。劈裂面平整，远端略下凹，边缘轻微折断。石片边缘较锋利，无明显使用痕迹。长 11.6、宽 11.9、厚 1.7 厘米，重 316 克（图二一，5；彩版二三，1、2）。

T1 ③：40，青绿色辉绿岩。平面近三角形。打击点宽凹，背面有大片同源同向崩裂片疤。劈裂面略平滑，放射线较清晰，石片尾部向内反卷。右侧边缘较锋利，有明显使用痕迹。长 11、宽 8.4、厚 2.2 厘米，重 198 克（图二一，6；彩版二三，3）。

T1 ③：48，青绿色辉绿岩。体形窄长，平面近三角形。打击点粗大，劈裂面平滑，放射线较清晰，片尾轻微折断。边缘锋利，右侧有较为明显的使用痕迹。长 14.6、宽 6.7、厚 2.9 厘米，重 284 克（图

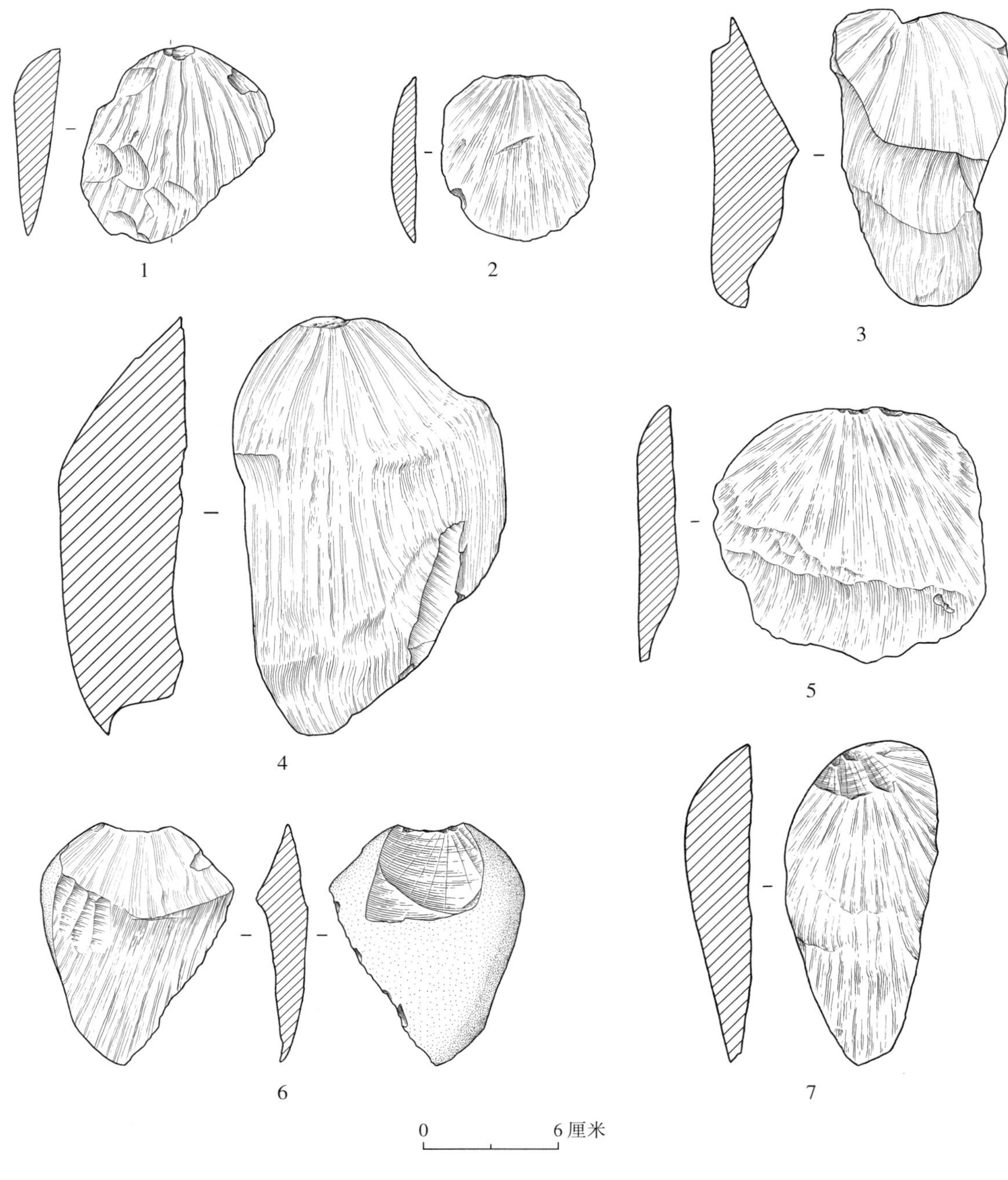

图二一 第二期纵长型石片

1. T1 ③：35 2. T1 ④：12 3. T1 ③：29 4. T1 ③：14 5. T1 ④：4 6. T1 ③：40 7. T1 ③：48

二一，7；彩版二三，4）。

T1 ③：52，青灰色辉长岩，质地坚硬粗糙。体形较大，平面近三角形。打击点宽平，放射线清晰，劈裂面粗糙微内凹，背面保留完整砾石面。石片边缘较锋利，无明显使用痕迹。长12.3、宽10.2、厚2厘米，重279克（图二二，1；彩版二三，5）。

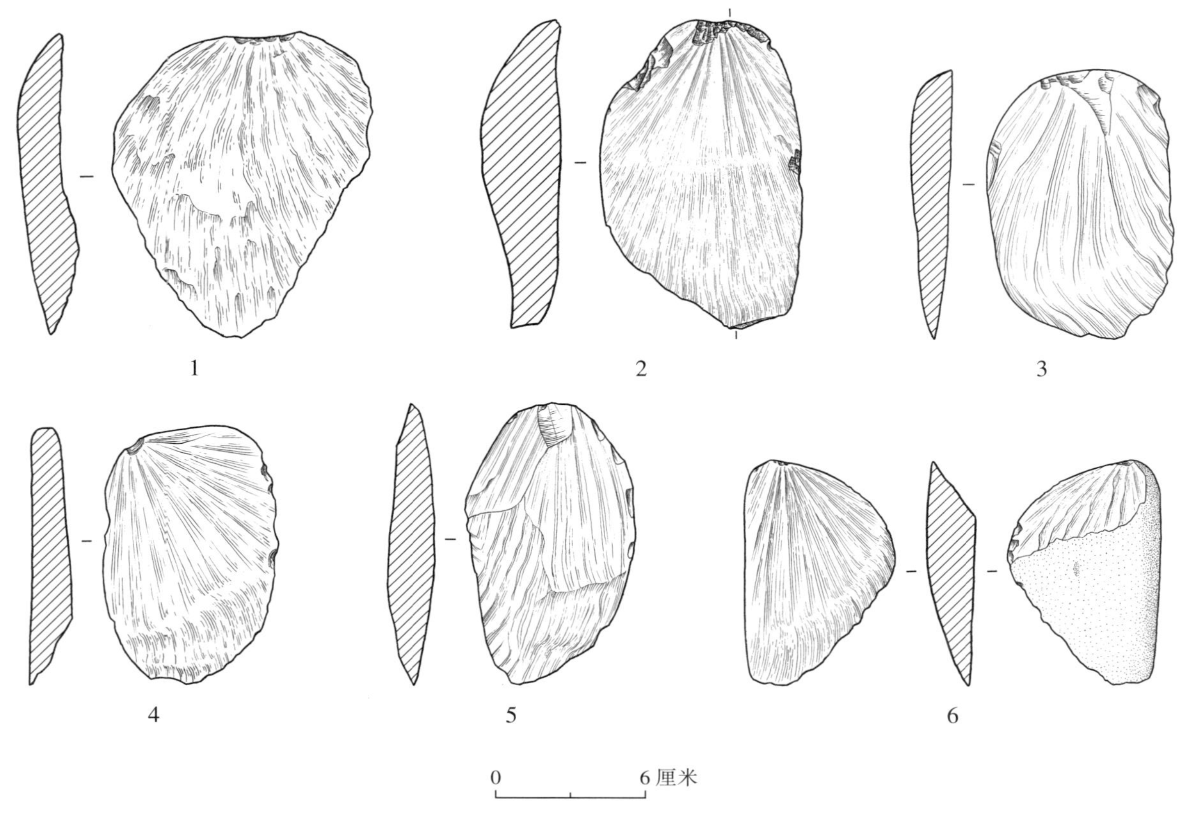

图二二　第二期纵长型石片

1. T1③：52　2. T1③：30　3. T1③：6　4. T1③：8　5. T1④：11　6. T1④：10

T1③：30，灰褐色石英岩。体形窄长厚重，平面近三角形。打击点宽凹，劈裂面平整，放射线清晰，片尾轻微折断。石片边缘较锋利，无明显使用痕迹。长12.7、宽8、厚3.2厘米，重260克（图二二，2；彩版二三，6）。

T1③：6，青灰色辉长岩。平面近长方形。打击点宽凹，放射线清晰，劈裂面平滑略内凹，远端略外翻，右下角轻微折断，背面保留完整砾石面。石片边缘较锋利，右侧有轻微使用痕迹。长11、宽7.3、厚1.5厘米，重200克（图二二，3；彩版二四，1）。

T1③：8，灰绿色辉绿岩。体形扁长，平面近长方形。石片打击点位于器体左上部，打击点稍小，略内凹，背面有小片同源同向崩疤。劈裂面较平滑，放射线较清晰，片尾轻微折断。石片边缘较锋利，右侧有较明显的使用痕迹。长10.5、宽6.8、厚1.7厘米，重149克（图二二，4；彩版二四，2）。

T1④：11，青绿色辉绿岩，质地较细腻。体呈细长的叶状，平面近三角形。打击点较小，半锥体微显，劈裂面光滑，背面保留完整砾石面。边缘较锋利，有明显使用痕迹。长11.2、宽6.6、厚1.9厘米，重174克（图二二，5；彩版二四，3）。

T1④：10，青灰色辉长岩，质地坚硬细腻。体形小巧，平面呈三角形。打击粗大，背面有小片同源同向劈裂片疤。正面劈裂面平整，放射线较清晰。远端及右侧边缘较锋利，有明显使用痕迹。长 9.2、宽 6、厚 2 厘米，重 115 克（图二二，6；彩版二四，4）。

T1 ③：37，青灰色辉长岩。平面近四边形。打击点宽平，半锥体微显，背面有大片同源同向崩裂片疤。劈裂面较平滑，放射线较清晰，远端边缘阶梯状下凹，边缘轻微折断。石片边缘较锋利，有明显使用痕迹。长 9、宽 8.4、厚 2 厘米，重 182 克（图二三，1；彩版二四，5、6）。

T1 ③：49，青灰色辉长岩。平面近四边形。打击点粗大，劈裂面略显凹凸，放射线不清晰，远端残断，背面保留完整砾石面。石片边缘较锋利，无明显使用痕迹。长 10.2、宽 8、厚 2.2 厘米，重 221 克（图二三，2；彩版二五，1）。

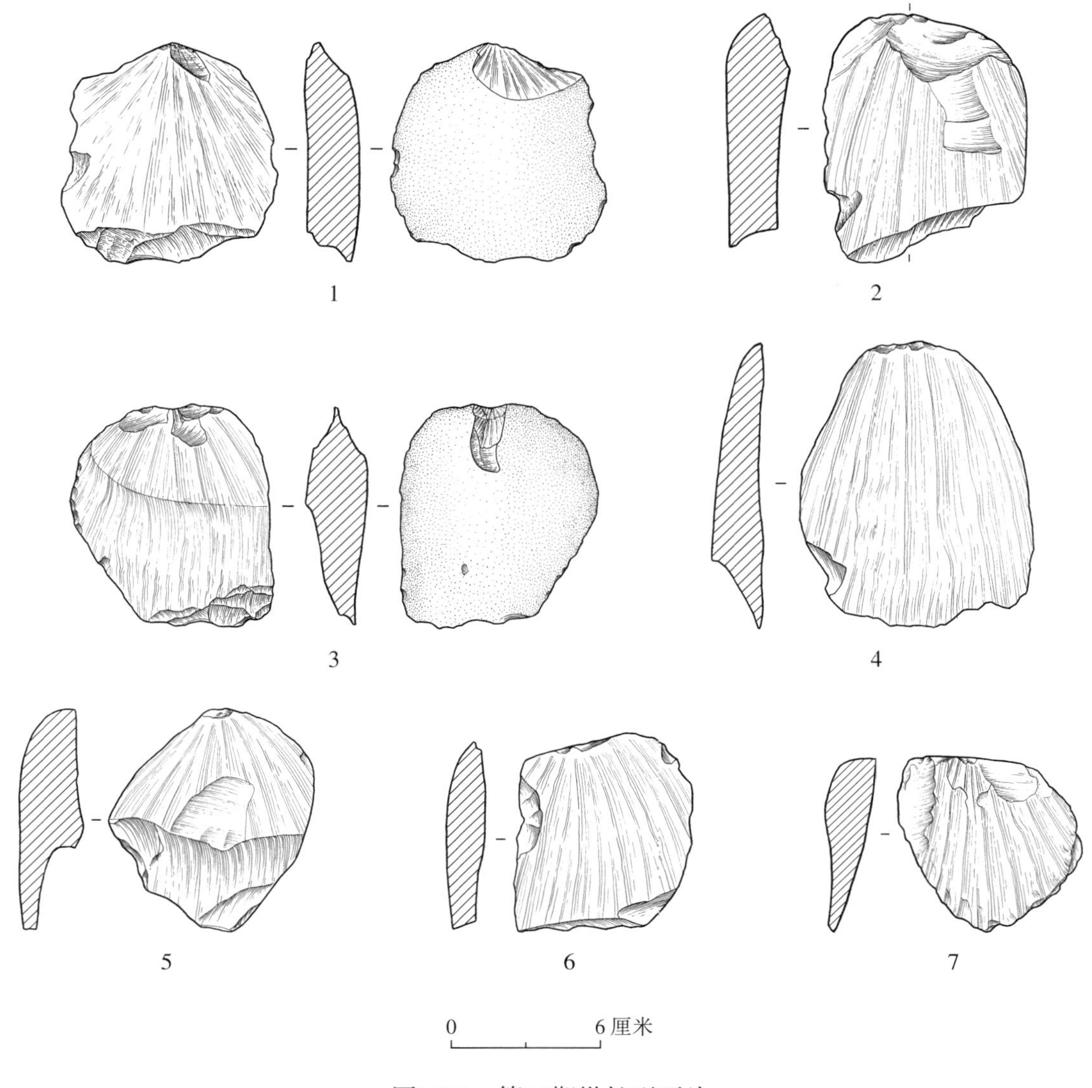

图二三　第二期纵长型石片

1. T1 ③：37　2. T1 ③：49　3. T1 ④：7　4. T1 ③：34　5. T1 ④：15　6. T1 ③：47　7. T1 ④：9

T1④：7,青灰色辉长岩。平面近四边形。打击点宽大,有向背面崩裂的小片片疤。劈裂面平滑，呈波状向远端扩散，远端轻微修整。石片边缘较锋利，有轻微使用痕迹。长 9.4、宽 7.6、厚 2.4 厘米，重 186 克（图二三，3；彩版二五，2）。

T1③：34，灰绿色辉绿岩。体形宽大扁平，平面近梯形。打击点宽平，有向背面崩裂的细小崩疤，劈裂面平滑，放射线略清晰，远端有向背面崩裂的修整片疤。边缘锋利，无明显使用痕迹。长 11.8、宽 9.2、厚 2 厘米，重 251 克（图二三，4；彩版二五，3）。

T1④：15,黑褐色辉长岩。体形稍厚，平面近四边形。打击点粗大，侧面有小片同向同源片疤。放射线较清晰，劈裂面平整，远端呈坎状下凹，边缘部分折断。有较明显的使用痕迹。长 9.1、宽 7.9、厚 2.5 厘米，重 181 克（图二三，5；彩版二五，4）

T1③：47，青绿色辉绿岩。平面近四边形。打击点略凹，劈裂面平滑，远端残断，背面保留完整砾石面。石片边缘锋利，有较为明显的使用痕迹。长 7.9、宽 6.9、厚 1.5 厘米，重 117 克（图二三，6；彩版二五，5）。

T1④：9，青灰色辉长岩。体形较小，平面近四边形。打击点小而凸，半锥体微显，自然台面较宽平，劈裂面平滑，远端右侧轻微折断，背面保留完整砾石面。石片左侧边缘较锋利，有明显的使用痕迹。长 7.1、宽 7、厚 1.8 厘米，重 98 克（图二三，7；彩版二五，6）。

六　石斧（锛）毛坯

共 31 件，占本期出土石器总数的 18.8%，占本期磨制石器总数的 41.9%。此类石器均仅完成打坯，未进行磨制。除 1 件以石片为原料外，其余均以砾石为原料进行打坯修整。岩性以辉绿岩为主，打坯方式均为局部打制，打制部位主要集中于端部及两侧，以器体下部两侧及刃端修整为主，片疤多集中于两侧及刃面，修整面多不大。打制方法有砸击及锤击两种，均从两侧或端部向中间沿边缘连续打片，片疤多向正面集中，也有少部分向背面崩裂的。根据原料原始形态分为三角形、梯形、长弧圆形三种。

（一）三角形

7 件，占本期斧（锛）毛坯总数的 22.6%。体形扁长，刃端稍宽，柄端收窄呈尖弧状，两侧近直或微弧，也有少部分不太规整的。打片修整部位主要集中于器体下部，绝大部分为单面修整。

T1③：68，灰褐色火成岩。除柄端未修整外，器体两侧及刃部连续单面打片修整，左侧片疤密集层叠，右侧片疤稍大，背面保留完整砾石面。长 9.8、宽 5.3、厚 1.7 厘米，重 132 克（图二四，1；彩版二六，1）。

T1③：63，青灰色辉绿岩，器表风化严重。体形扁薄，两端尖弧。器体两侧及刃端连续向正面打片修整，左侧修整线稍长，片疤较大，右侧修整线稍短，片疤较小，背面保留完整砾石面。长 10.8、宽 5.1、厚 1.7 厘米，重 115 克（图二四，2；彩版二六，2）。

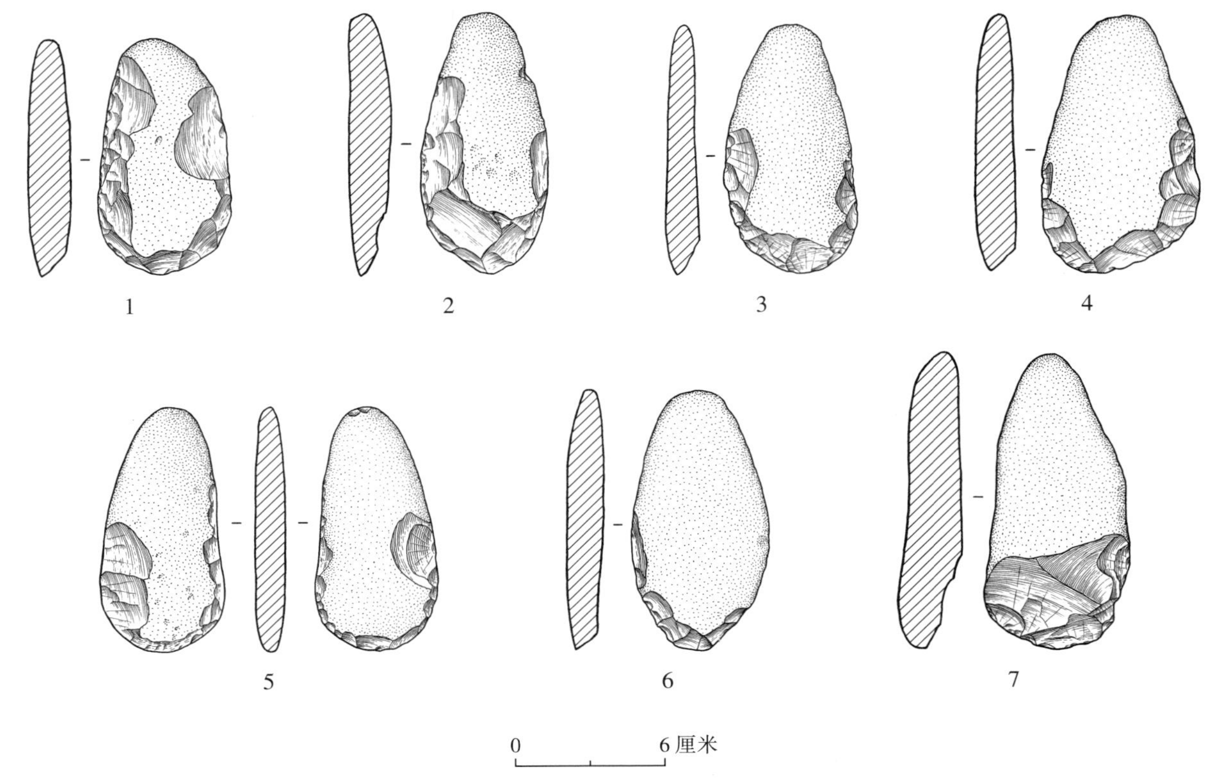

图二四 第二期三角形石斧（锛）毛坯

1. T1③：68 2. T1③：63 3. T1③：79 4. T1④：31 5. T1④：39 6. T1④：41 7. T1④：32

T1③：79，青绿色辉绿岩，质地坚硬细腻。体形扁薄。器体下部沿侧缘连续向正面打片修整，左侧修整线稍长，片疤稍大，右侧修整线稍短，片疤较小，背面保留完整砾石面。长10.2、宽5.2、厚1.3厘米，重105克（图二四，3；彩版二六，3）。

T1④：31，灰褐色火成岩。体形宽扁。刃端及近刃部两侧沿连续向正面打片修整，修整程度相对较高，片疤密集层叠，背面保留完整砾石面。长10.3、宽6.3、厚1.7厘米，重166克（图二四，4；彩版二六，4）。

T1④：39，青灰色辉绿岩。器体扁薄规整。器身下部两侧及刃端连续打片修整，左侧修整线稍短，修整片疤较大，背面有大片崩裂片疤和细碎的小片崩疤；右侧及刃端修整线稍长，修整程度较轻，片疤轻微向两面崩裂。长10、宽4.9、厚1.2厘米，重86克（图二四，5；彩版二六，5）。

T1④：41，灰褐色细砂岩。体形扁薄，两端尖弧。器体左下部及刃端连续向正面打片修整，修整程度均相对较轻，背面保留完整砾石面。长10.8、宽5.4、厚1.4厘米，重131克（图二四，6；彩版二六，6）。

T1④：32，灰褐色火成岩。器体凹凸不平。刃部单面打片修整，修整面较大，其余部位保留完整砾石面。长12.2、宽5.5、厚2.3厘米，重236克（图二四，7；彩版二七，1）。

（二）梯形

11 件，占本期斧（锛）毛坯总数的 35.5%。体形扁长规整，上窄下宽，端部微弧，两侧斜直或略弧。

T1 ③：111，青灰色辉长岩。器体扁薄规整。以纵长型石片为原料在两侧及端部连续打片修整而成，修整程度相对较大，正面边缘片疤密集层叠，背面保留完整砾石面。长 11.9、宽 8、厚 2 厘米，重 296 克（图二五，1；彩版二七，2）。

T1 ③：70，青灰色石英砂岩。体形扁薄规整。两侧连续打片修整，修整范围及程度均较轻，片疤较细碎，向正反两面崩裂。长 9.5、宽 5.5、厚 1.3 厘米，重 104 克（图二五，2；彩版二七，3）。

T1 ③：55，青灰色细砂岩。体形扁薄轻巧。器体右下部向正面单面打片修整，修整程度相对较轻，左上部有一处小砸疤，其余保留完整砾石面。长 9.2、宽 4.9、厚 1 厘米，重 68 克（图二五，3；彩版二七，4）。

T1 ③：91，青灰色石英砂岩。体形宽扁规整。正面两端及右侧连续打片修整，除刃端有零星片疤向背面崩裂外，其余片疤均向正面集中，器体左侧有两处向背面崩裂的片疤，其余保留砾石面。长 9.7、宽 6.4、厚 1.6 厘米，重 159 克（图二五，4；彩版二七，5）。

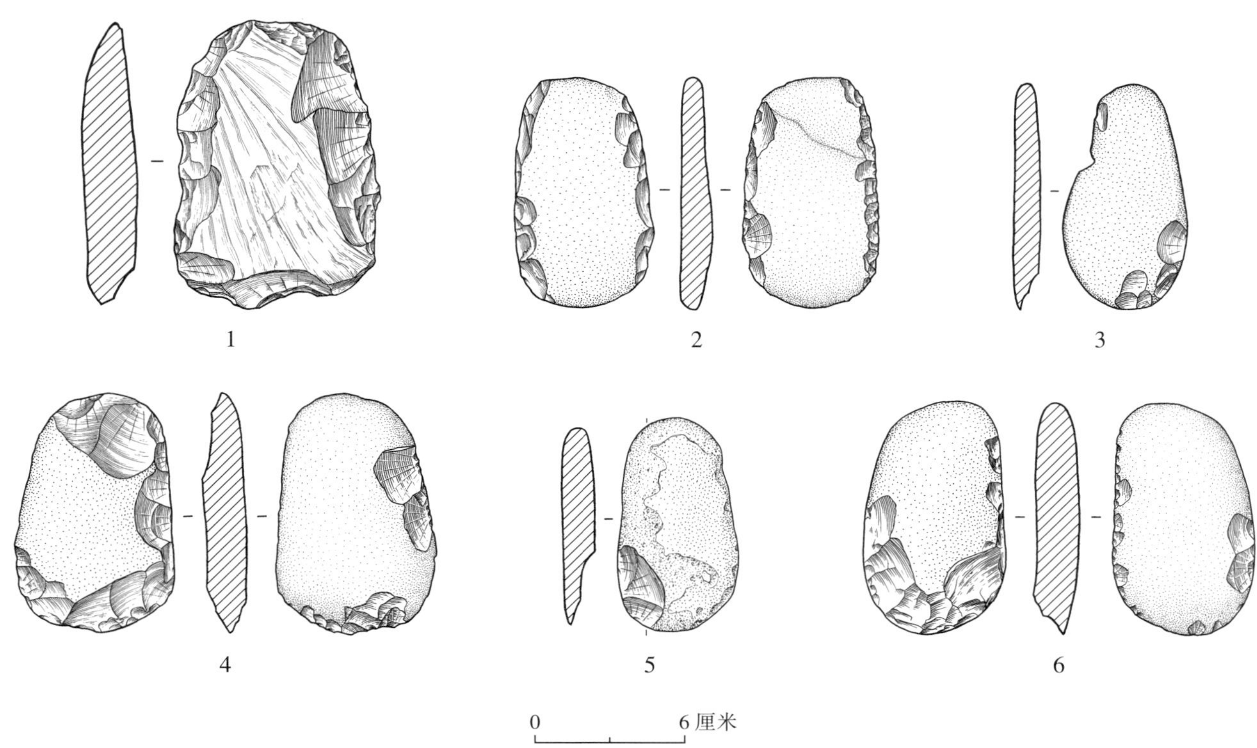

图二五　第二期梯形石斧（锛）毛坯

1. T1 ③：111　2. T1 ③：70　3. T1 ③：55　4. T1 ③：91　5. T1 ④：19　6. T1 ④：35

T1④：19，青灰色石英砂岩，器表风化严重。左下部及右上部各有一处分别向正反两面打制的片疤，其余保留砾石面。长8.7、宽4.8、厚1.4厘米，重89克（图二五，5；彩版二七，6）。

T1④：35，青灰色辉绿岩。体形扁薄规整。打制部位主要集中于器体下半段及右侧，从两侧及刃端向正面连续打片修整，片疤主要向正面集中，侧缘片疤略微向背面崩裂。长9.4、宽5.6、厚1.7厘米，重152克（图二五，6；彩版二八，1）。

T1③：66，青灰色石英砂岩，器表风化严重。器体左侧及刃端连续单面打片修整，片疤分别向正反两面崩裂，右侧上部有一处向正面崩裂的片疤。长10.4、宽5.6、厚1.7厘米，重146克（图二六，1；彩版二八，2）。

T1④：34，青灰色辉绿岩。器体右侧中上部及刃端连续打片修整，修整范围及程度均相对较低，刃端片疤向正面崩裂，右侧片疤向两面崩裂，以正面最为集中。长9.6、宽5.2、厚1.5厘米，重122克（图二六，2；彩版二八，3）。

T1③：64，青绿色辉绿岩。体形宽扁，刃端轻微打片修整，刃部左下角有向两面崩裂的片疤，刃缘有轻微砸痕，其余部位保留砾石面。长10.8、宽6.6、厚1.9厘米，重237克（图二六，3；彩版二八，4）。

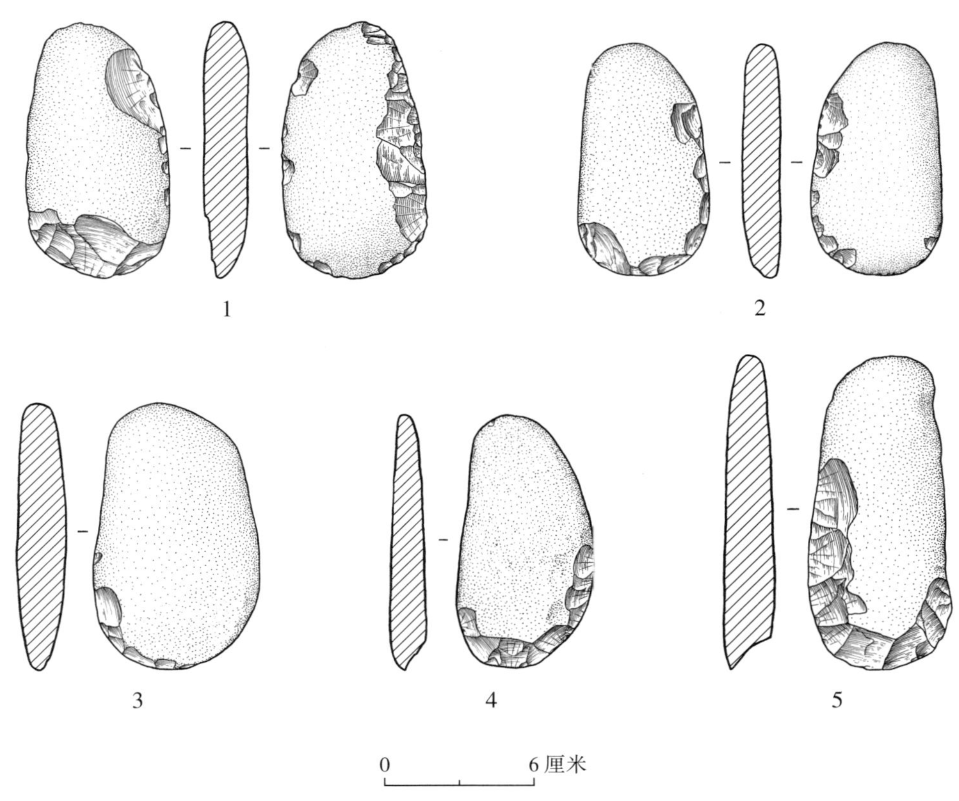

图二六　第二期梯形石斧（锛）毛坯

1. T1③：66　2. T1④：34　3. T1③：64　4. T1③：83　5. T1③：117

T1③：83，青灰色辉绿岩。体形不甚规整，一侧斜直，另一侧弧圆。器体右下侧及刃端连续向正面打片修整，背面保留完整砾石面。长 10.3、宽 5.4、厚 1.4 厘米，重 135 克（图二六，4；彩版二八，5）。

T1③：117，青灰色辉绿岩。体形细长。左侧中上部及刃端连续单面打片修整，修整程度较高，片疤密集层叠，均向正面集中，右侧除一处向背面崩裂的片疤外，其余部位未修整。长 12.7、宽 5.6、厚 2 厘米，重 224 克（图二六，5；彩版二八，6）。

（三）长弧圆形

12 件，占本期斧（锛）毛坯总数的 38.7%。体形大都扁长规整，两端宽度相当，端部弧圆，两侧多近直或微弧，平面形状与长方形较为接近，也有极少数两侧不平直的。打制部位主要集中于两侧及刃端，柄端很少打制。

T1③：82，青灰色辉绿岩。器体扁平规整。除柄端未修整外，器体两侧及刃端连续打片修整，片疤主要向正面集中，两侧有少许片疤向背面崩裂。长 9.9、宽 5.6、厚 1.8 厘米，重 145 克（图二七，1；彩版二九，1）。

T1③：69，青灰色辉绿岩。体形扁薄规整。除柄端未修整外，器体两侧及刃端连续打片修整。

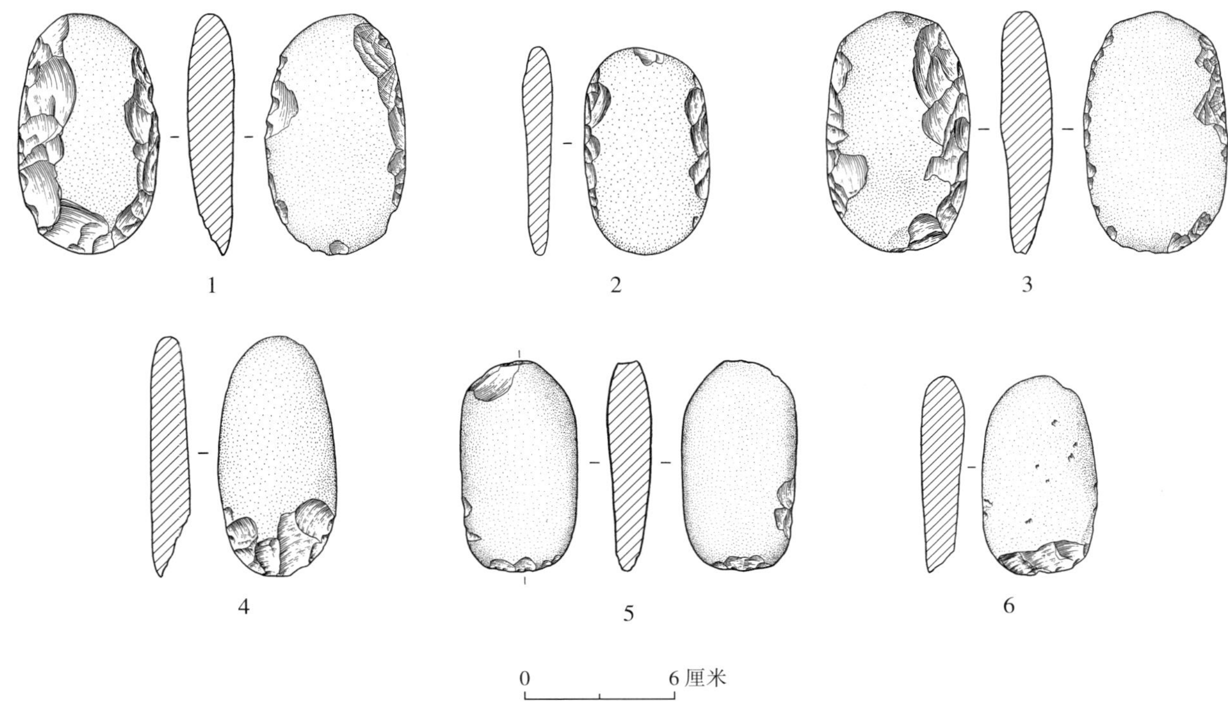

图二七　第二期长弧圆形石斧（锛）毛坯

1. T1③：82　2. T1③：69　3. T1③：84　4. T1④：29　5. T1④：22　6. T1③：81

修整程度较轻，片疤小而细碎，沿刃缘向两面崩裂。长8.5、宽5、厚1.3厘米，重84克（图二七，2；彩版二九，2）。

T1③：84，青灰色辉绿岩。体形扁平规整。器体两侧连续打片修整，右侧修整程度稍高，修整部位延及刃部右侧，修整片疤层叠，均向正面崩裂；左侧修整程度稍轻，片疤相对细碎，局部向两面崩裂。长9.9、宽5.6、厚2厘米，重168克（图二七，3；彩版二九，3）。

T1④：29，灰褐色石英砂岩。体形细长规整。仅刃端单面打片修整，片疤均向正面崩裂，其余部位保留完整砾石面。长9.8、宽4.7、厚1.5厘米，重125克（图二七，4；彩版二九，4）。

T1④：22，青灰色辉绿岩，器表风化严重。近两端边缘轻微修整，柄端有一处稍大的单面崩裂片疤，刃缘有轻微砸疤。长8.6、宽4.7、厚1.8厘米，重116克（图二七，5；彩版二九，5）。

T1③：81，青灰色辉绿岩。体形扁小规整。近刃部单面轻微修整，两侧有连续砸痕。长8.1、宽4.5、厚1.7厘米，重100克（图二七，6；彩版二九，6）。

T1④：37，灰褐色玄武岩，器表风化严重。体形稍大，扁平规整。除柄端未修整外，器体两侧及刃端连续打片修整，片疤向两面崩裂，刃端背面有一处较大的沿自然节理形成的断裂片疤，致使器物残损。长12.6、宽6.2、厚2.3厘米，重248克（图二八，1；彩版三〇，1）。

T1④：36，灰褐色细砂岩。器体宽大厚重，端部弧圆，两侧边一凹一凸，略呈肾形。两端连续单面打片修整，柄端修整面较大，刃端修整面稍小，片疤向正面集中。刃端及右侧有个别向背面崩裂的片疤。长11.7、宽6.6、厚2.3厘米，重288克（图二八，2；彩版三〇，2）。

T1③：74，灰褐色细砂岩。体形不甚规整。除左侧未修整外，器体两端及右侧连续打片修整，两端片疤均向正面集中，右侧片疤向两面崩裂。长12.5、宽6.2、厚2厘米，重206克（图二八，3；彩版三〇，3）。

T1④：26，灰褐色细砂岩。体形扁长规整。器身上半段未修整，下半段两侧及刃端连续打片，除左侧有一处向背面崩裂的片疤外，其余片疤均向正面崩裂。长10.2、宽4.8、厚1.6厘米，重158克（图二八，4；彩版三〇，4）。

T1④：40，灰褐色辉绿岩。器体扁平，一侧外弧，一侧微内凹。仅刃端连续单面打片修整，修整范围及程度均较大，片疤密集层叠，其余部位保留完整砾石面。长10、宽4.9、厚1.4厘米，重110克（图二八，5；彩版三〇，5）。

T1④：23，青灰色辉绿岩。刃端略残，体形不规整。仅两端单面打片修整，刃端修整面稍大，片疤向正面集中，柄端修整程度较轻，片疤向背面崩裂。长8.4、宽5.1、厚1.5厘米，重89克（图二八，6；彩版三〇，6）。

（四）残段

1件。T1④：43，灰白色花岗岩，器表风化严重。一端残断，原始形态不详，残存部位平面近长方形。侧缘及刃端均连续修整，修整范围及程度均较轻，片疤小而碎，向两面崩裂。长7、

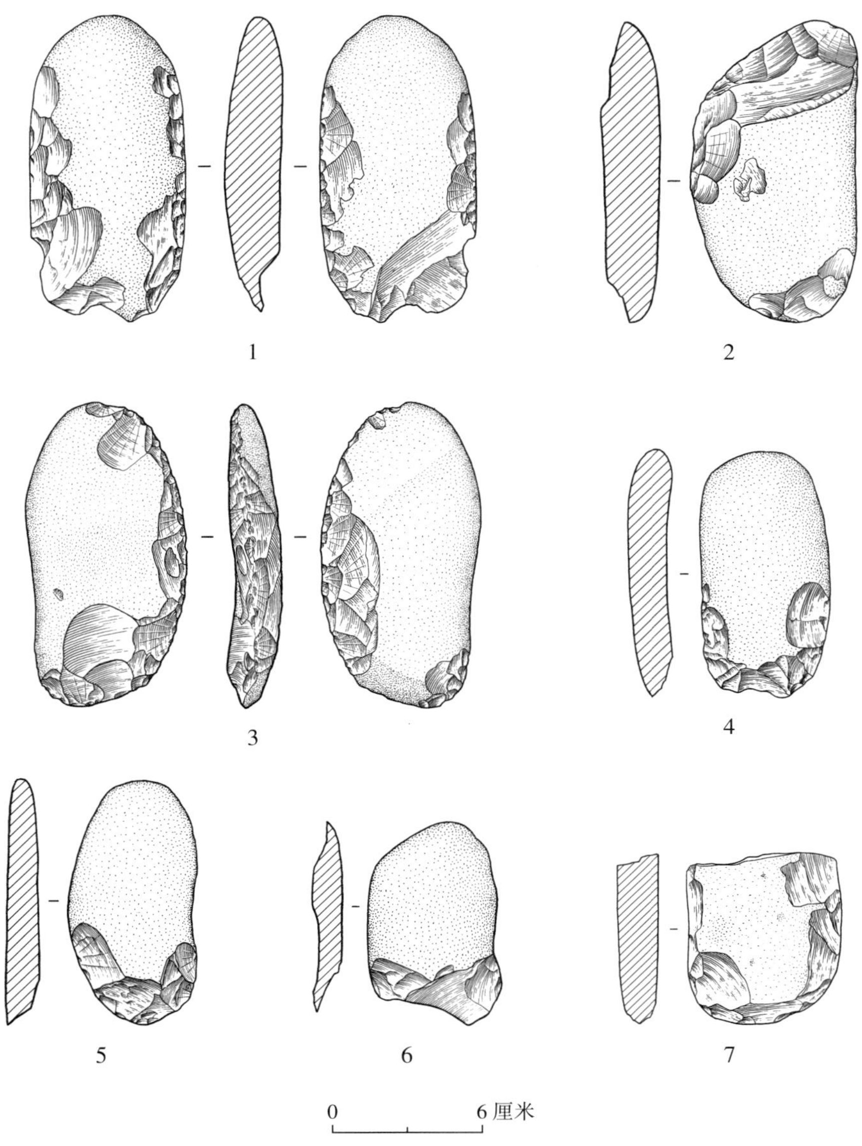

图二八　第二期石斧（锛）毛坯

1 ~ 6. 长弧圆形石斧（锛）毛坯（T1④：37、36，T1③：74，T1④：26、40、23）　7. 石斧（锛）毛坯残段（T1④：43）

宽 6、厚 1.6 厘米，重 120 克（图二八，7；彩版三一，1）。

七　石凿毛坯

共 8 件，占本期磨制石器总数的 10.8%。器体均呈窄长条状，岩性以石英砂岩为主，除 1 件以石片为原料进行修整制作外，其余均以砾石为原料进行打坯修整。修整部位主要集中于刃端和近刃端两侧，均为单面修整。平面形状有长弧圆形和近三角形两种，以长弧圆形略多。

T1③：51，灰褐色辉长岩。器体扁薄，平面呈长弧圆形。以纵长型锐棱砸击石片修整而成，石片打击点位于柄端，打击点及放射线均较清晰，右侧局部修整，片疤主要集中于正面，部分片疤向背面崩裂。长 11、宽 4.2、厚 1.4 厘米，重 104 克（图二九，1；彩版三一，2）。

T1 ③：56，青灰色石英砂岩。器体窄长匀称，端部呈弧形，平面呈长弧圆形。刃部单面修整，修整面较大，其余部位保留完整砾石面。长 10.4、宽 4.2、厚 1.5 厘米，重 110 克（图二九，2；彩版三一，3）。

T1 ④：27，青灰色石英砂岩。器体细长规整，端部圆弧，平面近三角形。刃部单面打片修整，修整面较大，片疤大而深。长 10、宽 4.2、厚 1.6 厘米，重 102 克（图二九，3；彩版三一，4）。

T1 ③：76，青绿色细砂岩。体形细长，端部圆弧，平面近三角形。刃部及近刃部侧缘单面打片修整，修整面稍大，片疤层叠，器体左上部有一个修整片疤，其余保留砾石面。长 9.3、宽 3.5、厚 1.4 厘米，重 71 克（图二九，4；彩版三一，5）。

T1 ③：61，灰褐色石英砂岩。体形较窄长，平面近三角形。刃部及近刃部两侧单面打片修整，右侧修整面稍长，片疤大而深。长 9.7、宽 3.3、厚 1.1 厘米，重 97 克（图二九，5；彩版三一，6）。

T1 ④：21，灰褐色石英砂岩。体形窄长不规整，右侧外弧，端部圆弧，平面近长弧圆形。右侧有一处单面修整片疤，其余部位保留砾石面。长 12.5、宽 5、厚 1.4 厘米，重 176 克（图

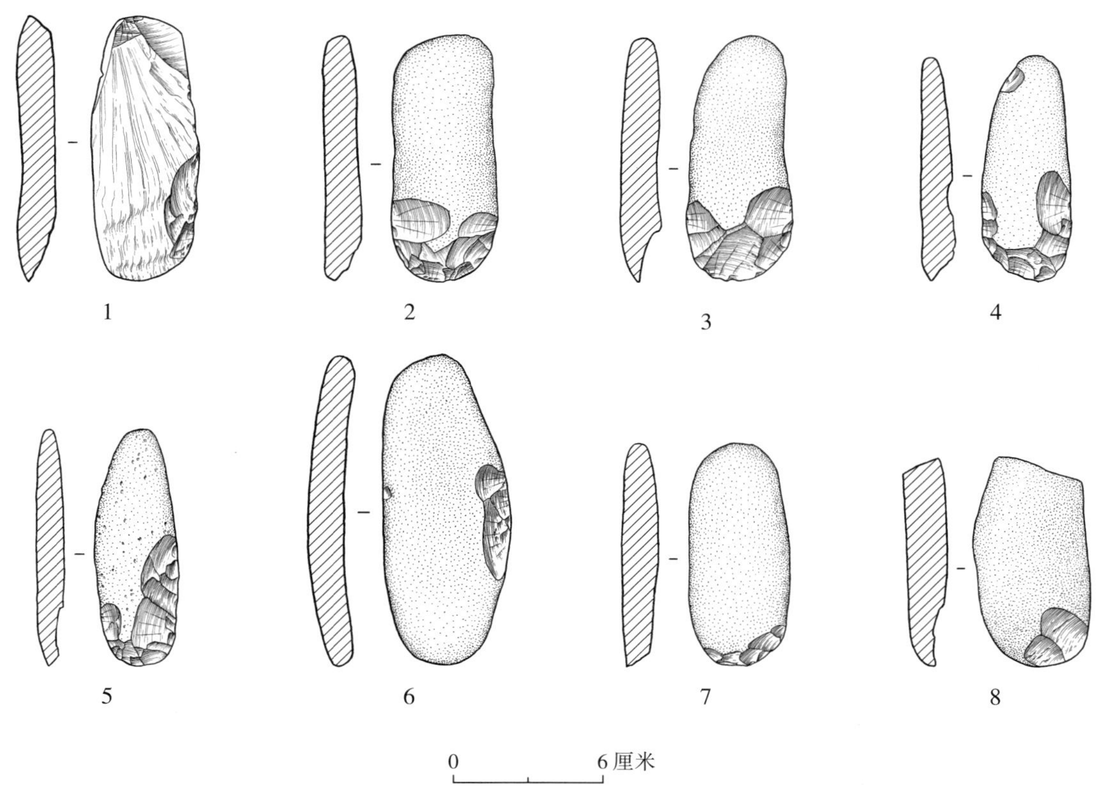

图二九　第二期石凿毛坯

1. T1 ③：51　2. T1 ③：56　3. T1 ④：27　4. T1 ③：76　5. T1 ③：61　6. T1 ④：21　7. T1 ③：87　8. T1 ③：78

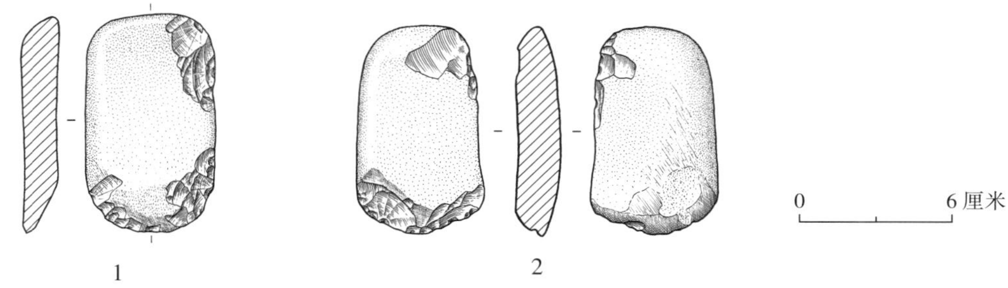

图三〇　第二期石斧（锛）半成品
1. T1③：75　2. T1③：90

二九，6；彩版三二，1）。

T1③：87，灰褐色石英砂岩。体形窄长匀称，端部弧圆，平面呈长弧圆形。仅刃部稍微单面修整。长9、宽4、厚1.5厘米，重87克（图二九，7；彩版三二，2）。

T1③：78，青灰色石英砂岩，器表风化严重。一端残断，另一端单面打片修整。长8.3、宽4.5、厚1.6厘米，重99克（图二九，8；彩版三二，3）。

八　石斧（锛）半成品

共2件，仅占本期磨制石器总数的2.7%。岩性有辉绿岩、石英砂岩两种。石器均以扁长形砾石打坯后进行局部磨制，但刃部尚未最终磨制完成。形状有长方形和梯形两种。

T1③：75，青绿色辉绿岩。器体扁薄规整，上端平直，刃端弧圆，平面近长方形。打制部位主要集中于刃端及器体右上部，片疤均向正面集中，器体左下部有少许向背面修整的片疤。刃部正反两面均有轻微磨痕，但最终未完成刃部的磨制。长8.7、宽5、厚1.3厘米，重127克（图三〇，1；彩版三二，4）。

T1③：90，黑褐色石英砂岩。器体正面较平，背面略弧，平面近梯形。刃端及器体右上部打片修整，片疤主要向正面集中。刃部正面仅轻微磨制，片疤基本完整保留，背面基本磨制完成，磨面呈弧形。刃缘较厚钝，呈明显的偏锋圆弧刃状，从刃部形态看，其可能为锛的半成品。长8.4、宽5、厚1.8厘米，重127克（图三〇，2；彩版三二，5）。

九　石斧

共9件，占本期磨制石器总数的12.2%。岩性有辉绿岩和石英砂岩两种，以辉绿岩居多。除2件直接以砾石磨制刃部外，其余在磨制前均对器身进行打坯修整。修整部位主要集中于器体两侧及刃部，修整面多较小，片疤主要沿刃部及侧缘分布，以正面最为集中。磨制部位主要集中于刃部，除1件对侧缘及面部进行局部磨制外，其余均仅对刃部进行磨制。刃部磨面大多较小，均为双面磨制，由于器体大多呈中间厚边缘薄的形态，故刃部横截面主要以弧面为主，且体形越宽厚，弧度越大。刃部双面磨制相对均衡，个别石器刃缘与器体重心虽有偏差，但基本为正锋。刃缘有圆弧、弧和近平几种，以弧刃居多，其次为舌状凸出的圆弧刃，直刃相对少见。除 4 件无明显使用痕迹外，其余刃缘均因使用严重而出现明显的残损。根据器体形状分为长弧圆形、三角形、梯形几种。

（一）长弧圆形

3 件。体形宽扁匀称，两侧微弧，端部弧圆。

T1 ④ ：17，青灰色辉绿岩。体形宽大厚重。器体左侧及刃端连续打片修整，片疤主要向正面集中，左下部有少许向背面崩裂的片疤。磨制部位集中于刃部及器体左侧，左侧磨制较轻微，仅磨除部分片疤棱角；刃部双面精磨，正面磨制范围较大，背面磨面稍小。磨面均呈弧形，为正锋圆弧刃，刃缘平滑锋利，无明显使用痕迹。长 15.4、宽 8.3、厚 3.3 厘米，重 583 克（图三一，1；彩版三三，1）。

T1 ④ ：18，青灰色辉绿岩。体形扁小。刃部单面稍微打坯修整，片疤小而浅。磨制部位集中于刃部，两面磨制程度均较轻微，为正锋圆弧刃，刃缘平滑锋利，无明显使用痕迹。长 8、宽 4.4、厚 1 厘米，重 65.5 克（图三一，2；彩版三三，2）。

T1 ④ ：24，灰褐色辉绿岩。体形扁长，两侧平直，柄端斜弧。器体两侧及刃部连续打片修整，片疤主要向正面集中，背面有少许崩裂片疤。刃部双面磨制，磨面小而平，磨制程度较深。正锋直刃，

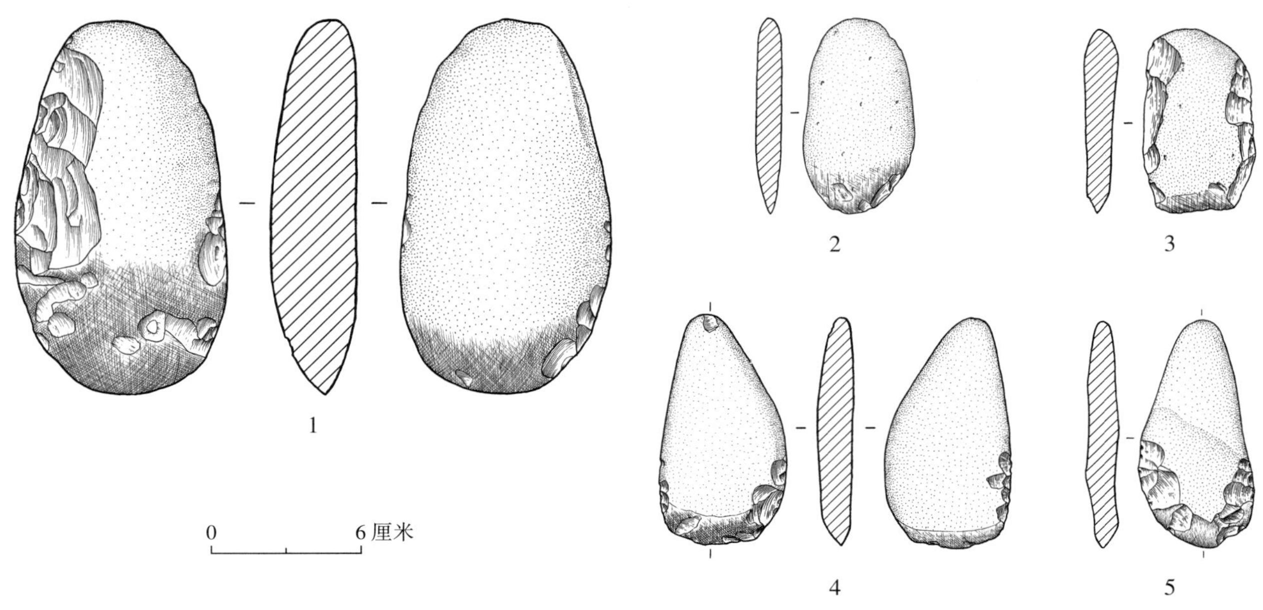

图三一　第二期石斧

1 ~ 3. 长弧圆形石斧（T1 ④ ：17、18、24）　4、5. 三角形石斧（T1 ④ ：28、T1 ③ ：72）

刃缘因使用略有残损。长 7.6、宽 4.4、厚 1.4 厘米，重 77 克（图三一，3；彩版三三，3）。

（二）三角形

2 件。刃端较宽，至柄端收窄，端部及侧面均不甚规整。

T1④：28，灰褐色石英砂岩。器体扁薄，端部尖弧，一侧平直，另一侧凸出。刃端两侧轻微修整，片疤均较细碎。刃部双面磨制，磨面小而近平，磨制程度较轻微。刃缘微弧，有使用形成的细碎缺口。长 9.4、宽 5.1、厚 1.5 厘米，重 89 克（图三一，4；彩版三三，4）。

T1③：72，青灰色辉绿岩。器体扁薄不规整，端部弧圆。刃部两侧及刃端单面打片修整，片疤小而密集。刃部双面磨制，磨面近平，磨制非常轻微。刃缘尖弧，较锋利，无明显使用痕迹。长 9.3、宽 4.6、厚 1.2 厘米，重 73 克（图三一，5；彩版三三，5）。

（三）梯形

3 件。体形相对规整，上窄下宽，端部及两侧微弧或近平。

T1③：73，青灰色辉绿岩。器身稍显细长，柄端弧圆，两侧近直。以砾石直接磨刃而成，器体未经打坯修整，刃部双面磨制，磨面呈弧形，小而精细。正锋直刃，刃缘有使用形成的细小缺口。长 9.5、宽 4.8、厚 1.8 厘米，重 135 克（图三二，1；彩版三三，6）。

T1③：95，灰褐色石英砂岩。体形规整轻薄，端部微弧，两侧斜直。器体下部两侧保留有

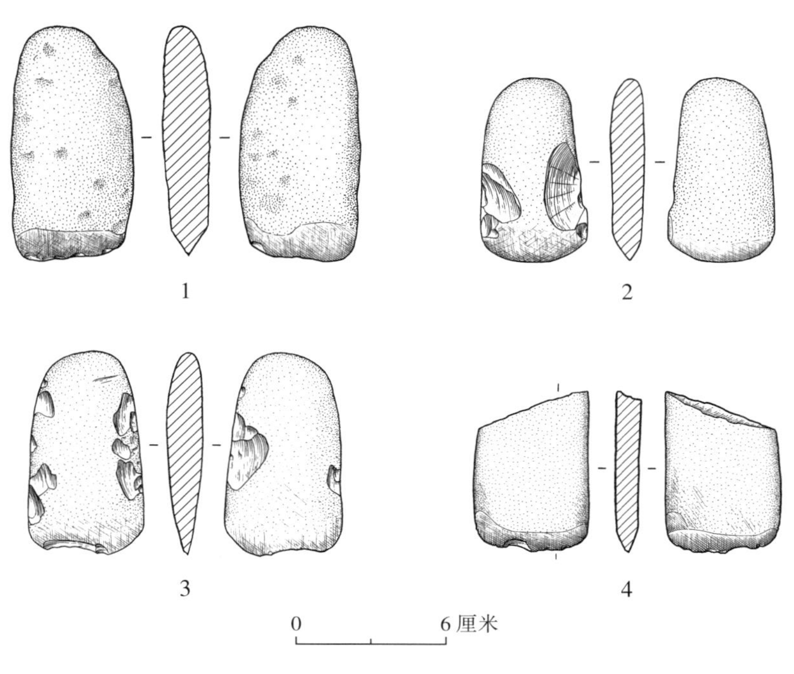

图三二　第二期石斧

1 ~ 3. 梯形石斧（T1③：73、95、89）　4. 石斧残段（T1④：42）

大而深凹的打制片疤，背面保留完整的砾石面。磨制部位集中于刃部，为双面磨刃，磨面呈弧形，小而精细。正锋弧刃，刃缘平滑锋利，无明显使用痕迹。长7.5、宽4.2、厚1.4厘米，重69克（图三二，2；彩版三四，1）。

T1③：89，青绿色辉绿岩，器表风化严重。器体扁平，端部微弧。器体两侧连续打片修整，修整面相对较小，片疤主要向一面集中。刃部双面磨制，磨面近平，磨制程度较轻微。正锋弧刃，刃缘有使用形成的大块崩疤。长8.3、宽4.4、厚1.4厘米，重79克（图三二，3；彩版三四，2）。

（四）残段

1件。T1④：42，青绿色辉绿岩。体形扁薄规整，柄端残缺。器身未见打坯痕迹，磨制部位集中于刃部，磨制范围较小，刃缘近直，有密集的使用缺口。残长6.6、宽4.7、厚1.1厘米，重53克（图三二，4；彩版三四，3）。

十　石锛

共18件，占本期磨制石器总数的24.3%。除1件以岩块为原料进行打坯磨制外，其余均以砾石制作而成。岩性有辉绿岩、石英砂岩等几种，以辉绿岩居多。除1件直接以砾石磨制刃部外，其余在磨制前均进行打坯修整。打坯修整方式与毛坯基本一致，磨制部位主要集中于刃部，除5件对器身局部进行轻微磨制外，其余均仅对刃部进行磨制。刃部磨制范围大多较小，磨面多呈半环状沿刃部边缘分布，正面磨制程度大多相对较高，背面大多仅轻微磨制。刃缘有圆弧、弧及近直几种，以弧刃居多，直刃较为少见。除6件无明显使用痕迹外，其余均曾不同程度的使用，其中有6件因使用程度较高而出现较为严重的残损。这种大面积的残损显然并非切割等使用方式造成，而应与用力相对较猛的砍伐或铲挖有关。根据器身形态分为三角形、梯形及四边形三种。

（一）三角形

6件。柄端尖弧，两侧斜直或弧直。均以砾石打坯磨制而成，磨制部位主要集中于刃部及器身侧缘，除3件侧缘进行轻微磨制外，其余均仅对刃部进行磨制。刃缘均呈弧形，除2件无明显使用痕迹外，其余均有使用痕迹，个别刃部甚至因使用较严重而出现大范围的残损。

T1③：86，青绿色辉绿岩，器表稍微风化。体形略厚长，一面近平，另一面隆起。打制部位集中于两侧，左侧修整面稍大，片疤大而深，有零星片疤向背面崩裂；右侧修整范围及修整程度均较轻，片疤细碎，仅单面分布。刃部及左右两侧均进行磨制，侧面磨痕稍重，片疤棱角几乎被磨除。刃部精磨，两面磨制程度均较深。刃面一面近平，另一面略弧。刃缘微弧，较锋利，无明显使用痕迹。长11.3、宽5.9、厚2.3厘米，重206克（图三三，1；彩版三四，4）。

T1③：88，青灰色辉绿岩，器表石皮风化严重。体形宽扁，柄端尖弧。左侧连续双面打片修整，修整面稍大，片疤细碎层叠。磨制部位集中于刃部及左侧，左侧仅稍微磨除片疤棱角。刃部精磨，

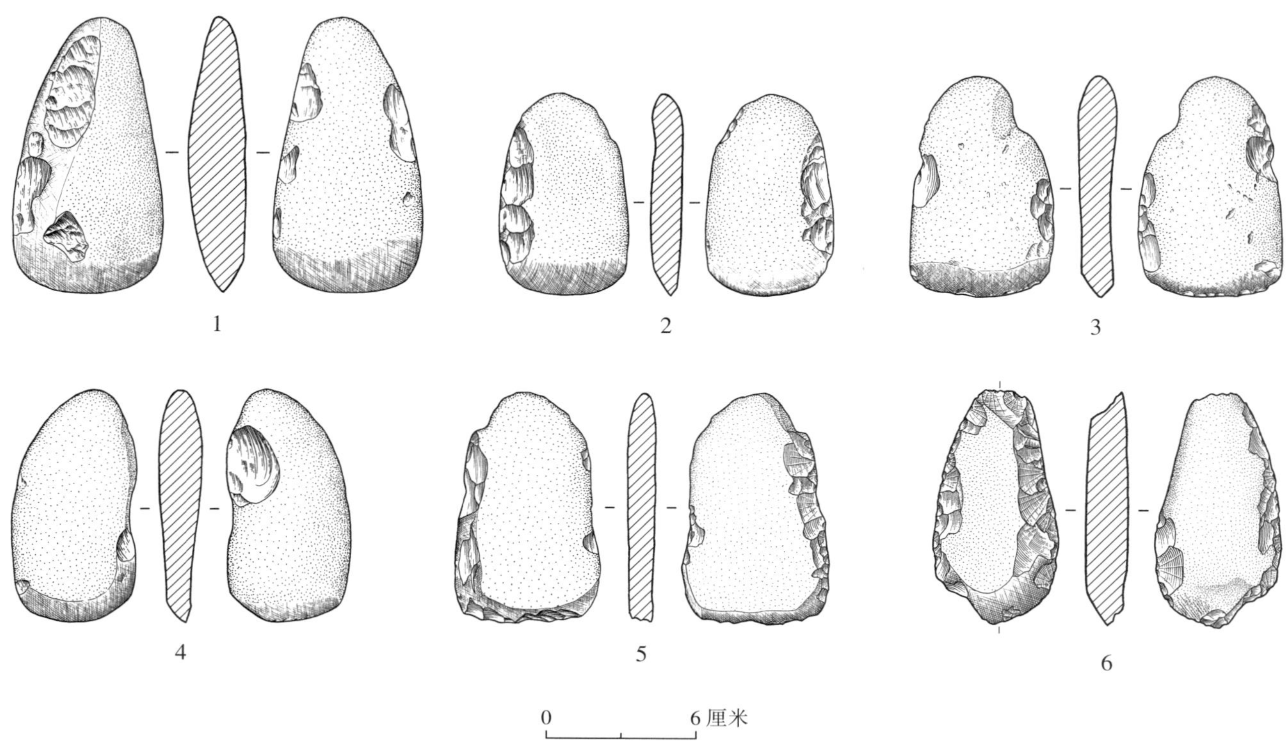

图三三　第二期三角形石锛

1. T1 ③ ：86　2. T1 ③ ：88　3. T1 ④ ：25　4. T1 ③ ：67　5. T1 ③ ：57　6. T1 ③ ：62

正面磨面稍大，磨制程度较深，背面轻微磨制。刃面微弧，弧刃角锋利，无明显使用痕迹。长 8.3、宽 5、厚 1.2 厘米，重 89 克（图三三，2；彩版三四，5）。

T1 ④ ：25，青灰色辉绿岩。器体宽扁，柄端尖弧。打制部位主要位于左侧中部及右下部，片疤均向两面崩裂。磨制部位集中于刃部，磨面小而精细，正面磨制程度较深，磨面相对较陡，背面仅轻微磨制。刃面呈弧形，刃缘微弧，有使用形成的细碎缺口。长 9、宽 5.7、厚 1.5 厘米，重 109 克（图三三，3；彩版三四，6）。

T1 ③ ：67，灰褐色石英砂岩。体形不甚规整，一侧略外弧，一侧微内凹。器体上部一侧有一处单面打片片疤，刃部一面亦有片疤残留。磨制部位集中于刃部，正面磨制程度较深，背面仅轻微磨制。刃面微弧，刃缘较锋利，有轻微使用痕迹。长 9.4、宽 4.7、厚 1.8 厘米，重 117 克（图三三，4；彩版三五，1）。

T1 ③ ：57，青灰色石英砂岩。端部尖弧，刃部近平。器体左侧连续双面打片修整，修整面较小，右侧有细小的零星的修整片疤。磨制部位分别位于刃部及一侧，侧缘磨制程度相对轻微，仅磨除局部片疤棱角。刃部双面磨制，刃面因使用缺损严重，仅有局部残留。长 9.4、宽 5.7、厚 1 厘米，重 112 克（图三三，5；彩版三五，2）。

T1 ③ ：62，灰褐色石英砂岩。器体周边连续打片修整，左侧片疤向两面崩裂，其余片疤主要向正面集中。磨制部位集中于刃部，正面磨面稍大，磨制程度稍重，背面仅轻微磨制。刃缘圆弧，左侧有一个较大的崩损缺口。长 9.7、宽 5.1、厚 1.7 厘米，重 118 克（图三三，6；彩版三五，3）。

（二）梯形

8 件。端部多微弧，两侧斜直或斜弧直，柄端窄，刃端宽。除 1 件以岩块为原料进行制作外，其余均以砾石为原料进行加工制作。砾石大部分均进行不同程度的打坯修整，仅有 1 件未经打坯直接磨制刃部。除 1 件无明显使用痕迹外，其余均有明显使用痕迹，其中有 3 件刃缘因使用出现了较为严重的残损。

T1③：120，青灰色硅质岩。体形扁平规整。以岩块为原料加工而成，侧缘及端部连续打坯修整，修整面较小，片疤细碎，向两面崩裂。磨制部位集中于器身及刃部，器身磨制程度较轻，仅侧缘和面部轻微磨制；刃部磨制程度相对略高，为双面磨制。刃缘近平，刃面及刃缘均因使用而部分残损。长 8、宽 4.8、厚 1.6 厘米，重 102 克（图三四，1；彩版三五，4）。

T1③：96，青灰色辉绿岩。体形略厚。刃部单面打坯修整，片疤基本被磨除。磨制部位集中于刃部，正面磨制程度较深，背面仅轻微磨制。刃面微弧，为偏锋斜弧刃，刃缘有使用形成的崩疤。长 9.3、宽 5.1、厚 1.8 厘米，重 124 克（图三四，2；彩版三五，5）。

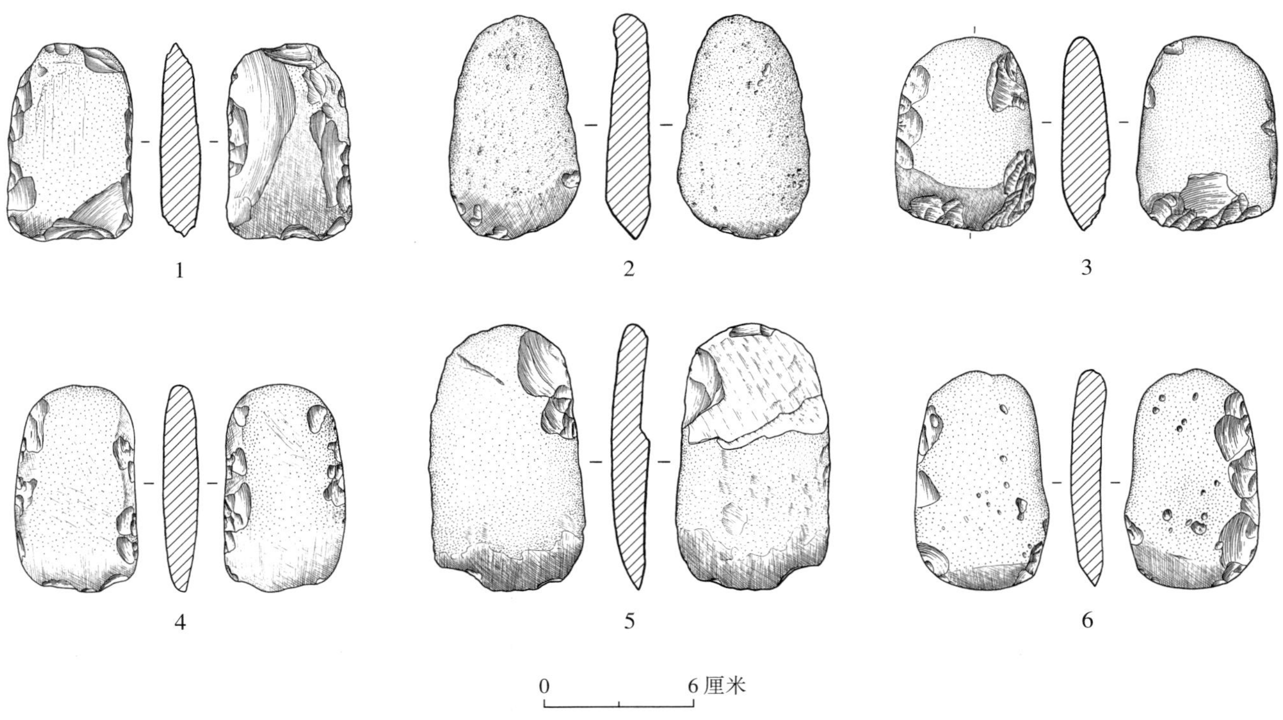

图三四 第二期梯形石锛

1. T1③：120 2. T1③：96 3. T1③：77 4. T1③：119 5. T1③：59 6. T1④：38

T1③：77，青绿色辉绿岩。器体扁平规整。两侧及刃部打片修整，修坯程度均相对较轻，两侧片疤向正面集中。磨制部位集中于刃部及两侧，两侧片疤棱角大部分被磨除。刃部双面磨制，正面磨制程度较深，背面刃面及刃缘因使用而残损严重。长8、宽5.5、厚1.8厘米，重128克（图三四，3；彩版三五，6）。

T1③：119，黑褐色火成岩，器表风化严重。体形规整。器体两侧连续双面轻微打片修整，修整面较小，片疤较细碎。磨制部位集中于刃部及两侧，两侧仅有轻微磨痕，片疤基本完整保留。刃部双面轻微磨制，磨面较小，正面磨面近平，背面微弧。刃缘微弧，因使用残损严重。长8.4、宽4.8、厚1.4厘米，重93克（图三四，4；彩版三六，1）。

T1③：59，青灰色辉绿岩，器表风化较为严重。器体宽大扁薄。打制部位位于器体右上部，片疤向两面崩裂。磨制部位集中于刃部，磨制程度较轻。刃面微弧，略呈偏锋状。刃缘微弧，一角因使用残损，刃缘有细小的使用缺口。长10.8、宽5.9、厚1.5厘米，重141克（图三四，5；彩版三六，2）。

T1④：38，灰褐色石英砂岩。体形扁薄规整。器体一侧及刃部连续打片修整，片疤向两面崩裂，以正面最为集中。磨制部位集中于刃部，磨制程度深浅不一。磨面较小，一面略平，另一面微弧。刃缘微弧，有使用形成的细碎缺口。长8.9、宽5.3、厚1.3厘米，重96克（图三四，6；彩版三六，3）。

T1③：71，青绿色辉绿岩。体形不甚规整，一侧微弧，另一侧内凹。器体下部有连续打片修整片疤，片疤均向两面崩裂。磨制部位集中于刃部及下部两侧，刃部精磨，磨面相对较大，磨制程度较深，下部两侧仅轻微磨除片疤棱角。刃面呈弧形，为偏锋圆弧刃，刃缘平滑锋利，无明显使用痕迹。长11.1、宽5.3、厚1.6厘米，重149克（图三五，1；彩版三六，4）。

T1③：93，灰褐色辉绿岩。器体扁平不规整，端部弧圆，两侧斜直。直接以砾石磨刃而成，

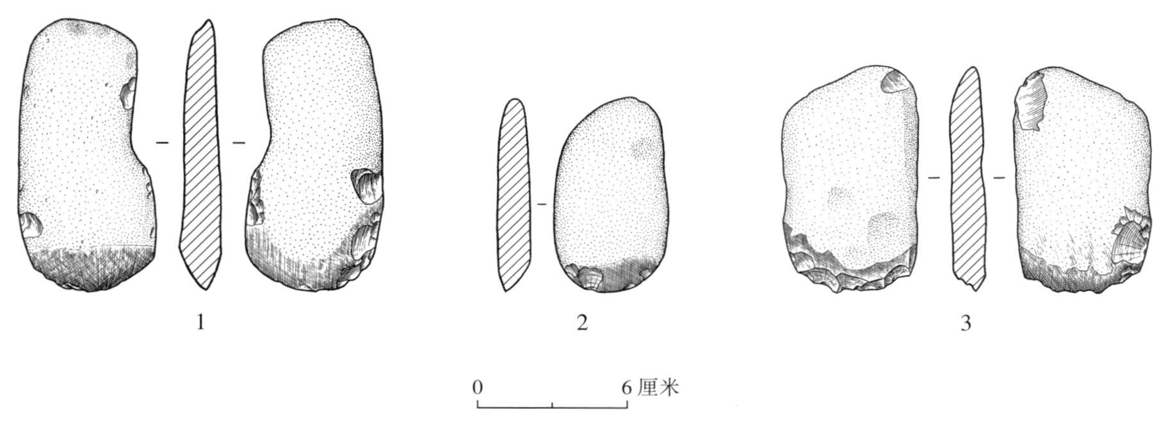

图三五　第二期石锛

1、2. 梯形石锛（T1③：71、93）　3. 四边形石锛（T1④：20）

刃部磨制范围及磨制程度均较小，其中正面磨制范围稍大，背面仅有轻微磨痕。刃缘圆弧，有使用形成的崩疤。长 7.8、宽 4.5、厚 1.5 厘米，重 82 克（图三五，2；彩版三六，5）。

（三）四边形

1 件。T1 ④ ： 20，青灰色辉绿岩，器表风化严重。两侧平直，柄端斜直。刃部双面打片修整，器体右上角有一处向两面崩裂的片疤，其余部位保留砾石面。磨制部位集中于刃部，刃面因使用缺损严重，刃缘有连续破损缺口。长 9.2、宽 5.4、厚 1.3 厘米，重 120 克（图三五，3；彩版三六，6）。

（四）残段

3 件。柄端均残缺，残存部位平面有长方形和梯形两种。

T1 ③ ： 92，青灰色辉绿岩。体形扁薄规整，柄端缺失，残存部位略呈长方形。器体两侧有连续双面打制片疤，磨制部位集中于刃部，正面磨制程度较深，背面仅轻微磨制。刃面略呈弧形，为偏锋弧刃，刃缘平滑锋利，无明显使用痕迹。残长 6、宽 4.8、厚 1 厘米，重 57 克（图三六，1；彩版三七，1）。

T1 ③ ： 65，青灰色辉绿岩。体形宽扁，器体中上部残缺，残存部位略呈梯形。器体两侧有向两面崩裂的片疤，磨制部位集中于刃部，磨面呈半环状，正面磨制程度较深，背面仅轻微磨制。刃缘呈圆弧形，较锋利，无明显使用痕迹。残长 6、宽 5.4、厚 1.5 厘米，重 75 克（图三六，2；彩版三七，2）。

T1 ③ ： 94，青灰色辉绿岩。体形宽扁，柄端部分残缺，残存部位略呈梯形。刃面两侧缘残存有单面打制片疤，磨制部位集中于刃部，正面磨制程度较深，磨面呈半环形状，背面仅轻微磨制。刃缘圆弧，平滑锋利，无明显使用痕迹。残长 7.4、宽 5.7、厚 1.1 厘米，重 80 克（图三六，3；彩版三七，3）。

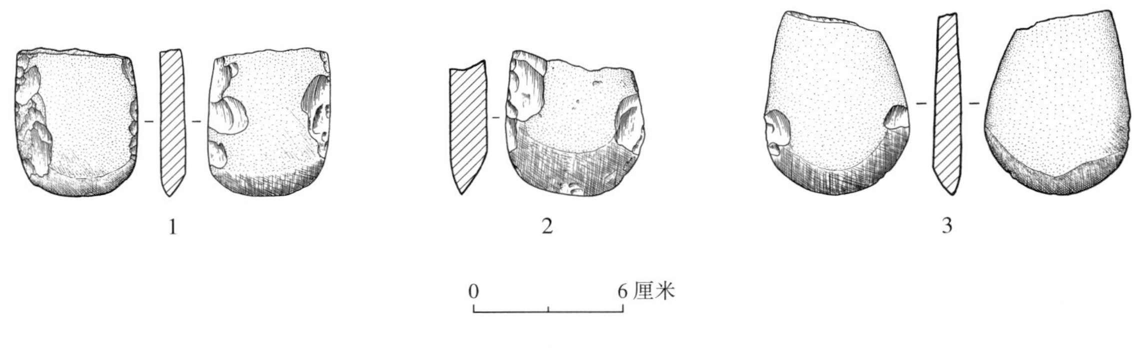

图三六　第二期石锛残段

1. T1 ③ ： 92　2. T1 ③ ： 65　3. T1 ③ ： 94

十一 石凿

共6件。占本期磨制石器总数的8.1%。岩性有辉绿岩、石英砂岩、玄武岩三种。除体形相对细长外，其他特征和斧、锛并无明显区分。除2件以砾石直接磨刃外，其余均进行打坯修整。素材有石片和砾石两种，其中以石片修整磨刃者仅1件，该器为刮削器兼石凿使用。石凿的磨制部位均仅限于刃部，刃部形态有正锋圆弧刃、正锋弧刃、正锋直刃、偏锋圆弧刃、偏锋尖弧刃和偏锋斜弧刃六种。

T1③：41，青灰色辉绿岩。体形窄长不规整，一侧平直，一侧外弧，平面近三角形。以石片修整磨刃而成，为刮削器兼石凿使用。石器正面为平滑的石片劈裂面，打击点及放射线均不清晰，背面基本保留完整砾石面。石片左侧修制刮削器刃部，刃缘宽直，有较明显的使用痕迹。右侧连续向正面打坯修整，下端双面磨刃，磨面较小，为弧面。为正锋圆弧刃，刃缘平滑锋利，无明显使用痕迹。长12.8、宽5、厚2.5厘米，重183克（图三七，1；彩版三七，4）。

T1③：60，青灰色辉绿岩。器体扁薄细长，一侧平直，另一侧柄部外弧，平面近三角形。刃部稍微打片修坯，局部有片疤残留。磨制部位集中于刃部，磨面较小，两面磨制程度相当。为正锋直刃，刃缘锋利，有明显使用痕迹。长9.3、宽4、厚1厘米，重57克（图三七，2；彩版三七，5）。

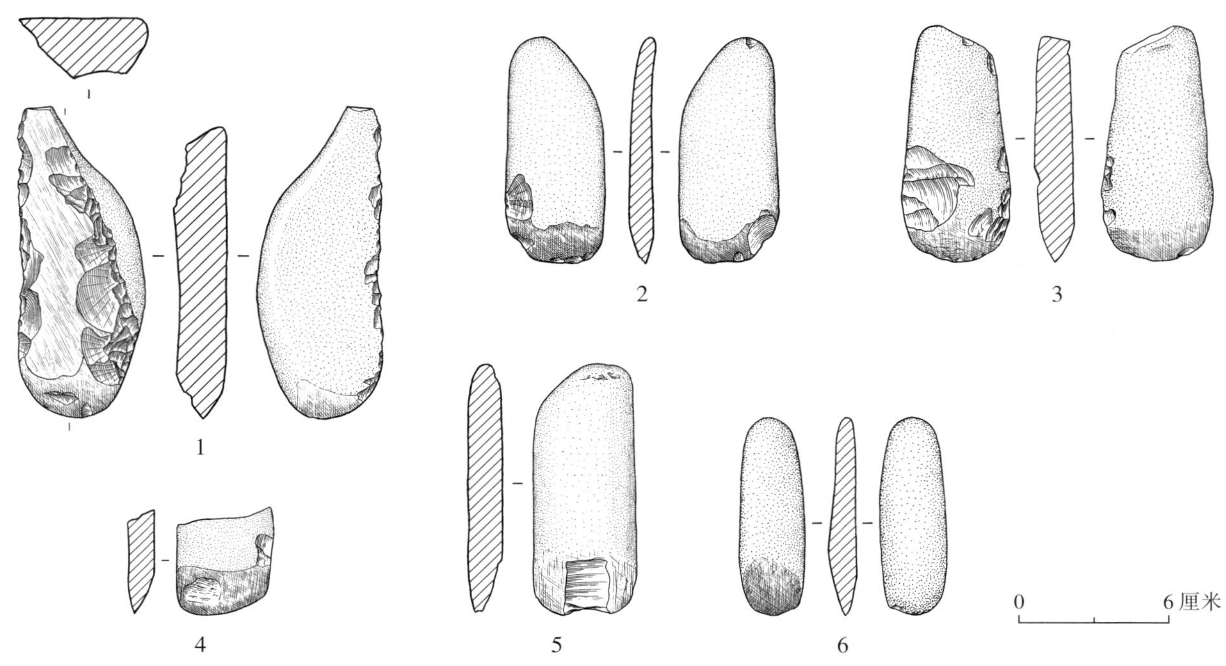

图三七 第二期石凿

1. T1③：41 2. T1③：60 3. T1③：80 4. T1③：85 5. T1④：30 6. T1④：33

T1③：80，灰褐色石英砂岩。器体细长，两侧斜直，平面近梯形。器体下部两侧及刃面打片修整，片疤主要向正面集中，少部分片疤向背面轻微崩裂，柄端正面有零星片疤。磨制部位集中于刃部，磨面较小，一面呈弧形，另一面斜直。为偏锋圆弧刃，刃缘有使用形成的细小缺口。长9.6、宽4.4、厚1.5厘米，重96克（图三七，3；彩版三七，6）。

T1③：85，青灰色石英砂岩。器体中上部残缺，残存部分平面略呈长方形。正面右侧及刃部残存有打击片疤。刃部双面磨制，正面磨制程度较深，背面仅轻微磨制。刃面略呈弧形，为偏锋斜弧刃，刃缘平滑锋利，无明显使用痕迹。残长4.4、宽3.8、厚1.1厘米，重31克（图三七，4；彩版三八，1）。

T1④：30，黑褐色玄武岩。体形窄长规整，两侧平直，柄端斜直，平面呈四边形。未经打坯修整，直接以砾石磨刃而成。刃部两面磨制程度相当，为正锋弧刃，刃缘中部有使用形成的大块崩疤。长10.2、宽4、厚1.3厘米，重103克（图三七，5；彩版三八，2）。

T1④：33，黑褐色玄武岩。体形较为细长，呈长条状。未经打坯修整，直接以长条形砾石单面磨刃而成。正面磨制程度较深，刃面斜平，背面未磨制。为偏锋尖弧刃，刃缘有使用形成的小缺口。长8.1、宽2.6、厚1.1厘米，重33克（图三七，6；彩版三八，3）。

十二　研磨器

1件。T1③：105，红褐色粗砂岩。器体仅残存一半，原始形态应为近柱状，一端有平滑磨面。残长6.6、宽5.5厘米，重40克（图三八；彩版三八，4）。

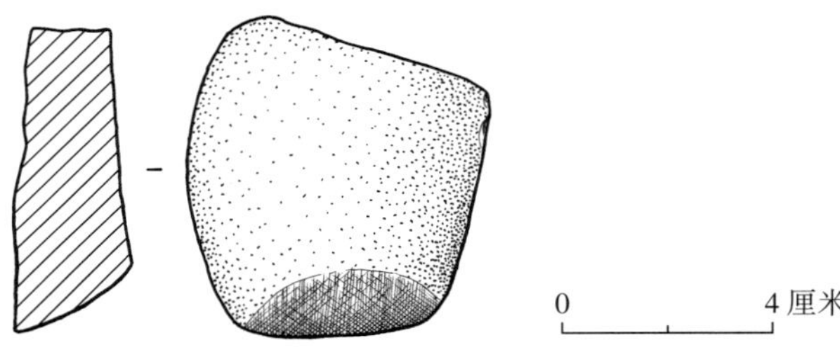

图三八　第二期研磨器（T1③：105）

第三节　第三期遗存

第三期与第一、二期之间有明显的淤积间歇层，除一座墓葬（M1）外，未见其他遗迹、遗物。

一　M1形制

开口于耕土层下，打破第2层及第3层。墓葬埋藏较浅，受历年耕种破坏较为严重，仅底部稍有残留。墓坑平面依稀呈长方形，长约 1.8、宽约 0.7 米，方向为 132°。绝大部分已被破坏至底部，残存填土为灰黄色沙土，有人骨朽痕，依稀可辨为直肢葬。随葬品位于墓坑中部，有砺石 3 件、石锛 4 件，以及凹刃石凿、石网坠、石切割废料、陶罐各 1 件，另外还发现一堆共 151 颗小石子（图三九；彩版三九）。

二　随葬器物

共 12 件 / 组。有砺石、石网坠、石切割废料、石锛、凹刃石凿、小石子、陶罐七种。

（一）砺石

3 件。均以岩块为原料，有细砂岩和粗砂岩两种。

M1 ：6，青灰色细砂岩，质地较软较细腻。形状呈长条形，横截面大部近三角形，局部近长方形。除残损部位外，器身通体均有磨痕，磨面有弧面、平面、斜面和凹面几种。其中，正面左侧磨面略凹弧，侧面及背面右侧磨面相对平整，下部微弧，左端磨面呈斜刃状。长 19、宽 4.9、厚 2.9 厘米，重 270 克（图四〇，1；彩版四〇，1）。

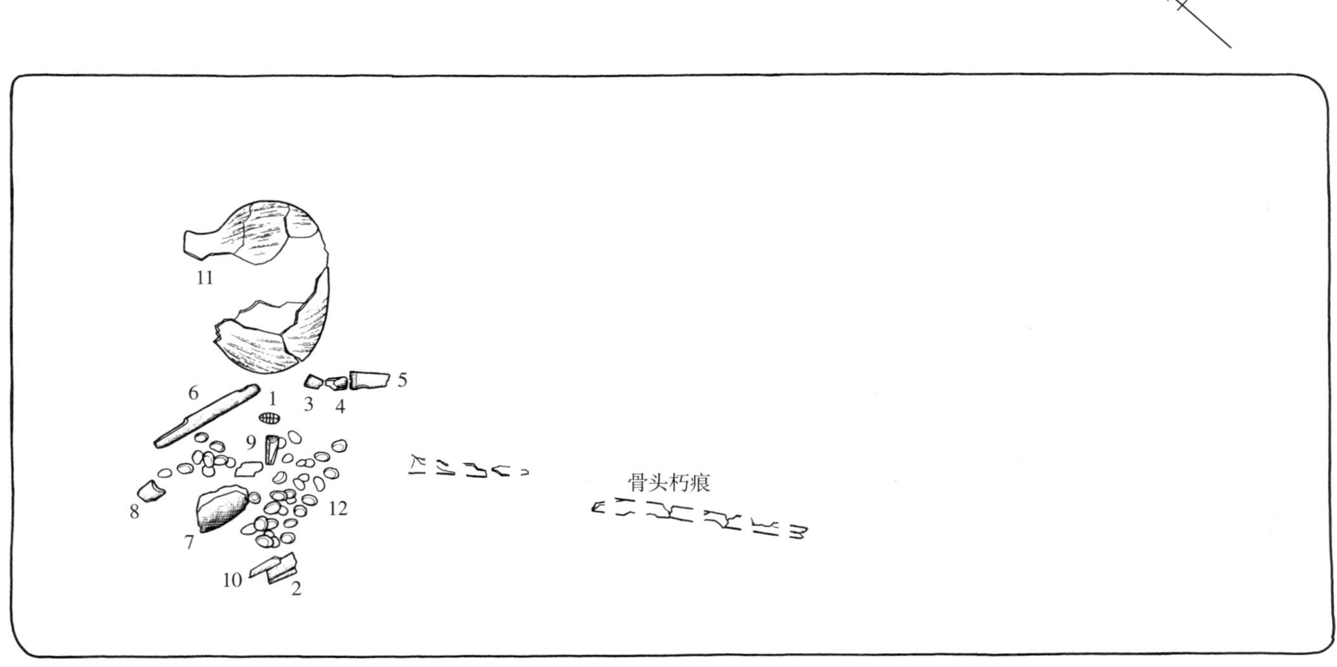

图三九　M1 平面图

1. 石网坠　2、3、5、9. 石锛　4. 凹刃石凿　6 ~ 8. 砾石　10. 石切割废料　11. 陶罐　12. 小石子

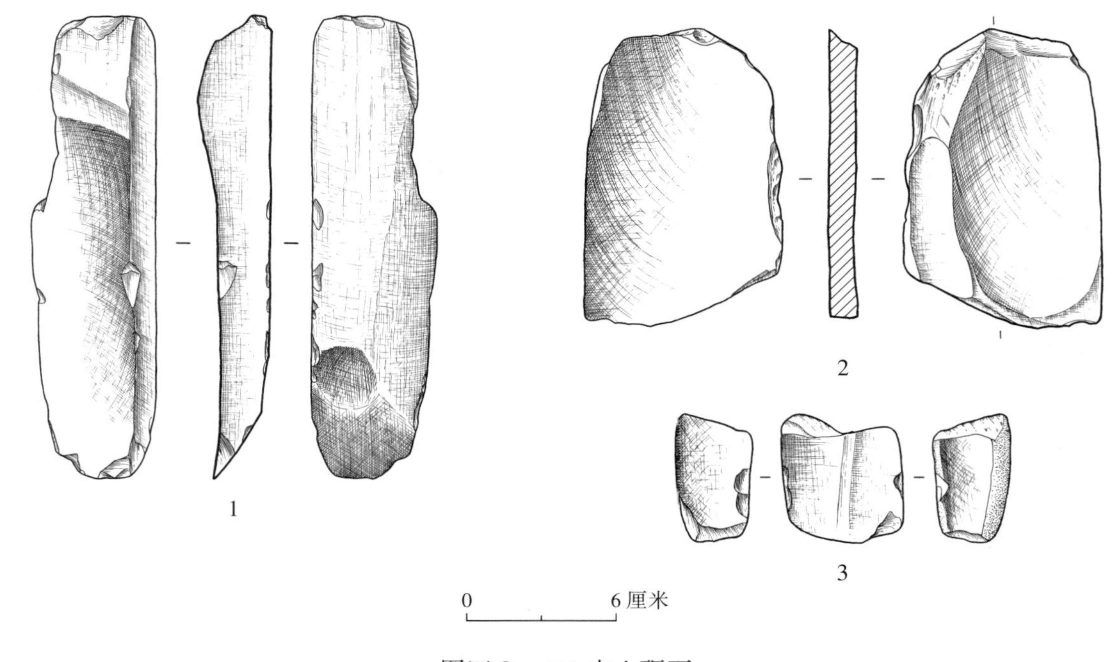

图四〇 M1 出土砺石

1. M1 ：6 2. M1 ：7 3. M1 ：8

M1 ：7，灰褐色细砂岩，质地较细腻。器体扁薄，平面近四边形。正反两面均有大而平滑的凹形磨面，其中一面凹面稍浅，另一面略深，长侧边及边缘亦有平滑的磨面。长 12.3、宽 7.9、厚 1.1 厘米，重 180 克（图四〇，2；彩版四〇，2）。

M1 ：8，灰褐色石英砂岩，砂粒较粗。体形较小，平面近四边形。除两端外，器身四个面均有磨痕，磨面均轻微内凹，因表面砂粒较粗易脱落，磨面不甚平滑。长 5、宽 4.7、厚 3 厘米，重 110 克（图四〇，3；彩版四〇，3）。

（二）石网坠

1 件。M1 ：1，灰黄色细砂岩。器体近橄榄球形。器身等距离刻划有类似地球经纬线的刻槽，其中经过顶端呈“十”字交叉的纵向闭合经线刻槽共 2 道，类似于纬线的横向刻槽共 5 道，经纬线均呈“十”字相交，部分线条不甚规整。长 5、宽 3、厚 2.5 厘米，重 49 克（图四一，1；彩版四〇，4）。

（三）石切割废料

1 件。M1 ：10，青灰色硅质岩。器体呈长条状。正面保留岩块原貌，两侧面及背面均有光滑平直的切割面，应为加工斧、锛类石器时从岩块上切割下的边角料。长 7.5、宽 2.3、厚 0.8 厘米，重 17 克（图四一，2；彩版四〇，5）。

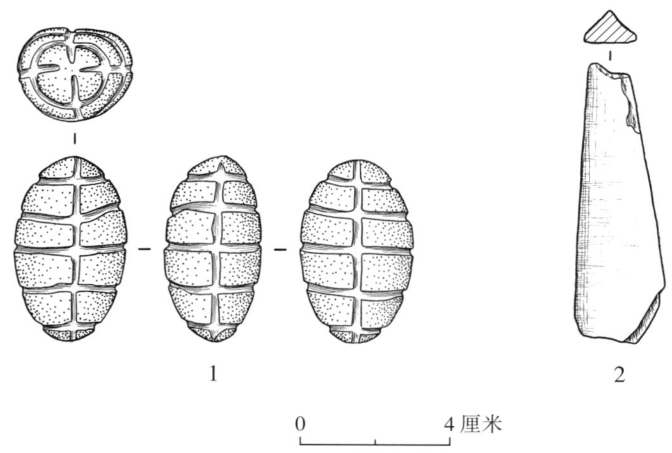

图四一　M1 出土石网坠、石切割废料
1. 石网坠（M1 ∶ 1）　2. 石切割废料（M1 ∶ 10）

（四）石锛

4 件。均以质地细腻的岩块为原料精磨而成，石料有白色软玉和青灰色硅质岩两种。器形大小不一，形状均为近梯形。

M1 ∶ 3，青白色软玉。体形较小，器体局部因风化呈鸡骨白状。器体规整，两侧斜直，通体精磨，器身背面有一道细窄的针状切割凹槽。刃部双面磨制，背面磨制较轻微，正面磨制程度较深。刃面短平，近刃缘处略陡。刃缘平直，较锋利，无明显使用痕迹。长 4.2、宽 3.3、厚 0.6 厘米，重 13 克（图四二，1；彩版四一，1）。

M1 ∶ 9，青灰色硅质岩。体形小巧细长，背面磨制平整光滑，正面除保留部分岩块原始断裂面外，其余部位均进行精细磨制。刃部双面磨制，背面磨制较轻微，正面磨制程度较深，磨面呈三角形，分三段磨制，且逐段扁陡。刃缘平直，较锋利，无明显使用痕迹。长 5.5、宽 3、厚 0.8 厘米，重 20 克（图四二，2；彩版四一，2）。

M1 ∶ 5，白色软玉。体形稍大，材质风化较严重，呈松脆的鸡骨白状。器体扁平规整，两侧平直，除柄端截断处未经磨制外，其余通体精磨。单面磨刃，刃面短平，近刃缘处磨制略陡。刃缘平直，较锋利，无明显使用痕迹。长 8.9、宽 4.5、厚 1 厘米，重 50 克（图四二，3；彩版四一，3）。

M1 ∶ 2，青灰色硅质岩。器体宽扁，规整平直。由岩块经切割后通体磨制而成，器体两侧缘均残留有双面对切的切割痕迹，器身正面右侧有一条未切穿的双面对切凹槽。除柄端截断处保留原始断裂面外，其余通体精磨。单面磨刃，刃面宽平，近刃缘处磨制略陡，刃缘平直锋利，左侧刃缘有使用形成的小崩疤，右侧刃角有大块残损。长 10、残宽 6.6、厚 1 厘米，重 127 克（图四二，4；彩版四一，4）。

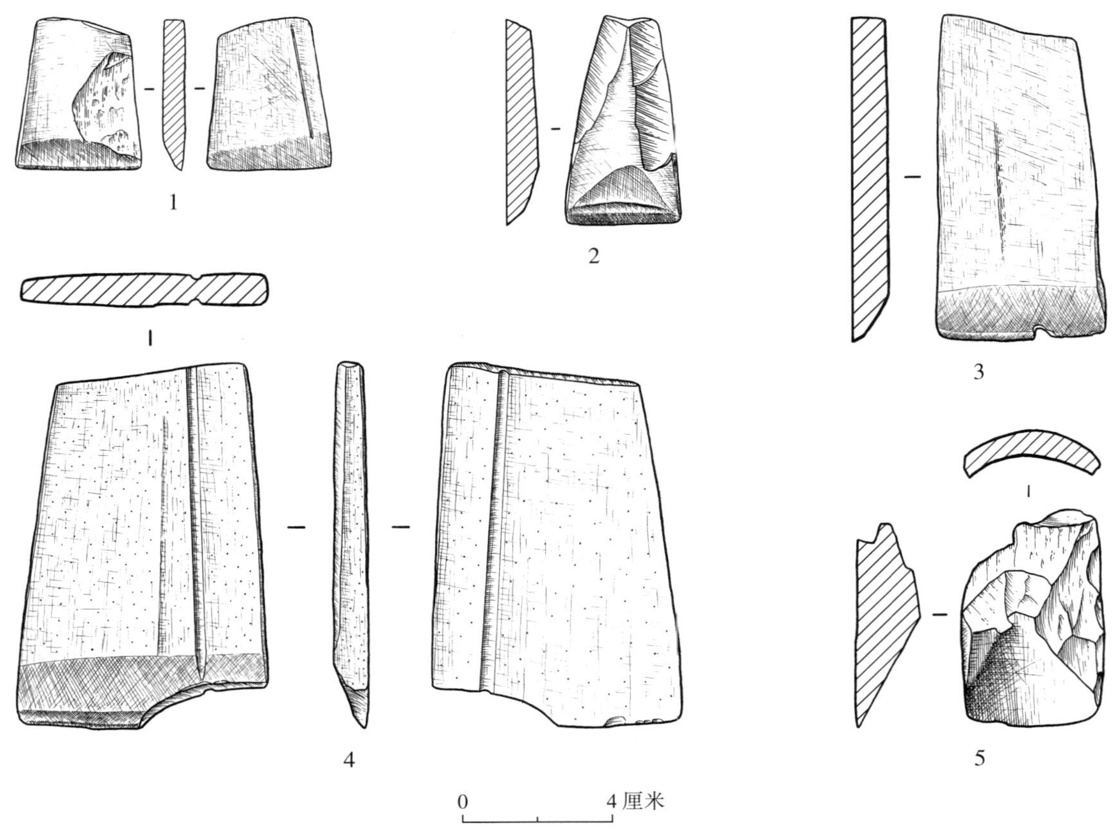

图四二　M1 出土石锛、凹刃石凿

1 ~ 4. 石锛（M1 ：3、9、5、2）　5. 凹刃石凿（M1 ：4）

（五）凹刃石凿

1 件。M1 ：4，青白色软玉。质地松脆，因风化呈鸡骨白状。器体横截面近半圆形，柄端因风化缺失，除风化缺失部分外，器身通体精磨；刃面下凹，刃缘呈凹弧形，较锋利。残长 5.9、残宽 3.8、残厚 1.8 厘米，重 46 克（图四二，5；彩版四一，5）。

（六）小石子

1 组，共 151 颗。M1 ：12，均为扁椭圆形河卵石，出土时集中摆放于一起。石子大小相差不大，最大者长 3.2、宽 2.5、厚 0.8 厘米，重 11 克；最小者长 2.3、宽 1.7、厚 0.7 厘米，重 4 克。绝大部分长 2.8、宽 2.3 厘米，重 7 克左右。石子有无加工痕迹和有加工痕迹两种，其中有加工痕迹者 39 件，占总数的 25.8%，无加工痕迹者 112 件，占总数的 74.2%。加工方式有通体磨制、一端打制、两端打制、一侧打制及器身打制五种。其中通体磨制者仅 1 件，此类小石子平面近长方形，磨制较规整，可能具有某种特殊的用途；两端打制者共 4 件，约占人为加工石子总数

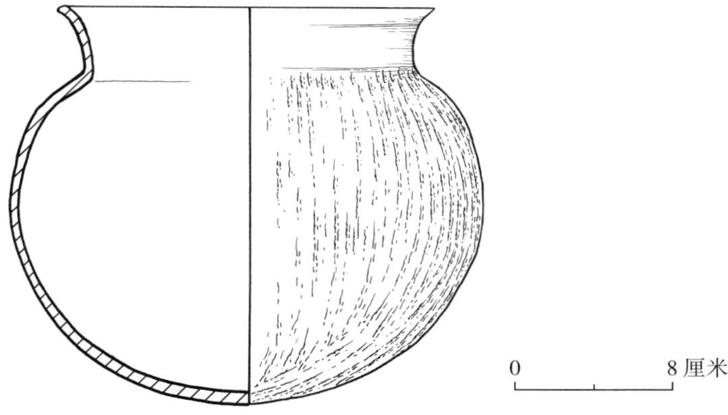

图四三　M1 出土陶罐复原图（M1 ：11）

的 10.3%；一端打制者 29 件，约占人为加工石子总数的 74.4%；一侧打制者 4 件，约占人为加工石子总数的 10.3%；器身打制者仅 1 件，此类小石子器体保存完整，仅器身有砸击麻点（彩版四二、四三）。

（七）陶罐

1 件。M1 ：11，夹细砂灰褐陶，器体较薄，胎质较软，火候较低。出土时保存状况较差，无法进行完整修复。敞口，近圆弧腹，圜底。器表饰零星绳纹。口径约 19、腹径约 24、高约 20.8 厘米（图四三）。

第四节　采集石器

2020 年 4 月，对遗址进行复查时，在遗址表面共采集到石器 105 件。这些石器均采自遗址 750 平方米堆积范围内，类型有砍砸器、手镐器、刮削器、石片、斧、锛、斧（锛）毛坯、磨石、石锤、研磨器等，其特征与遗址第一、二期出土石器基本一致，不少石器表面还附着有较为胶结的螺壳或动物骨骼等凝结物。其中表面有螺壳胶结者 27 件，表面有兽骨等凝结物但无螺壳胶结者 28 件，表面洁净无凝结物者 50 件。从此前发掘情况看，第一期贝丘堆积出土石器表面普遍胶结有贝壳、兽骨或钙结核等胶结物，第二期棕红色沙黏土出土石器绝大部分表面相对洁净，虽然也有部分存在兽骨和钙结核胶结的现象，但程度不如第一期严重，且未见螺壳胶结。由于石器表面凝结物与遗址一、二期石器之间存在一定程度的对应关系，为了最大限度地区分这些采集石器信息，在进行编号时分别以“采”、“N 采”（N 表示凝结物）、“B 采”（B 表示螺壳凝结）这三种编号方式对其进行区分。

一　砍砸器

共19件。岩性有辉绿岩、辉长岩及石英岩三种，以辉绿岩居多。制作方式有A类砾石直接修刃、B类砾石打片修整修刃和C类石片直接修刃三种。其中A类砾石直接修刃者和B类砾石打片修整修刃均为2件，均占采集砍砸器总数的10.5%。C类石片修刃者共15件，占采集砍砸器总数的78.9%。石片有一次性对半劈裂或部分劈裂的典型石片和一次性剥取大块石片后残留的类石核非典型主石片两种，其中类石核非典型主石片共6件，占石片直接修刃砍砸器总数的40%；典型石片共9件，占采集砍砸器总数的60%。石片有纵长型和横长型两种，除1件因器表风化不明外，在其余14件石片直接修刃砍砸器中，纵长型和横长型石片分别为8件和6件，分别占此类砍砸器总数的57.1%和42.9%。石器大多采用正面修整。根据刃部的不同分为单边侧直刃、单边侧弧刃和双边刃三种。

（一）单边侧直刃

9件，占采集砍砸器总数的47.4%。制作方式有A类砾石直接修刃、B类砾石打片修整修刃及C类石片直接修刃三种，除A类和B类各1件外，其余7件均为C类。石片有典型石片和类石核的非典型主石片两种，二者数量大致相当。形状有近三角形、近梯形、近平行四边形、近四边形和近椭圆形五种，以近四边形和近梯形居多。

B采：13，灰褐色石英岩。器体两面均较平整，平面近三角形。以砾石直接打制刃部而成。打击点位于刃部左侧，为单次打片，片疤沿自然节理面劈裂，劈裂面较平滑。刃部未进行二次修整。刃面平缓，刃缘较锋利，有细碎的锯齿状使用缺口。长8.5、宽9.3、厚3.9厘米，重377克，刃角50°（图四四，1；彩版四四，1）。

采：15，青灰色辉绿岩。器体宽大厚重，平面近平行四边形。以砾石打片修整修刃而成。器体左右两侧各有一个打片修整点，片疤均大而深凹，其中左侧片疤向正面崩裂，右侧片疤向两面崩裂。下部正向修治刃部，刃面稍缓，刃缘相对平直，较锋利。长7.8、宽16、厚4.2厘米，重620克，刃角63°（图四四，2；彩版四四，2）。

采：16，青绿色辉绿岩。体形稍厚重，平面近梯形。以类石核横长型主石片修刃而成。石片打击点位于器体左上部，打击点宽大，片疤向正反两面劈裂。其中正面劈裂面大而平，背面劈裂面稍小。下部单面打制刃部，右侧修刃片疤大而平，左侧片疤稍小。刃缘无二次修整，平直锋利，有使用痕迹。刃缘右端尖部较锋利，可直接作为手镐使用。长8.2、宽11.3、厚4.4厘米，重513克，刃角约60°（图四四，3；彩版四四，3）。

采：8，浅灰色辉绿岩。器表轻微风化，平面近梯形。以扁平石片直接修刃而成，石片打击点因器表风化不清，劈裂面较平整，背面保留完整砾石面。下部单面正向修刃，片疤相对密集，刃面较陡窄，刃缘较锋利，无明显使用痕迹。刃缘右端呈舌尖状，可直接作为手镐使用。长9.2、宽 12.4、厚 3.3 厘米，重 453 克，刃角 60° ~ 70°（图四四，4；彩版四四，4）。

采：9，青灰色辉绿岩。器体扁薄，平面近梯形。以扁平的横长型石片直接修刃而成。石片打击点位于器体上部，打击点宽大，劈裂面相对平整，背面保留完整砾石面。下部单面正向修刃，刃面陡窄，片疤大而零星，刃缘呈锯齿状，较锋利，无明显使用痕迹。长 9.2、宽 12.8、厚 2.6 厘米，重 406 克，刃角 60° ~ 70°（图四四，5；彩版四四，5）。

N 采：24，黑褐色辉长岩。平面呈四边形。以横长型石片截断修刃而成。石片打击点位于器体上部，打击点宽凹，劈裂面平坦，放射线较清晰，左侧为相对齐整的石片截断面。器体下部向正面轻微修刃，刃缘短直，较锋利，有轻微使用痕迹。长 8、宽 10.9、厚 4.8 厘米，重 441 克，刃角 63°（图四四，6；彩版四四，6）。

采：11，灰褐色石英岩。体形厚重，平面近椭圆形。以厚重的大型类石核纵长型主石片修刃

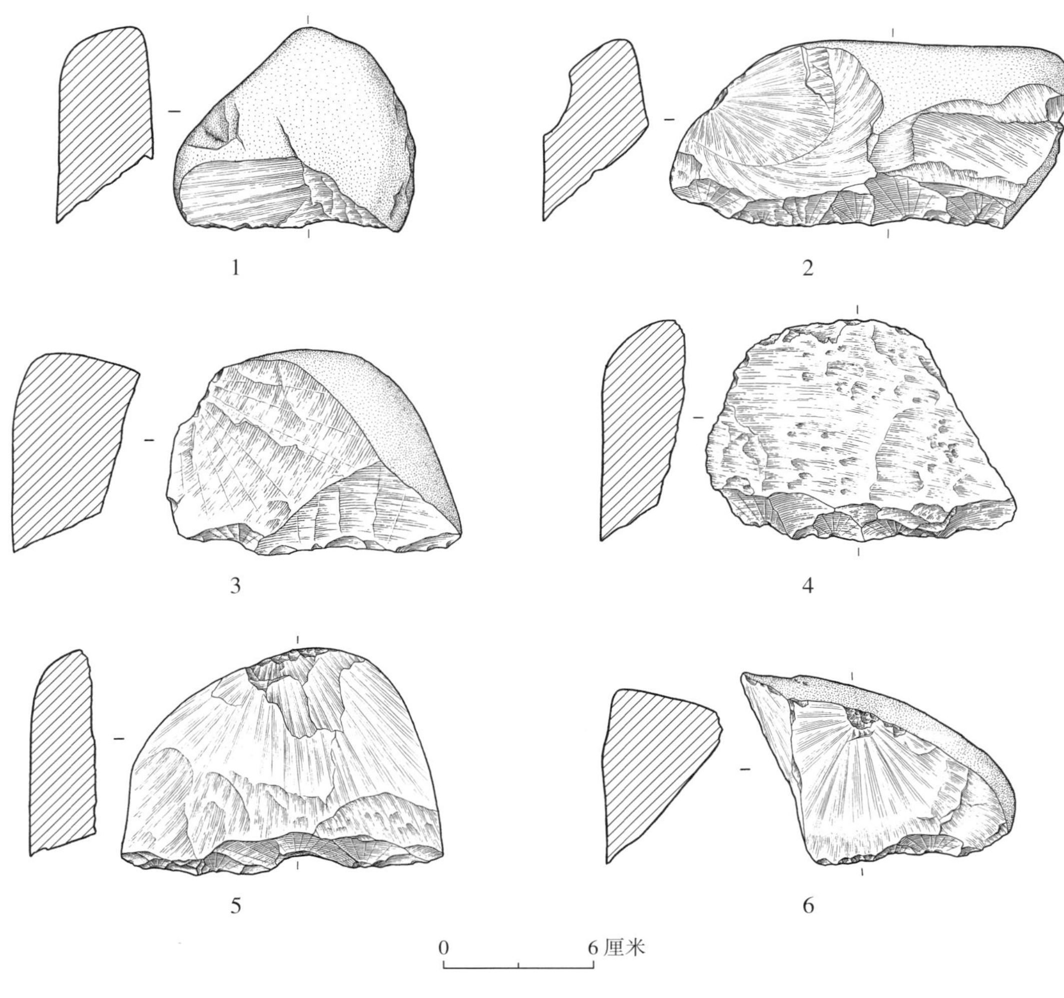

图四四　采集单边侧直刃砍砸器

1. B 采：13　2. 采：15　3. 采：16　4. 采：8　5. 采：9　6. N 采：24

而成。石片打击点位于左端，打击点清晰，正面劈裂面较平滑，背面有大片平滑的劈裂片疤，右侧边缘较锋利，无需修整便可直接使用。下部单面正向修刃，修整片疤稍大，刃面稍陡，直刃较锋利，无明显使用痕迹。刃缘右端较锋利，可直接作为手镐使用。长 8.1、宽 13、厚 7.9 厘米，重 727 克，刃角 80°（图四五，1；彩版四五，1）。

采：18，灰褐色石英岩。体形宽大厚重，平面近平行四边形。以体形相对厚重的类石核纵长型主石片修刃而成。石片打击点位于器体右下部，劈裂面较平整，左侧有细碎的修整砸击崩疤，背面保留完整的砾石面。下部正向修刃，修整面较小，片疤密集层叠，刃面陡窄，刃缘宽直，有明显使用痕迹。长 6.9、宽 13.5、厚 2.9 厘米，重 553 克，刃角 70°（图四五，2；彩版四五，2）。

采：12，青灰色辉绿岩。体形短小，平面近四边形。以稍厚重的类石核纵长型主石片修刃而成。石片打击点位于器体右下部，打击点宽凹，劈裂面相对平整，左侧残断。下部正向修刃，片疤密集层叠，刃面陡窄，刃缘宽直，有明显使用痕迹。长 6.2、宽 12、厚 3 厘米，重 325 克，刃角 78°（图四五，3；彩版四五，3）。

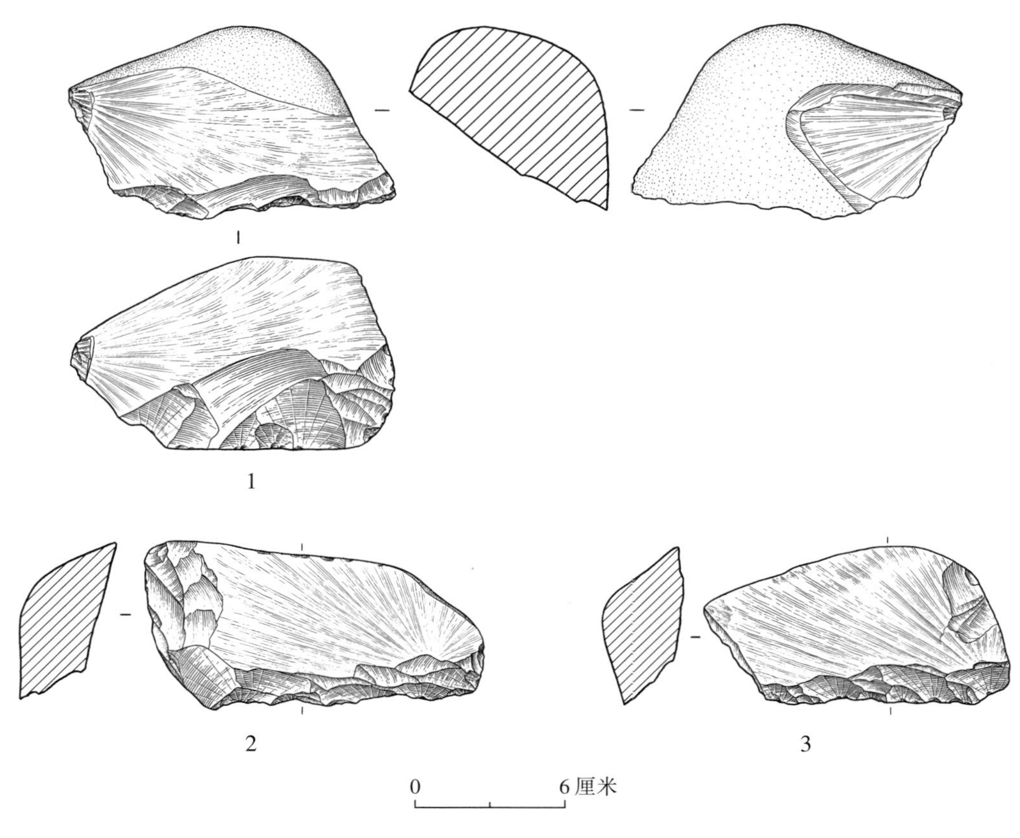

图四五　采集单边侧直刃砍砸器

1. 采：11　2. 采：18　3. 采：12

（二）单边侧弧刃

5 件，占采集砍砸器总数的 26.3%。除 1 件为 B 类砾石打片修整修刃外，其余均为 C 类石片直接修刃。形状有近三角形、近梯形和近四边形三种，以近三角形居多。

采：7，青绿色辉绿岩。器表风化严重，平面近梯形。以砾石直接打片修整修刃而成。器体正面布满连续修整片疤。下部修整刃部，刃面稍显平缓，个别片疤向背面劈裂。刃部左端有一尖角，亦可直接作为手镐使用。长 7.9、宽 11.6、厚 4.7 厘米，重 456 克，刃角 68°（图四六，1；彩版四五，4）。

N 采：23，黑褐色辉长岩。体形厚重，平面呈三角形。以横长型大型石片直接修刃而成。石片打击点位于器体顶端，打击点宽大，劈裂面平坦，放射线较清晰。下部连续正向修刃，片疤大而零星，左下部有修刃时向背面劈裂的片疤。刃缘长弧锋利，右下部有一较锋利的舌尖状尖角，可直接作为手镐使用。长 7.2、宽 15.6、厚 4.4 厘米，重 626 克，刃角 60° ~ 80°（图四六，2；彩版四五，5）。

B 采：15，黑褐色辉长岩。体形宽大厚重，平面及横截面均呈三角形。以纵长型石片简单修

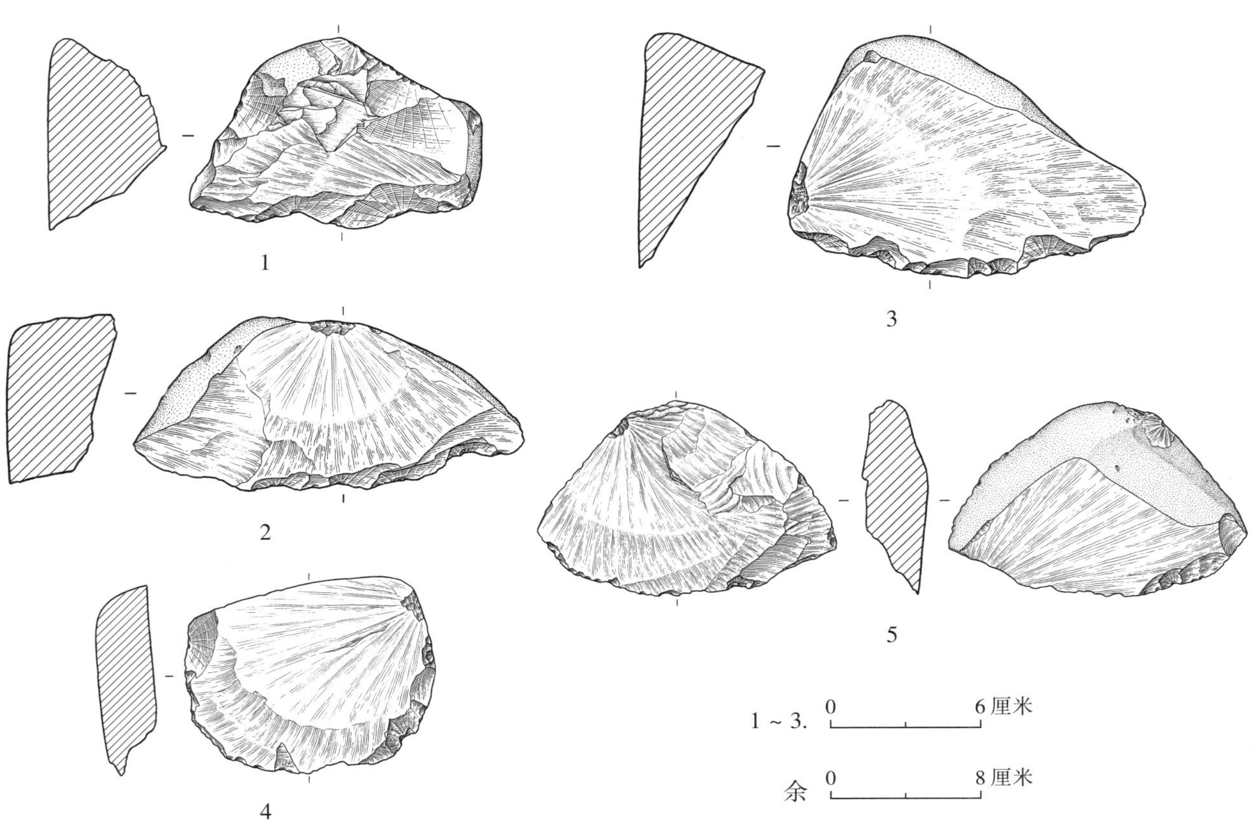

图四六　采集单边侧弧刃砍砸器

1. 采：7　2. N 采：23　3. B 采：15　4. B 采：21　5. 采：40

刃而成。石片打击点位于器体左下部，打击点宽大，劈裂面平整，放射线较清晰，石片背面有砸击疤痕，在打片前可能曾兼作石锤使用。器体下部正向修刃，修刃片疤小而零星，刃缘弧长，较锋利，无明显使用痕迹。器体右端有较为锋利的舌状尖刃，虽未修整，但可直接作为手镐一类的工具使用。长 10.1、宽 14.3、厚 5 厘米，重 630 克，刃角 70°（图四六，3；彩版四五，6）。

采：40，黑褐色辉长岩。体形宽大厚重，平面近三角形。以大型横长型石片直接修刃而成。石片打击点位于器体上部顶端，有宽平的自然台面，腹面大部平整，局部下凹。下部有个别向正面修整的片疤，背面有较为平滑的劈裂面，局部有明显的修刃片疤。刃缘弧长，较锋利。长 10.6、宽 15.9、厚 3.1 厘米，重 598 克，刃角 50°（图四六，5；彩版四六，1、2）。

B 采：21，黑褐色辉长岩。器体相对扁薄，平面近四边形。以纵长型石片修刃而成。石片打击点位于器体右上部，打击点宽大下凹，劈裂面平整，放射线较清晰，石片近边缘呈环状下凹，背面保留完整砾石面。下部轻微修刃，片疤较零星，个别片疤向背面崩裂。刃缘圆弧，较锋利，无明显使用痕迹。长 10.7、宽 13.3、厚 3.2 厘米，重 593 克，刃角 50° ~ 74°（图四六，4；彩版四六，3）。

（三）双边刃

5 件，占采集砍砸器总数的 26.3%。均为端刃加侧刃，除 1 件为 A 类砾石直接打制刃部外，其余均为 C 类石片直接修刃。形状有近三角形、近梯形、近四边形和近椭圆形四种。

采：17，黑褐色辉长岩。器体不甚规则，大致呈横三角形。以砾石为素材在左侧和下部单面打制端刃和侧刃而成。左侧端刃短弧，刃面相对平缓；下部侧刃刃面相对略陡，刃缘弧长，右端较尖锐，可兼作手镐使用。刃缘均有明显使用痕迹。长 5.2、宽 10.9、厚 6 厘米，重 377 克，端刃角 65°、侧刃角 76°（图四七，1；彩版四六，4）。

采：5，灰褐色石英岩。平面近椭圆形。以相对厚重的类石核纵长型主石片直接修刃而成。石片打击点位于器体右侧，打击点被修整片疤破坏，劈裂面相对平整，左侧片尾轻微内卷，下部有向背面崩裂的小片修整片疤。器体下部及右侧分别正向修制侧刃及端刃，侧刃修整面稍大，修整程度相对较高，片疤细碎层叠，刃缘弧凸；右侧修整程度较轻，刃缘短直。刃缘均较锋利，有明显使用痕迹。长 8.7、宽 12.2、厚 4.6 厘米，重 589 克，端刃角 66°、侧刃角 85°（图四七，2；彩版四六，5）。

采：10，黑褐色辉长岩。平面近梯形。以大型横长型石片直接修刃而成。石片打击点位于器体左侧，打击点被修刃片疤破坏，劈裂面相对平整，右侧为相对陡直的断裂面，断裂面中部有一处向背面崩裂的砸击疤痕。器体左侧及下端分别正向修制侧刃及端刃，修整片疤均较密集，端刃刃缘近直，侧刃弧凸，均有使用痕迹。长 13、宽 10.6、厚 2.4 厘米，重 535 克，端刃角 62°、侧刃角 80°（图四七，3；彩版四六，6）。

采：4，灰绿色辉绿岩。平面近四边形。以相对厚重的类石核纵长型主石片直接修刃而成。石片打击点位于器体右侧，打击点宽大，劈裂面平整，放射线较清晰，背面保留完整砾石面。左

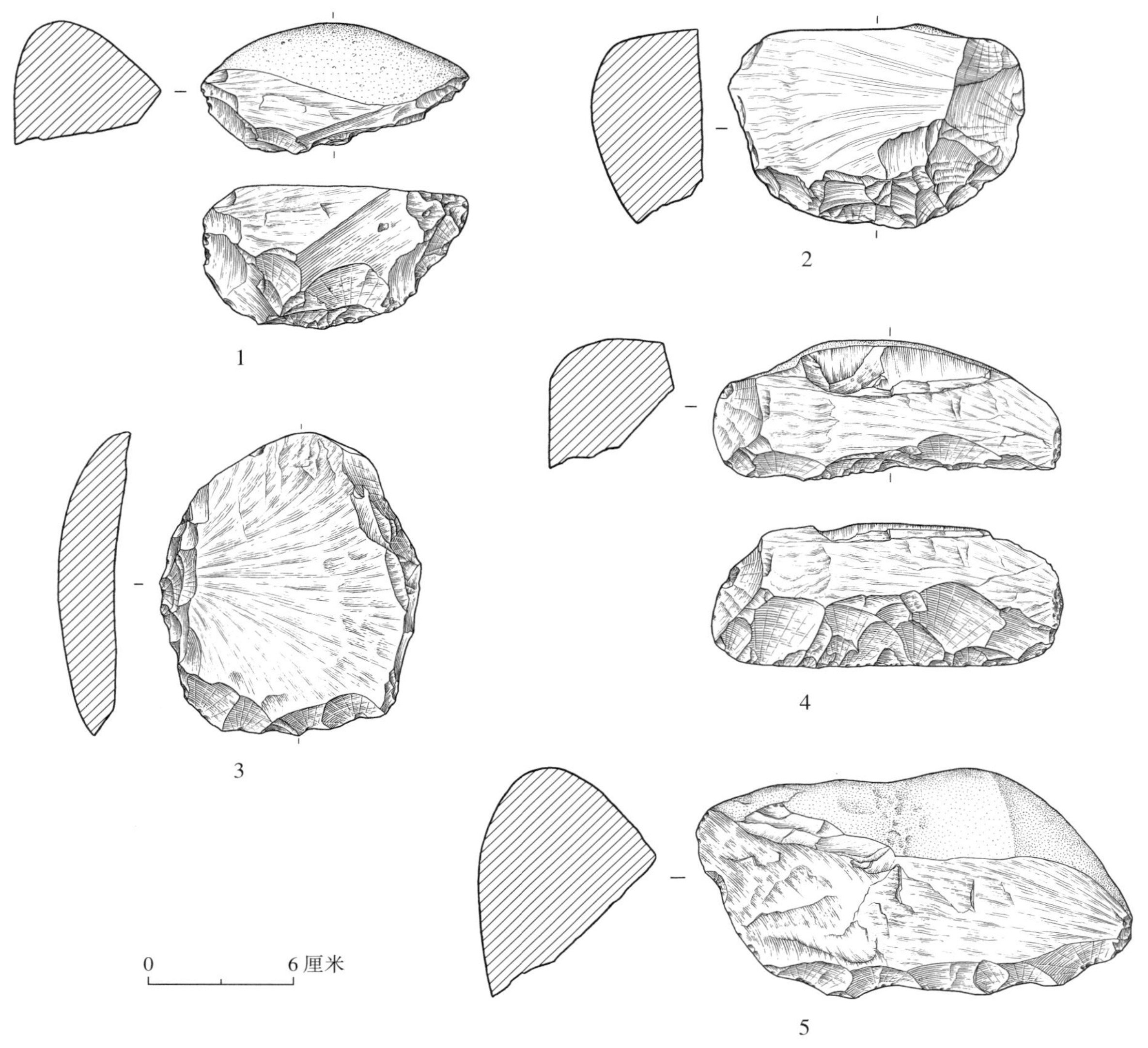

图四七　采集双边刃砍砸器

1. 采：17　2. 采：5　3. 采：10　4. 采：4　5. B 采：14

端及下部分别正向修制端刃和侧刃。端刃短弧，修整程度较轻；侧刃平直，片疤密集层叠。刃缘均有明显使用痕迹。长 5.7、宽 14.3、厚 5.2 厘米，重 575 克，端刃角 75°、侧刃角 70° ~ 76°（图四七，4；彩版四七，1）。

B 采：14，黑褐色辉长岩。体形宽大厚重，平面近四边形。以大型类石核纵长型石片直接修刃而成。石片打击点位于器体右侧端部，打击点宽大，劈裂面平整，放射线清晰，背面保留完整砾石面。左侧及下部分别正向修制端刃及侧刃。端刃刃缘近斜直，刃面略缓，有细碎使用崩疤；侧刃刃缘近直，刃面略陡，片疤大而零星，刃缘有明显使用痕迹。长 9.6、宽 16、厚 7.2 厘米，重 1295 克，端刃角 50°、侧刃角 66°（图四七，5；彩版四七，2）。

二　手镐

共3件。岩性有石英砂岩、辉绿岩两种。均以体形相对厚重的类石核主石片修整制作而成，1件未加工成型，1件为周边刃加一尖刃，另1件为两侧刃夹一尖刃。

采：6，灰褐色石英砂岩。器体平面和截面均略呈三角形。以较厚重的主石片（或石核）截断打片修整而成。柄端为石片截断面，截断面斜直锋利，背面有两处较为明显的截断砸击疤痕。器身沿两侧向尖部剥片修整，修整程度均较轻。两侧刃面均较平缓，刃缘长短不一，尖刃呈舌状，均较锋利。长12、宽6.8、厚5.7厘米，重385克，侧刃角60°～68°、尖刃角50°（图四八，1；彩版四七，3）。

采：2，浅青灰色辉绿岩。器体不甚规整，平面近菱形，横截面近三角形。以相对厚重的类石核主石片从两侧向尖部单面修刃而成。正面为一个较为平整的石片劈裂面，沿劈裂面两侧向尖部正向修刃，片疤均较层叠细碎。左侧刃面稍缓，刃缘近直，右侧刃面较陡，刃缘呈弧形，尖部

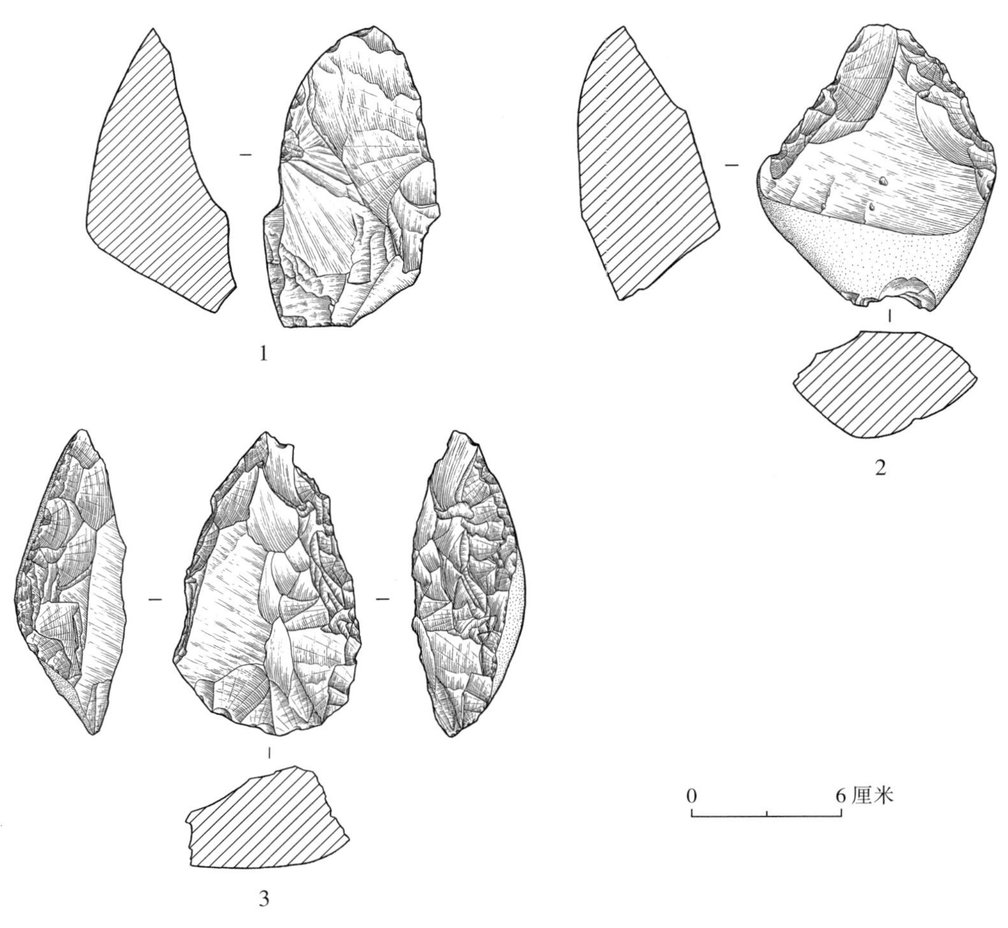

图四八　采集手镐

1.采：6　2.采：2　3.采：1

较窄，略呈舌状，刃缘均较锋利。柄端有一处大而深凹的砸击点，片疤向两面崩裂。长 11.5、宽 9.4、厚 5.3 厘米，重 610 克，侧刃角 84° ~ 93°、尖刃角 60°（图四八，2；彩版四七，4）。

采：1，浅青灰色辉绿岩。平面近三角形。以厚重石片由边缘向面部连续单面打片修整而成，片疤密集层叠，石片劈裂面大部分被修整片疤破坏。有明显的端刃、双侧刃及尖刃，端刃刃缘呈弧形，刃面相对平缓；左右两侧刃片疤最为细碎层叠，刃面较陡；尖刃呈锥状，其与两侧刃交汇处起脊，较为尖锐。长 12.5、宽 7.2、厚 4.4 厘米，重 403 克，端刃角 63°、侧刃角 104°、尖刃角 60°（图四八，3；彩版四七，5、6）。

三　刮削器

共 22 件。岩性有辉绿岩、辉长岩、石英砂岩几种，以辉绿岩和辉长岩居多。均以石片直接修刃制作而成，石片均为零台面的锐棱砸击石片，既有典型的扁薄石片，也有体形相对略厚的非典型类石核主石片。石片形态有纵长型和横长型两种，二者数量大致相当。石片劈裂面多较平整，打击点及放射线多较清晰，背面除少数打片时因反作用力产生的小崩疤外，绝大部分保留完整砾石面。刃部轻微修刃，修刃片疤均较细碎，绝大部分有明显使用痕迹。根据刃部特征分为单边直刃、单边弧刃及双边刃三种，以单边弧刃居多。

（一）单边直刃

5 件，占采集刮削器总数的 22.7%。平面形状有近长方形、近梯形、近四边形和近三角形四种。

采：26，灰褐色石英砂岩。体形小巧轻薄，平面近长方形。以横长型石片单面修刃而成。石片打击点位于器体左上部，打击点清晰，劈裂面较平整，背面保留完整砾石面。下部单面正向修刃，刃部修整面齐整，刃缘略陡，片疤密集细碎，有明显使用痕迹。长 5.8、宽 8.3、厚 2.2 厘米，重 154 克，刃角 64°（图四九，1；彩版四八，1）。

采：21，灰褐色石英砂岩。器体厚重，平面近梯形。以体形相对厚重的横长型类石核主石片截断单面修刃而成。石片打击点位于器体上部，劈裂面较平滑，打击点及放射线均较清晰。左侧截断，截断面较平齐。下部单面正向修刃，刃面较陡，片疤相对密集。刃缘锋利，有明显使用痕迹。从形态特征看，该器物也可能为砍砸器的部分残断。长 8.2、宽 7.8、厚 3.7 厘米，重 296 克，刃角 70° ~ 80°（图四九，2；彩版四八，2）。

采：24，灰褐色石英砂岩。平面近梯形。以横长型石片直接单面修刃制作而成。石片打击点位于器体左上部，劈裂面平整，右侧为陡直的残断面，背面保留完整砾石面。下部正向修刃，修整面稍小，片疤稍大。刃面较陡，刃缘微弧呈锯齿状，较锋利。长 8.8、宽 9.6、厚 2.5 厘米，重 253 克，刃角 70°（图四九，3；彩版四八，3）。

N 采：21，黑褐色辉长岩。平面近四边形。以纵长型石片单面修刃而成。石片打击点位于器体右侧，打击点宽凹，劈裂面平整，放射线较清晰，背面保留完整砾石面。石片左侧连续截断，

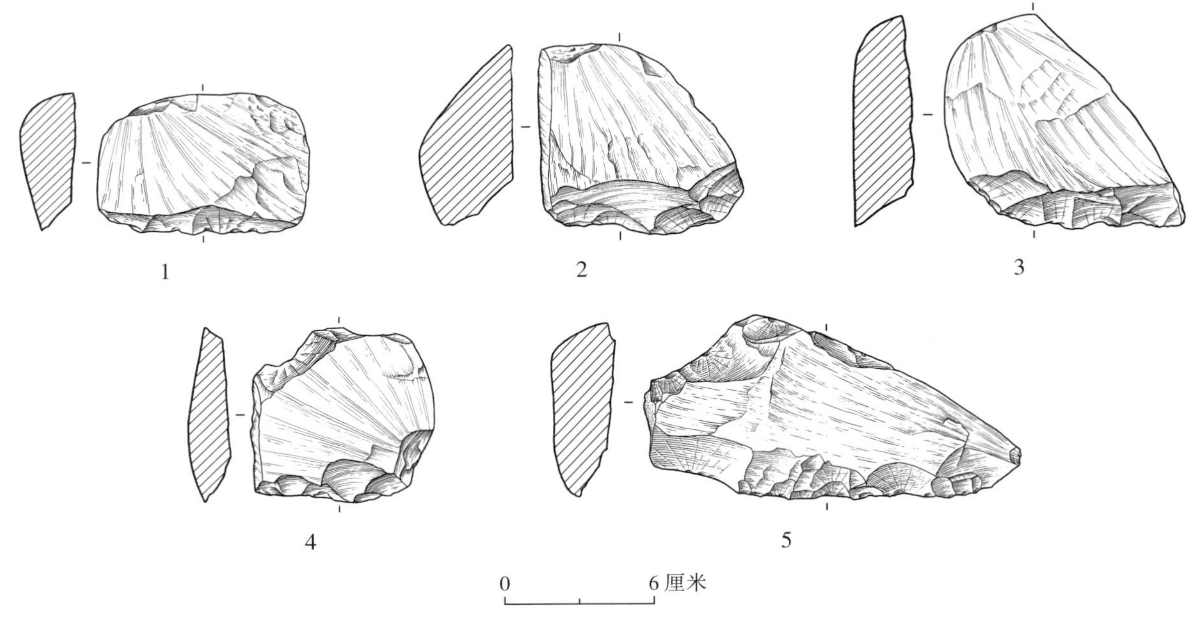

图四九 采集单边直刃刮削器

1. 采：26 2. 采：21 3. 采：24 4. N采：21 5. 采：3

下部正向修刃，刃面略凹弧，刃缘平直锋利，有明显使用痕迹。长7.2、宽7.2、厚1.6厘米，重118克，刃角62°（图四九，4；彩版四八，4）。

采：3，浅青绿色辉绿岩。器体横长，平面近三角形。以纵长型石片单面修刃而成。石片打击点位于器体右端，劈裂面相对平整，打击点及放射线均较清晰，侧面有小而平滑的同源同向劈裂片疤。石片右侧有一个大而宽凹的打击点，片疤向正反两面崩裂，其中背面片疤较大。器体下部连续向正面修刃，片疤较密集。刃缘长而锋利，有明显使用痕迹。长7.4、宽15.2、厚2.6厘米，重327克，刃角70°（图四九，5；彩版四八，5、6）。

（二）单边弧刃

12件，占采集刮削器总数的54.5%。石片以扁薄的典型石片为主，也有少量为体形稍厚的非典型类石核主石片。除3件为端刃外，其余均为侧刃。形状有近椭圆形、近三角形、不规则形、近四边形、近梯形五种，以近椭圆形和近三角形居多。

N采：22，青灰色辉长岩。体形稍显厚重，平面近三角形。以横长型类石核非典型主石片单面修制侧刃而成。石片打击点位于器体顶端，自然台面宽厚，打击点粗大，劈裂面较平坦。顶端背面有小片向背面崩裂的砸击片疤，推测其在打片前可能曾作为石锤使用。远端连续正向修刃，修整片疤稍大，刃缘中部弧凸，较锋利，有明显使用痕迹。右侧有舌状尖刃，可兼作手镐使用。长7.8、宽10.7、厚3厘米，重268克，刃角60°～80°（图五〇，1；彩版四九，1、2）。

采：13，青绿色辉绿岩。体形稍显厚重，平面近三角形。以横长型类石核非典型主石片单面修制侧刃而成。石片打击点位于顶端，自然台面宽厚，打击点粗大，劈裂面平整，放射线清晰，背面保留完整砾石面。下部单面正向修刃，刃面较整齐，片疤密集层叠。刃缘较锋利，有明显使用痕迹。长7.2、宽10、厚3厘米，重279克，刃角73°（图五〇，2；彩版四九，3）。

N采：25，青绿色辉绿岩。体形厚重，平面近三角形。以类石核非典型主石片单面修制侧刃而成，石片打击点不清，正面为宽浅的劈裂面，右侧为陡直的残断面，左端背面有一个冲磨严重的砸击疤痕及石片崩疤，表明其在更早时期可能曾被作为石锤一类的工具使用过。下部单面连续修整，刃缘锋利，有明显使用痕迹。长9.1、宽10.2、厚3.2厘米，重387克，刃角75°（图五〇，3；彩版四九，4）。

B采：19，黑褐色辉长岩。平面呈椭圆形。以横长型石片单面修刃而成。打击点位于器体上部，劈裂面凹凸不平，背面保留完整砾石面。下部轻微修刃，刃面相对平缓，刃缘平滑，因使用显得相对厚钝。长6.6、宽9.7、厚3.2厘米，重200克，刃角70°（图五〇，4；彩版四九，5）。

B采：18，黑褐色辉长岩。体形稍小，平面近椭圆形。以横长型石片单面修制端刃而成。石片打击点位于器体左侧，打击点宽大，劈裂面平整，放射线清晰，远端略呈半环形下凹，背面保留完整砾石面。石片边缘均较锋利，下部轻微修制端刃，修整程度较轻，片疤小而零星。刃缘短弧，较锋利，无明显使用痕迹。长8.7、宽8.5、厚2.3厘米，重188克，刃角57°～68°（图五〇，5；

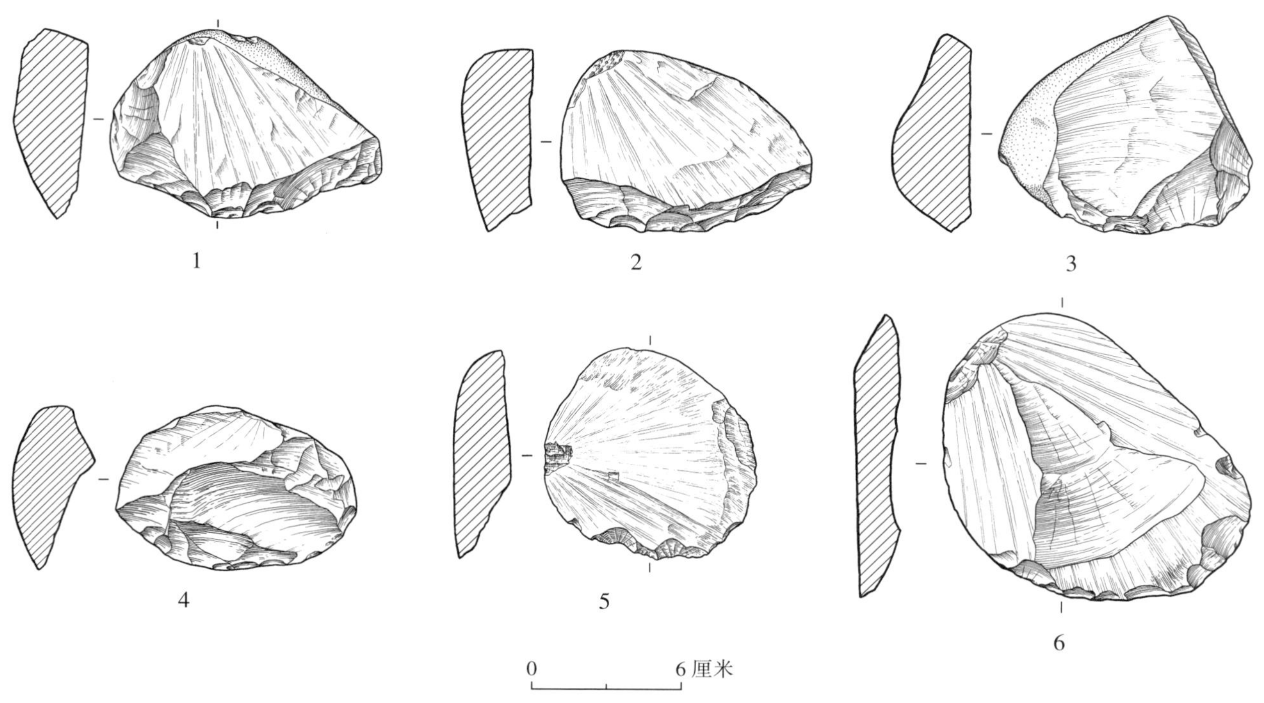

图五〇　采集单边弧刃刮削器

1. N采：22　2. 采：13　3. N采：25　4. B采：19　5. B采：18　6. B采：16

彩版四九，6）。

B 采：16，黑褐色辉长岩。体形大而宽扁，平面近椭圆形。以纵长型石片单面修制端刃而成。石片打击点位于器体左上部，打击点宽平，背面有小片同向同源片疤。腹面平整，放射线清晰，远端略外翻，片尾轻微折断。下部轻微修刃，片疤较细碎，有明显使用痕迹。长 11.4、宽 12.2、厚 1.8 厘米，重 334 克，刃角 46°（图五〇，6；彩版五〇，1）。

采：46，青绿色辉绿岩。体形小巧轻薄，平面近椭圆形。以纵长型石片单面修制侧刃而成。石片打击点位于器体右侧，正面劈裂面下凹，背面有小块同源同向崩疤。下部轻微修刃，仅见个别修刃片疤，其余边缘虽未修整，但均较锋利，且有明显使用痕迹。长 6.9、宽 9.5、厚 1.5 厘米，重 124 克，刃角 44°（图五一，1；彩版五〇，2）。

B 采：23，黑褐色辉长岩。体形窄长扁薄，平面近梯形。以纵长型石片单面修制端刃而成，石片打击点位于器体上部偏右，打击点及放射线均较清晰，劈裂面相对平整，背面有大块同源同

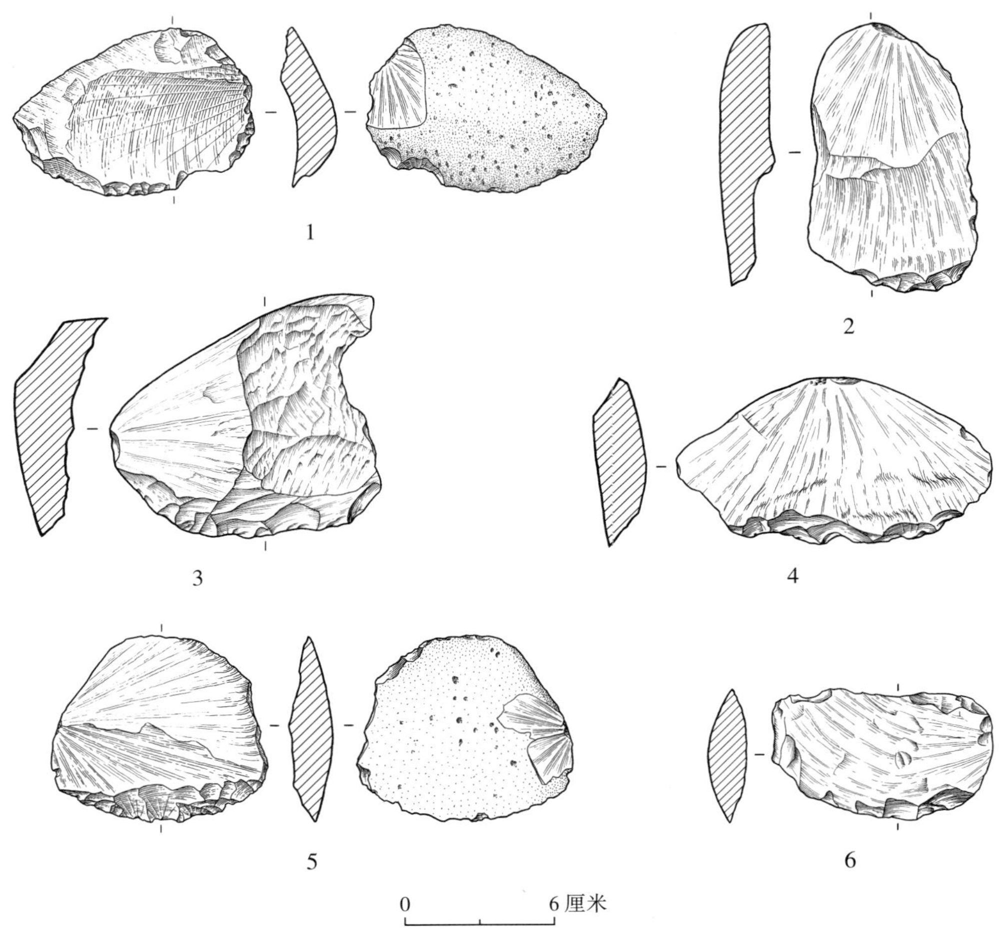

图五一　采集单边弧刃刮削器

1. 采：46　2. B 采：23　3. 采：50　4. 采：19　5. 采：20　6. 采：27

向劈裂片疤。石片远端轻微修刃，刃缘斜弧，片疤较小，无明显使用痕迹。长 11、宽 6.7、厚 2.2 厘米，重 175 克，刃角 66°（图五一，2；彩版五〇，3）。

采：50，灰褐色石英砂岩。平面呈不规则形。以纵长型石片单面修制侧刃而成。石片打击点位于器体左侧，劈裂面左侧较平坦，右侧深凹残断，残断面较锐利，向背面崩裂。下部单面正向修刃，片疤密集细碎。刃缘宽弧，较锋利，有轻微使用痕迹。长 10.3、宽 11、厚 2.4 厘米，重 297 克，刃角 65°（图五一，3；彩版五〇，4）。

采：19，灰褐色石英砂岩。器体扁薄横长，平面近三角形。以横长型石片单面修制侧刃而成，石片打击点位于器体上部顶端，打击点较小，劈裂面平滑弧隆，背面有小块同源同向崩疤。下部正向修刃，修整片疤较明显，片疤密集细碎，有轻微使用痕迹。长 7、宽 12.5、厚 2 厘米，重 181 克，刃角 60°（图五一，4；彩版五〇，5、6）。

采：20，灰褐色石英砂岩。体形小巧轻薄，平面近椭圆形。以横长型石片单面修制侧刃而成。石片打击点位于器体左侧，背面有小片同源同向片疤，正面劈裂面平滑，半锥体微显，远端向外翻卷。下部单面正向修刃，修整片疤较小，密集细碎，上部边缘虽未修刃，但有较为明显的使用痕迹。长 7.7、宽 8.2、厚 1.8 厘米，重 134 克，刃角 53°（图五一，5；彩版五一，1）。

采：27，灰褐色石英砂岩。器体小巧轻薄，平面近四边形。以纵长型石片单面修制侧刃而成。石片打击点位于器体右侧，劈裂面平整，打击点较小，放射线清晰，背面保留完整砾石面。下部正向轻微修刃，片疤较细碎，上部虽未修刃，但有明显使用痕迹。长 5.4、宽 8.7、厚 1.5 厘米，重 88 克，刃角 63°（图五一，6；彩版五一，2）。

（三）双边刃

5 件，占采集刮削器总数的 22.7%。石片均为体形相对扁薄的典型石片，以纵长型石片居多。刃部有侧刃加端刃及双侧刃两类，以侧刃加端刃略多。形态均不甚规则，平面形状有近三角形、近梯形和近四边形三种，以近三角形居多。

采：22，灰褐色辉长岩。平面近三角形。以纵长型石片单面修刃制作而成。石片打击点位于器体左侧，打击点宽凹，背面轻微崩裂，劈裂面平整，放射线较清晰，近远端呈环状下凹。石片右侧及下部分别正向修制端刃及侧刃，端刃修刃程度较轻，刃缘宽短，略呈舌状；侧刃修刃片疤稍大，刃缘微弧，呈锯齿状。刃缘均较锋利，无明显使用痕迹。长 7.2、宽 9.7、厚 2 厘米，重 172 克，端刃角 42°、侧刃角 70°（图五二，1；彩版五一，3）。

B 采：17，黑褐色辉长岩。体形略显宽大厚重，平面近三角形。以横长型石片分别在上下两长侧边单面修刃而成，石片打击点位于器体右上部，打击点粗大内凹，劈裂面平整，放射线清晰，背面保留完整砾石面。器体上下两侧轻微修刃，刃缘平直，片疤均较细密，有明显使用痕迹。长 8.5、宽 13、厚 2.5 厘米，重 354 克，刃角 68°（图五二，2；彩版五一，4）。

B 采：24，黑褐色辉长岩。平面近三角形。以纵长型石片分别在一侧及远端单面修刃制作而成。

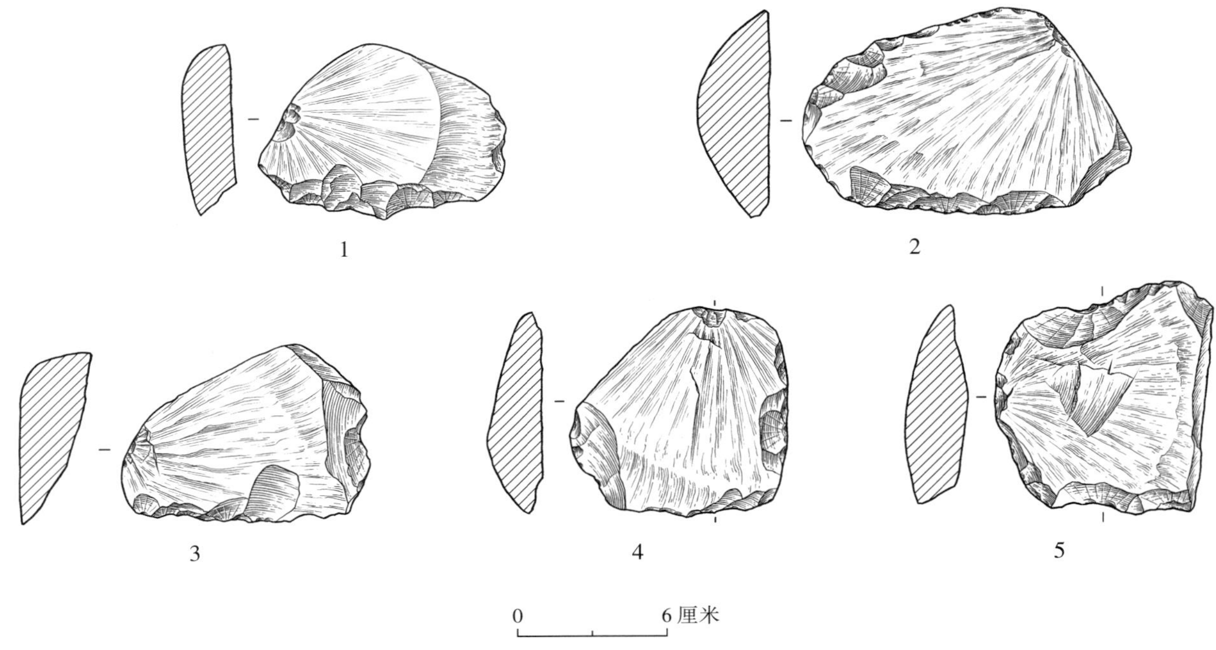

图五二　采集双边刃刮削器

1. 采：22　2. B 采：17　3. B 采：24　4. 采：23　5. 采：25

石片打击点位于器体左侧，打击点及放射线均较清晰，腹面平整，背面保留完整砾石面。下部及右端分别正向轻微修制侧刃和端刃，侧刃宽直，片疤较细碎，端刃短弧，片疤稍大。刃缘均较锋利，有轻微使用痕迹。长 7.2、宽 9.9、厚 2.5 厘米，重 215 克，端刃角 60°、侧刃角 40°（图五二，3；彩版五一，5）。

采：23，青绿色辉绿岩。平面近梯形。以纵长型石片单面修刃制作而成。石片打击点位于器体上部，打击点宽凹，劈裂面平整，放射线清晰。石片远端及右侧分别轻微修刃，右侧修整片疤细碎密集，下部相对零星，刃缘均较平直，有明显使用痕迹。左侧虽未修刃，但使用痕迹明显。长 8.6、宽 8.5、厚 2.2 厘米，重 185 克，刃角 50°（图五二，4；彩版五一，6）。

采：25，青绿色辉绿岩，质地坚硬粗糙。平面近四边形。以纵长型石片截断单面修刃制作而成。石片打击点位于器体左侧，正面劈裂面较平整，背面有小块同源同向片疤，石片右侧残断，残断面较陡直，左侧有细碎修整片疤。上下两侧单面修刃，下部刃面较陡直，刃缘短直，上部刃面稍缓，刃缘内凹，均有明显使用痕迹。长 9.3、宽 8.3、厚 2.5 厘米，重 247 克，刃角 64° ~ 70°（图五二，5；彩版五二，1）。

四　切割器

共 2 件。体形均较小，平面近三角形，均以白色石英砾石单面打制刃部而成，形态特征与砍砸器较为类似。

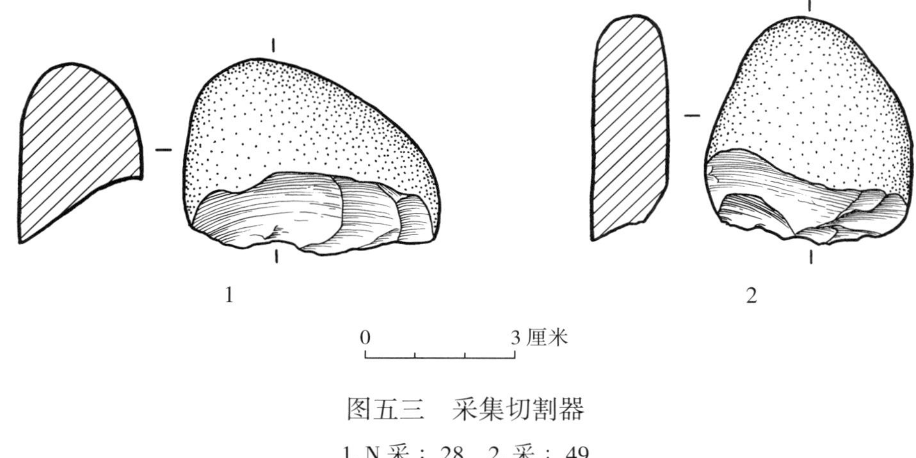

图五三　采集切割器
1. N采：28　2. 采：49

N采：28，侧边单面打制刃部而成。刃面稍陡，刃缘平直锋利。长4.2、宽5、厚2.4厘米，重60克，刃角68°（图五三，1；彩版五二，2）。

采：49，端部单面打制刃部，刃缘平直锋利。长4.7、宽4、厚1.4厘米，重40克，刃角70°（图五三，2；彩版五二，3）。

五　石片

共15件。均以砾石打片而成，岩性有辉绿岩、辉长岩、石英砂岩三种，以辉长岩居多。石片均为零台面的一次性打击石片，主要采用锐棱砸击法打片，自然台面多较锐利。石片打击点及放射线多较清晰，腹面多较平坦，远端多呈同心波状下凹，部分片尾外翻或内卷，少部分有轻微折断。除少部分打击点背面因反作用力产生的小片同向同源片疤外，绝大部分背面无崩疤。石片形态有横长型和纵长型两种，以横长型居多。石片边缘均较锋利，绝大部分有明显使用痕迹。从石片形态特征及使用痕迹看，这些石片并非只是单纯的作为加工其他石器的副产品和其他待进一步加工工具的原始坯料存在，有不少可能曾直接作为刮削、切割、砍砸等功能使用过。

（一）横长型

9件。占采集石片总数的60%。石片宽均大于长，平面形状有近椭圆形、近三角形、近梯形、不规则形四种，以近椭圆形和近梯形居多。

B采：26，青灰色辉长岩，质地坚硬，结构粗糙。体形扁薄，平面近椭圆形。打击点粗大，劈裂面平整，放射线均较清晰。石片边缘锋利，局部因使用而略有残损。长7.2、宽8.5、厚2厘米，重123克（图五四，1；彩版五二，4）。

B采：25，黑褐色辉长岩。体形扁薄，平面近三角形。打击点宽平，腹面平整，放射线清晰，背面有小片向侧面劈裂的片疤，其余部位保留完整砾石面。石片边缘较锋利，有明显使用痕迹。

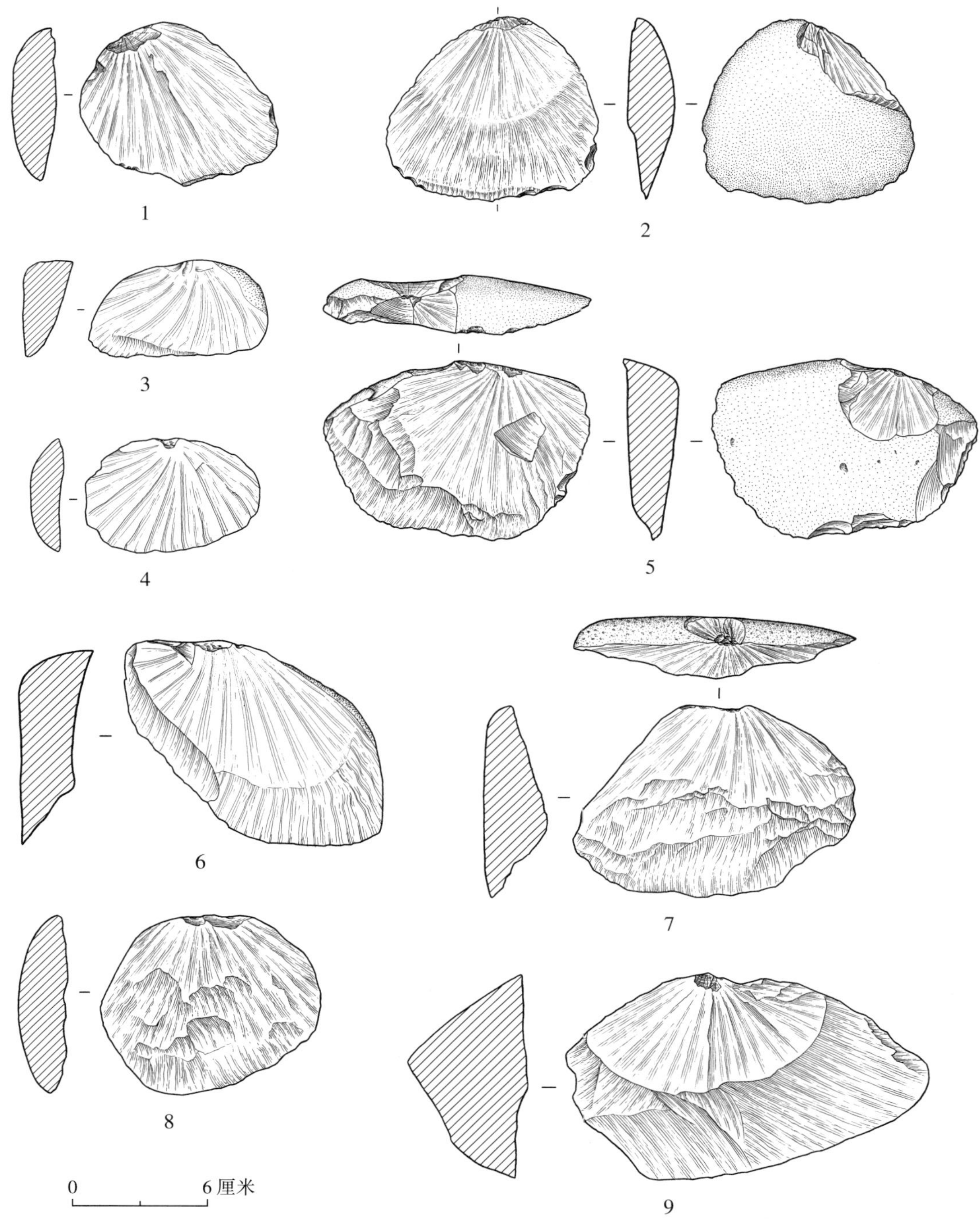

图五四　采集横长型石片

1. B采：26　2. B采：25　3. 采：44　4. B采：27　5. 采：42　6. N采：19　7. 采：14　8. N采：20　9. B采：22

长8.4、宽9.2、厚1.9厘米，重155克（图五四，2；彩版五二，5、6）。

采：44，浅灰绿色辉绿岩。体形小巧，平面近梯形。打击点较模糊，自然台面宽厚，腹面平坦，远端边缘呈波状下凹。远端边缘较锋利，有明显使用痕迹。长4.4、宽7.6、厚2厘米，重96

克（图五四，3；彩版五三，1）。

B 采：27，黑褐色辉长岩，结构较致密。体形较小，平面近椭圆形。打击点粗大，腹面平整，放射线清晰。边缘较锋利，无明显使用痕迹。长 5.1、宽 7.7、厚 1.4 厘米，重 70 克（图五四，4；彩版五三，2）。

采：42，青灰色辉绿岩。体形扁薄，平面近梯形。打击点较小，自然台面宽厚，腹面平整，远端环状下凹。打击点左侧有一处较大的砸疤，部分片疤向背面崩裂，左侧亦有一处向背面崩裂的砸击片疤。石片远端边缘较锋利，有明显使用痕迹。长 8.2、宽 11.9、厚 2.8 厘米，重 285 克（图五四，5；彩版五三，3）。

N 采：19，黑褐色辉长岩。体形较厚重，平面呈不规则形。打击点宽大，劈裂面近端微内凹，远端外翻。左侧有一砸击点，致使石片左下部因自然节理而断裂，右下部呈舌尖状，边缘异常锋利，可直接作为手镐使用。长 9.5、宽 10.8、厚 3 厘米，重 438 克（图五四，6；彩版五三，4）。

采：14，浅灰绿色辉绿岩，质地坚硬多孔。体形扁薄，平面近梯形。打击点宽平，背面有小片同源同向崩疤。腹面平滑。中间略微隆起，近远端呈环状下凹。石片远端边缘较锋利，有明显使用痕迹。长 8.8、宽 12.4、厚 2.8 厘米，重 295 克（图五四，7；彩版五三，5）。

N 采：20，灰褐色辉长岩，硬度较大，结构粗糙。体形扁薄，平面呈椭圆形。打击点宽平，劈裂面平坦粗糙，背面保留完整砾石面。石片边缘较为锋利，有轻微使用痕迹。长 8、宽 9.5、厚 2.1 厘米，重 198 克（图五四，8；彩版五三，6）。

B 采：22，黑褐色辉长岩，质地较为坚硬细腻。体形厚重不规则，平面近横三角形。打击点宽凹，劈裂面平整，同心波较明显，石片左侧向正面翻卷，远端略下凹，左侧向背面打片，片疤向背面崩裂。石片边缘较锋利，右侧呈锋利的舌尖状，整体形态特征与手镐较为一致，可直接作为手镐使用，但未见使用痕迹。长 9.3、宽 15.7、厚 5.2 厘米，重 669 克（图五四，9；彩版五四，1、2）。

（二）纵长型

6 件，占采集石片总数的 40%。石片长均大于宽，平面形状有近长椭圆形、近倒三角形、近梯形几种，以近倒三角形居多。

采：43，灰褐色辉长岩。平面近长椭圆形。自然台面宽厚，打击点宽平，半锥体微显，放射线清晰。腹面平坦，向远端呈环状扩散，片尾内卷，轻微折断。石片侧缘较锋利，有轻微使用痕迹。长 11.9、宽 6、厚 3 厘米，重 273 克（图五五，1；彩版五四，3）。

B 采：20，黑褐色辉长岩。平面近倒梯形。打击点宽凹，有向背面崩裂的小片疤，左上部向背面轻微修整。劈裂面较平整，放射线较清晰，片尾向内轻微反卷。石片边缘锋利，无使用痕迹。长 11.2、宽 6.6、厚 2.6 厘米，重 243 克（图五五，2；彩版五四，4）。

采：45，浅灰黄色石英砂岩。体形轻薄，平面近倒三角形。打击点宽凹，有向背面崩裂的小块片疤。腹面较平整，片尾端轻微折断。边缘较锋利，无使用痕迹。长 9.4、宽 6.1、厚 1.6 厘米，

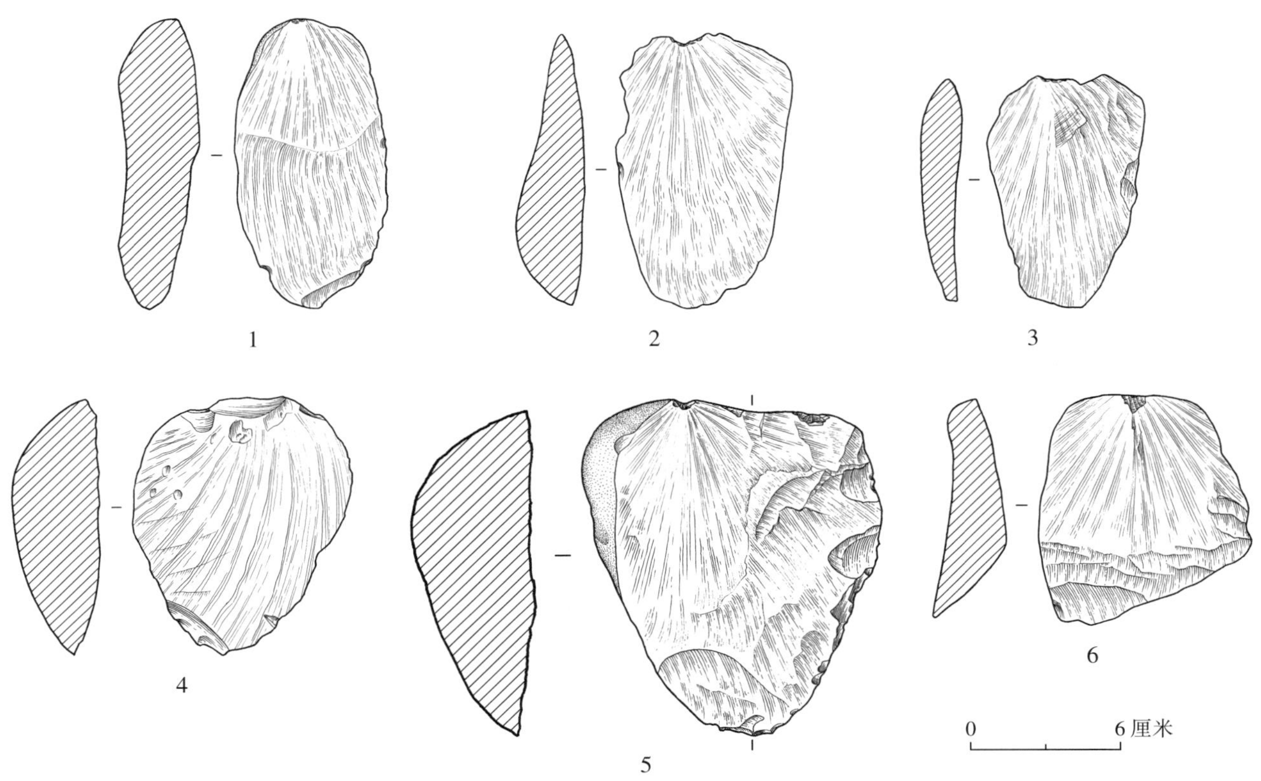

图五五　采集纵长型石片

1. 采：43　2. B采：20　3. 采：45　4. N采：18　5. 采：41　6. N采：26

重93克（图五五，3；彩版五四，5）。

N采：18，黑褐色辉长岩，质地坚硬多孔。体形稍显厚重，平面呈倒三角形。石片打击点位于器体上部偏右，打击点模糊，劈裂面较平整，边缘较锋利。远端呈舌尖状，无修整痕迹，但有细小的使用崩疤，可直接作手镐使用。长10.5、宽8.5、厚3.4厘米，重344克（图五五，4；彩版五四，6）。

采：41，灰褐色石英砂岩。体形宽大厚重，平面呈倒三角形。自然台面宽平，打击点粗大，劈裂面相对平整，两侧缘及远端均较锋利，有轻微使用痕迹，可直接作为砍砸器或手镐使用。长14、宽12、厚4.4厘米，重944克（图五五，5；彩版五五，1）。

N采：26，浅灰褐色辉绿岩。体形扁薄，平面近梯形。自然台面宽平，打击点粗大，半锥体微显，放射线清晰。劈裂面平滑，中部隆起，两侧及远端向外翻卷。边缘较为锋利，有明显使用痕迹。长9.3、宽8.4、厚2.4厘米，重266克（图五五，6；彩版五五，2）。

六　棒形石砧

仅1件。N采：17，灰褐色细砂岩。体形稍扁，略呈棒形。正反两面均有垫打时形成的砸击坑疤。长 13、宽 5.5、厚 3.4 厘米，重 340 克（图五六，1；彩版五五，3）。

七　石锤

共 2 件。岩性有石英砂岩、石英岩两种。均以砾石为素材。

N 采：27，紫红色细粒石英砂岩，器表面较为光滑，结构坚硬细腻。体形规整，平面呈椭圆形。器身沿侧缘至面部有一处大而深的砸击坑疤。长 7.4、宽 9.8、厚 4.5 厘米，重 441 克（图五六，3；彩版五五，4）。

采：39，紫红色石英岩，质地较硬，结构粗糙。器体不甚规则，平面近椭圆形。器体正反两面有多处砸击疤痕。长 7.3、宽 9.3、厚 4.8 厘米，重 418 克（图五六，2；彩版五五，5）。

八　磨石

仅 1 件。采：47，灰绿色辉绿岩。体形长而厚重，质地较为坚硬致密。器体一侧平直，另一侧弧凸，一面稍平，另一面轻微隆起，端部收窄，平面近三角形。长侧边和两条短侧边均有相对

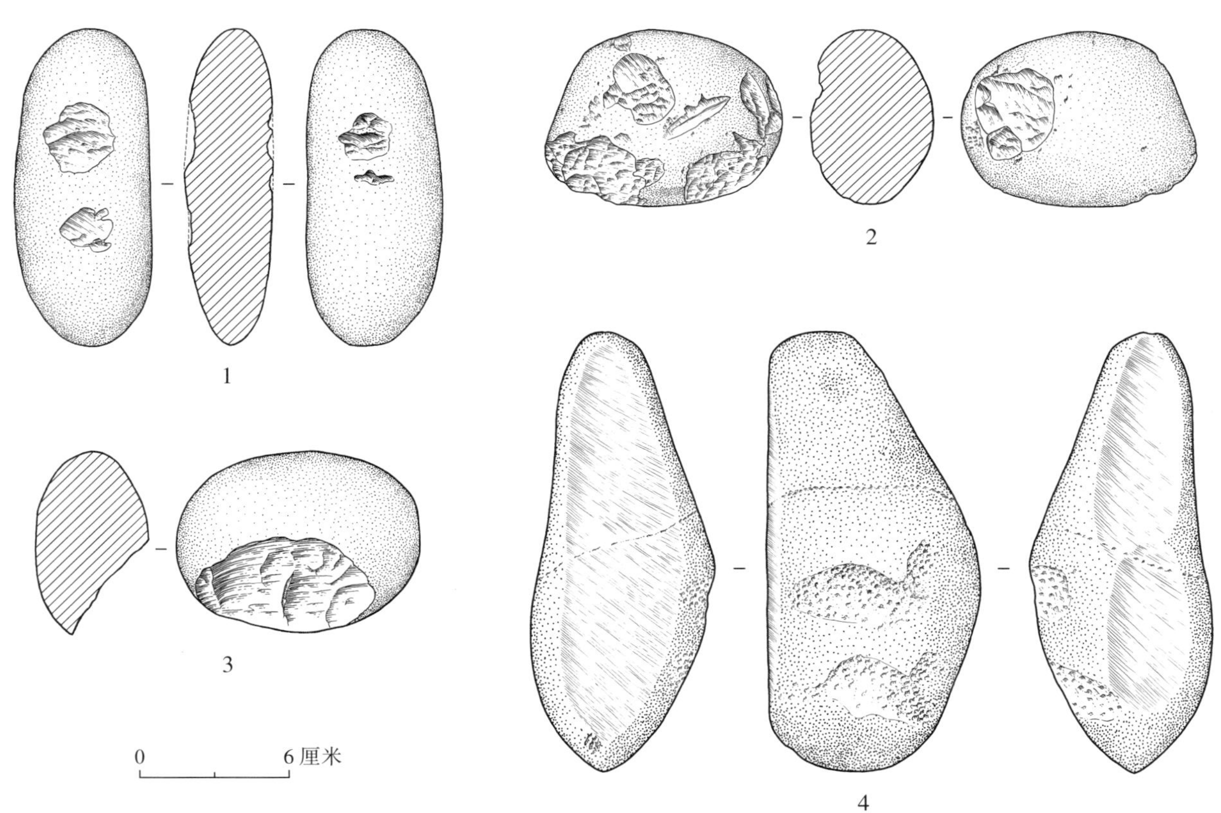

图五六　采集棒形石砧、石锤、磨石

1. 棒形石砧（N 采：17）　2、3. 石锤（采：39、N 采：27）　4. 磨石（采：47）

平滑的磨面，正面及较窄一端端部有轻微砸痕。该器物除磨石功能外，可能还兼具砸击、锤捣及垫打等功能。长 18、宽 8.4、厚 7.2 厘米，重 1453 克（图五六，4；彩版五六，1、2）。

九 石斧（锛）毛坯

共 18 件。岩性以石英砂岩居多，除 1 件以石片为原料进行修整外，其余均以砾石为原料进行打坯修整。打制方式多为从边缘向面部交互打片，以正面打坯为主，背面及柄部打制相对较少，打片修整部位主要集中于器体中下部两侧及刃端，以刃面及近刃面两侧打片修整最为多见，柄端基本不进行打制。打片修整范围多较小，除 1 件通体打制外，大部分片疤主要集中于刃面及侧缘。形状有长椭圆形、三角形、近梯形三种，以长椭圆形居多。

（一）长椭圆形

10 件，占采集毛坯总数的 55.6%。器体扁长匀称，两侧平直或略弧，端部弧圆，两端宽度基本相同。除 1 件通体打制、1 件器身大部分打制外，其余主要对器体两侧及刃端进行打片修整。

B 采：2，灰白色硅质岩。器体厚而窄长。器身通体打制，由边缘向面部打片修整，片疤密集层叠，局部保留零星砾石面。长 11.2、宽 4.3、厚 2.8 厘米，重 156 克（图五七，1；彩版五七，1）。

B 采：1，灰绿色辉绿岩，质地坚硬，结构稍显粗糙。体形厚重。沿器体侧缘连续向两面砸击打片修整，正面打片修整范围较大，仅局部保留零星石皮，背面修整范围稍小，除靠近两侧缘外，其余基本保留砾石面。长 12.3、宽 5.6、厚 2.9 厘米，重 234 克（图五七，2；彩版五七，2）。

B 采：6，灰褐色石英砂岩。体形扁薄小巧。器体中上部以下沿侧缘向正面连续打片修整，修整面较小，片疤细碎层叠，仅沿正面边缘分布，其余部位保留完整砾石面。长 8.7、宽 4.5、厚 1.3 厘米，重 92 克（图五七，3；彩版五七，3）。

采：34，灰褐色石英砂岩。器体宽扁。正面中下部及刃端连续单面打片修整，左侧修整线稍长，右侧稍短，片疤密集层叠，其余部位保留砾石面。长 9.1、宽 5.2、厚 1.3 厘米，重 114 克（图五七，4；彩版五七，4）。

N 采：9，灰褐色石英砂岩。体形扁薄规整。器体正面左下部及刃端连续单面打片修整，修整面较小，其余部位保留完整砾石面。长 9.5、宽 4.6、厚 1.3 厘米，重 96 克（图五七，5；彩版五七，5）。

B 采：4，灰褐色石英砂岩。器体左右两侧及刃端连续打片修整，片疤较大，其中右侧及刃端片疤向正面集中，背面有零星崩裂片疤，右侧片疤仅向背面崩裂。长 10.6、宽 5.6、厚 2.2 厘米，重 226 克（图五八，1；彩版五七，6）。

N 采：6，灰褐色石英砂岩。左侧近刃端及刃面打片修整，片疤主要向正面集中，刃端背面

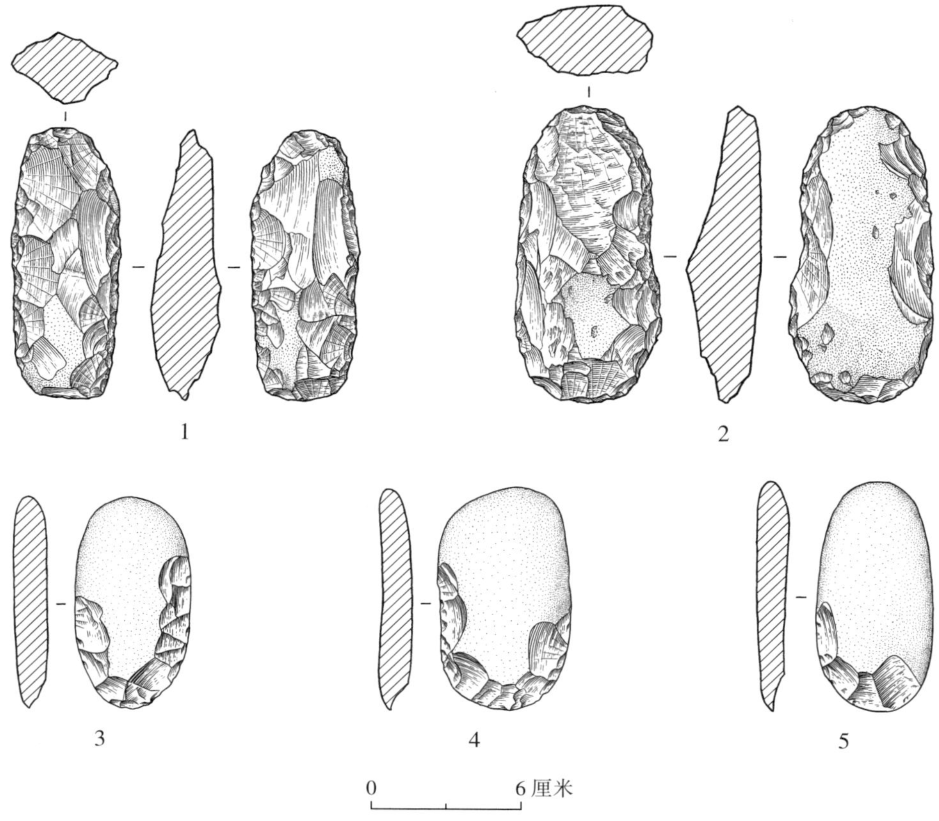

图五七　采集长椭圆形石斧（锛）毛坯

1. B采：2　2. B采：1　3. B采：6　4. 采：34　5. N采：9

有少许片疤崩裂。长10.9、宽5.1、厚1.7厘米，重140克（图五八，2；彩版五八，1）。

B采：5，灰褐色石英砂岩。器体扁平。右侧连续打片修整，修整面较小，片疤细碎密集，沿侧缘向两面均衡崩裂，其余保留完整砾石面。长9.3、宽4.7、厚1.3厘米，重105克（图五八，3；彩版五八，2）。

B采：9，灰褐色石英砂岩。器体扁平。刃端有一处轻微打击片疤，其余部位保留完整砾石面。长9.7、宽4.6、厚1.4厘米，重113克（图五八，4；彩版五八，3）。

N采：16，青灰色石英砂岩。体形宽扁轻薄，仅刃端单面轻微打片修整。长7.3、宽4.6、厚1.1厘米，重60克（图五八，5；彩版五八，4）。

（二）三角形

4件，占采集毛坯总数的22.2%。除1件以石片修整制作外，其余均以砾石打片修整制作而成。

B采：8，青灰色辉绿岩。体形扁薄。以石片轻微修整而成，正面保留完整的石片劈裂面，背面边缘有轻微修整片疤。长12、宽5.5、厚1.5厘米，重120克（图五九，1；彩版五八，5）。

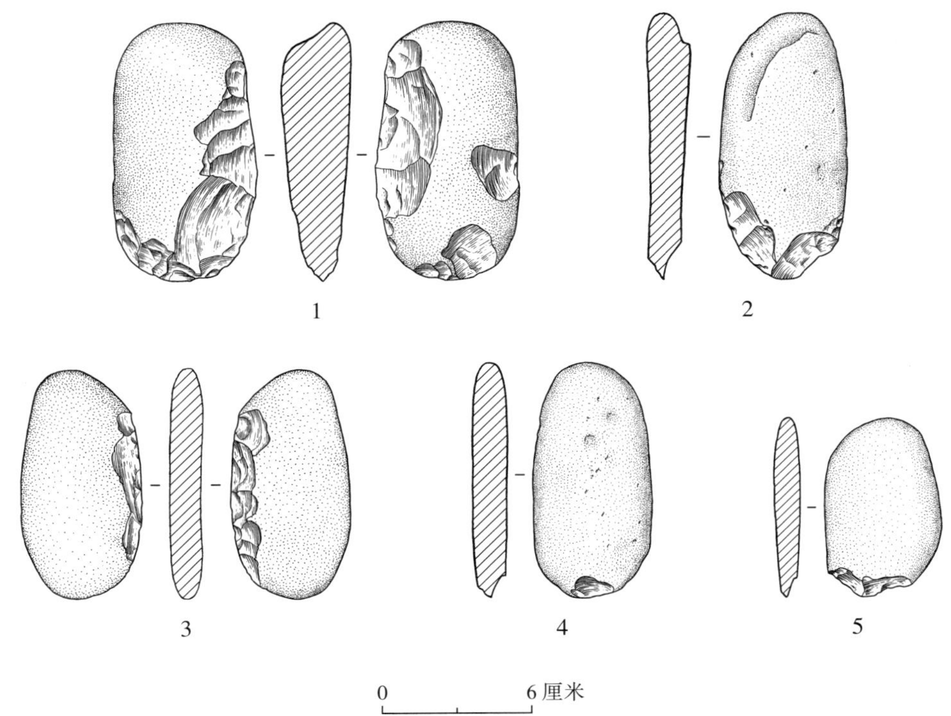

图五八　采集长椭圆形石斧（锛）毛坯

1. B采：4　2. N采：6　3. B采：5　4. B采：9　5. N采：16

N采：8，灰褐色石英岩。体形宽扁。器体下部近刃端及刃面连续单面剥片修整，修整面稍大，上半段及背面保留完整砾石面。长9.7、宽5.4、厚1.8厘米，重139克（图五九，2；彩版五八，6）。

N采：5，黑褐色石英岩。体形扁薄细长。刃端连续单面打片修整，修整面稍小，其余部位保留完整砾石面。长10.1、宽4.6、厚1.5厘米，重113克（图五九，3；彩版五九，1）。

采：32，青绿色灰绿岩。体形相对细长。器体左下部及刃端连续单面剥片修整，修整面稍大，片疤大而深，其余部位保留完整砾石面。长10.4、宽4.4、厚2厘米，重149克（图五九，4；彩版五九，2）。

（三）近梯形

4件，占采集毛坯总数的22.2%。器体扁长，两侧斜直或微弧，端部近直或呈弧形，两端宽度大小不一。

N采：7，灰褐色石英砂岩。体身略显弯弧，平面呈倒梯形。器体左右两侧及刃端连续向正面打片修整，片疤密集层叠，修整面相对较大，正面绝大部分被片疤覆盖，柄端及背面保留完整砾石面。长12、宽5.5、厚2.7厘米，重228克（图五九，5；彩版五九，3）。

采：29，灰褐色石英砂岩。两端尖弧，器体不甚规整。右侧下部及刃端连续单面剥片修整，

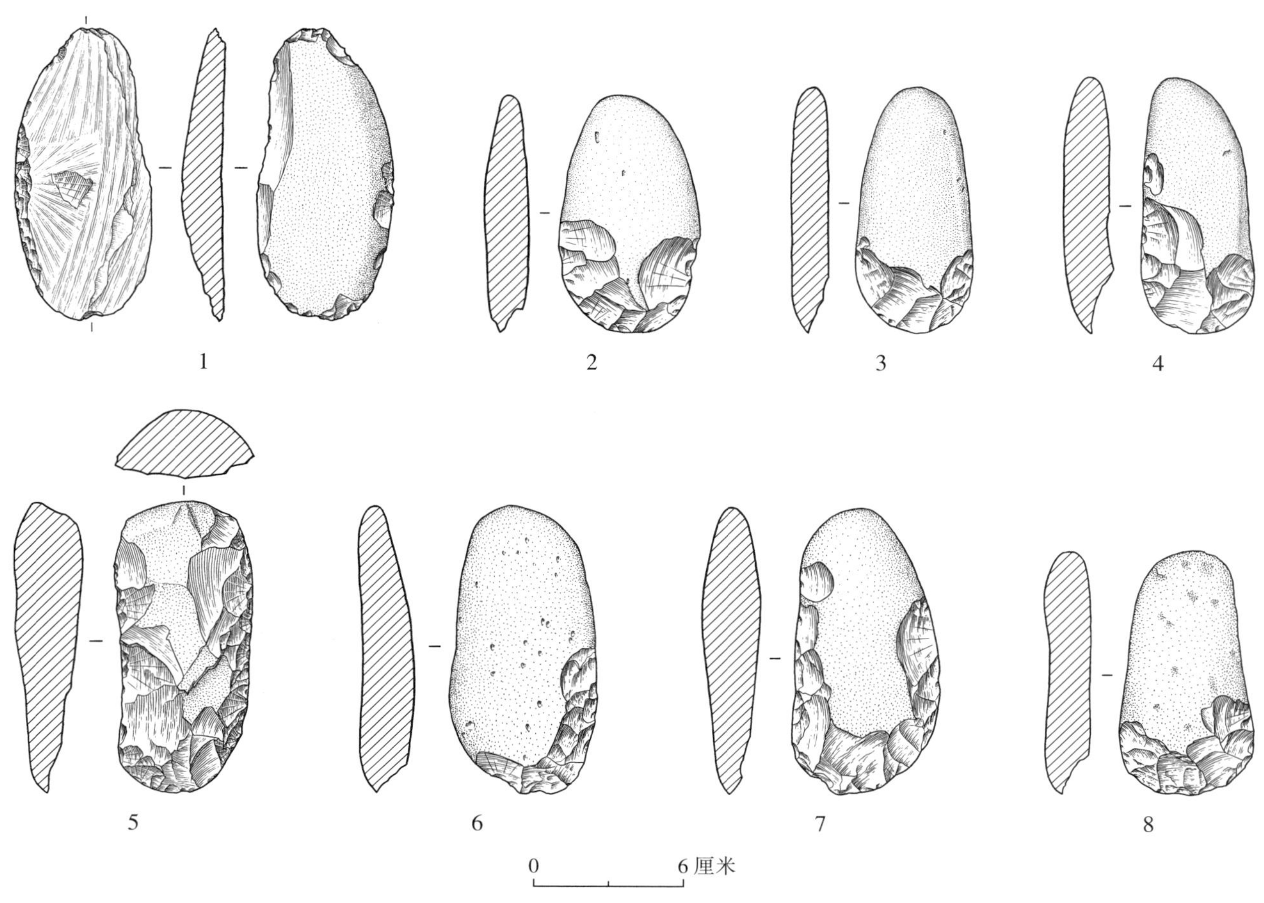

图五九　采集石斧（锛）毛坯

1～4. 三角形石斧（锛）毛坯（B采：8、N采：8、N采：5、采：32）　5～8. 近梯形石斧（锛）毛坯（N采：7、采：29、采：30、B采：3）

修整面较小，仅沿边缘分布，其余部位保留完整砾石面。长11.9、宽5.8、厚2.2厘米，重232克（图五九，6；彩版五九，4）。

采：30，灰褐色石英砂岩。两端尖弧，体形不甚规整。除柄端未打制外，器体正面两侧及刃端连续单面剥片修整，片疤密集层叠，沿边缘连续分布，刃部有零星片疤向背面崩裂，其余部位保留完整砾石面。长11.8、宽5.7、厚2.4厘米，重229克（图五九，7；彩版五九，5）。

B采：3，灰褐色石英砂岩。体形较规整。刃端单面打片修刃，修整面稍大，片疤细碎层叠，其余保留完整砾石面。长10、宽5.2、厚1.8厘米，重160克（图五九，8；彩版五九，6）。

十　石凿毛坯

共4件。岩性有石英岩、花岗岩、辉长岩三种。器体细长，均以窄长条形砾石单面打片修整而成，修整部位主要集中在刃部。

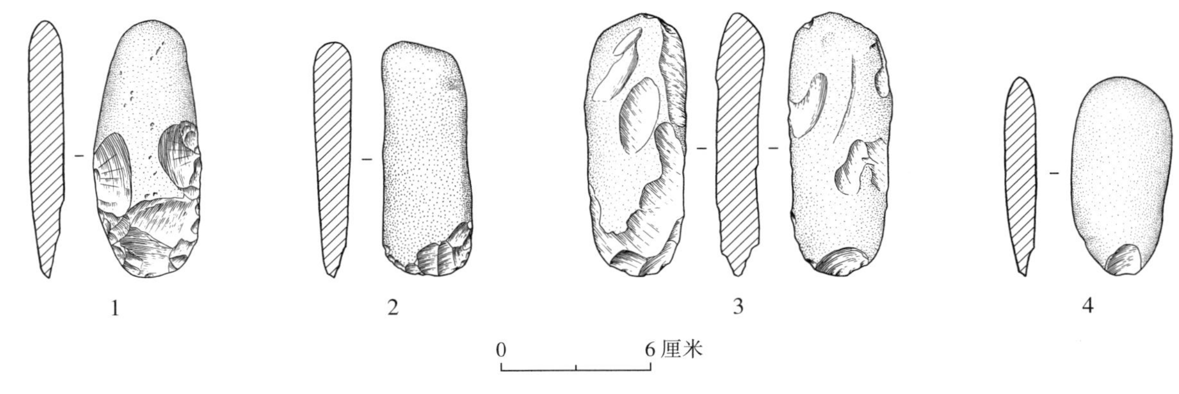

图六〇　采集石凿毛坯

1. B采：7　2. N采：13　3. N采：12　4. N采：15

B采：7，灰褐色石英岩。体形扁平窄长，端部弧圆，平面近梯形。器体下半段及刃端沿边缘连续向正面打片修整，修整面较大，片疤密集层叠，柄端及背面保留完整砾石面。长10.6、宽4.3、厚1.4厘米，重106克（图六〇，1；彩版六〇，1）。

N采：13，灰褐色石英岩。器体扁长规整，平面近长方形。刃端单面打片修整，修整面较小，片疤小而细密，其余部位保留完整砾石面。长9.7、宽3.7、厚1.5厘米，重85克（图六〇，2；彩版六〇，2）。

N采：12，灰褐色花岗岩，器表风化严重。体形窄长，平面近长方形。刃端轻微修整，器身有零星砸疤。长10.8、宽3.9、厚1.9厘米，重135克（图六〇，3；彩版六〇，3）。

N采：15，灰褐色辉长岩。体形扁薄轻巧，平面呈倒三角形。刃端有一处小块单面剥裂片疤，其余部位保留完整砾石面。长8.1、宽3.8、厚1.3厘米，重69克（图六〇，4；彩版六〇，4）。

十一　石斧

共9件。均以砾石为原料制作而成，岩性以辉绿岩居多，除1件无明显打坯修整痕迹外，其余均进行打坯修整。打坯修整部位主要集中于器体下部两侧及刃端，以刃面和近刃端单面修整为主，也有个别近乎通体打制的。磨制部位主要集中于刃部，除个别对侧面或器身进行轻微磨制外，其余部位基本不进行磨制。磨制程度大多较轻微，即便是磨制程度相对较高的刃部也大多有片疤残留。刃部磨面一般略呈弧形，磨制范围相对不大，一般以正面磨制为主，背面磨制程度相对轻微。刃缘有弧刃和直刃两种，以弧刃居多，绝大部分有明显使用痕迹，有部分甚至出现了较大的缺损，显示使用程度较高。根据器身形状分为长椭圆形、近三角形和近梯形三种。

（一）长椭圆形

4件，占采集石斧总数的44.4%。两侧平直或微弧，端部呈弧形，两端宽度基本相同。除1

件无明显打坯修整痕迹外，其余均进行打坯修整。

N采：10，灰褐色细砂岩，器表风化严重。器身无明显打坯修整痕迹，刃部双面精磨，磨面较小，略呈弧形。正锋，斜弧刃，刃缘较锋利，无明显使用痕迹。长8.4、宽4.7、厚1.5厘米，重104克（图六一，1；彩版六〇，5）。

N采：1，青灰色辉绿岩。体形扁平规整。器体两侧缘至刃端连续打片修整，修整面较小，片疤向两面崩裂。磨制部位集中于刃部，磨制范围略大，磨面呈半环形，从刃端延至近刃部两侧缘。正锋，圆弧刃，刃缘有明显使用痕迹。长10.2、宽5、厚1.5厘米，重134克（图六一，2；彩版六〇，6）。

N采：2，青灰色辉绿岩。体形宽扁规整，器体两侧有连续双面打制片疤，片疤主要沿侧缘分布。刃部精磨，侧缘琢打面有轻微磨痕。刃部因使用残损严重，一面已大部分崩裂，另一面保留相对完整，磨面略呈弧形，为正锋弧刃。长11.3、宽6、厚1.8厘米，重227克（图六一，3；彩版六一，1）。

采：35，灰褐色硅质岩。体形扁薄，柄端不甚齐整。两侧及刃端连续双面打片修整，修整面较小，片疤沿边缘分布。磨制部位集中于刃部及侧缘，刃部双面精磨，磨制范围较小，刃面近平，局部有片疤残留；两侧缘磨制程度稍轻，仅磨除片疤棱角。刃缘近平，较锋利，有轻微使用痕迹。长7.7、宽4.9、厚1.2厘米，重86克（图六一，4；彩版六一，2）。

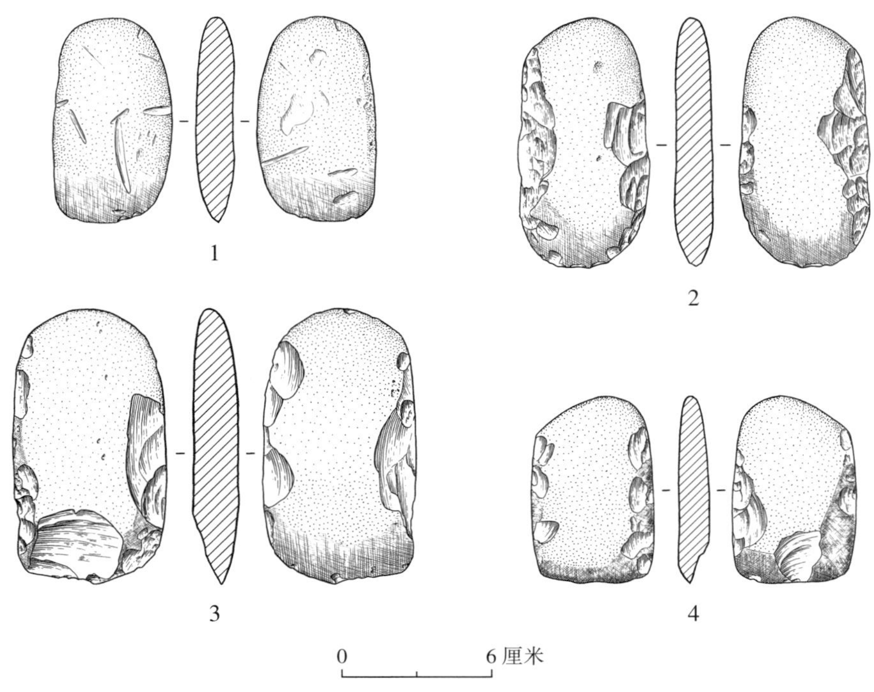

图六一　采集长椭圆形石斧

1. N采：10　2. N采：1　3. N采：2　4. 采：35

（二）近三角形

3 件，占采集石斧总数的 33.3%。均以砾石打坯磨制而成，刃缘均有明显使用痕迹。

采：38，黑褐色石英岩。体形扁长厚重。由侧缘向面部连续打片修整，修整面较大，正面几乎全部被片疤覆盖，背面除边缘外，其余部位大部分保留砾石面。磨制部位集中于刃部及侧缘，磨制程度均较轻。为正锋弧刃，刃缘因使用而大部分残损。长 12.1、宽 6、厚 2.9 厘米，重 264 克（图六二，1；彩版六一，3）。

采：28，青绿色辉绿岩。体形厚重不规整。器体下半段及刃端连续向正面打片修整，片疤大而深，上半段及背面保留完整砾石面。磨制部位集中于刃部，磨制相对轻微，刃面及刃缘因使用残损严重，从残存情况看，刃面略呈弧形，为正锋圆弧刃。长 15.5、宽 6.7、厚 2.7 厘米，重 440 克（图六二，2；彩版六一，4）。

N 采：11，灰褐色石英砂岩，表面风化严重。器体扁薄规整。一侧有零星打制片疤，刃部轻

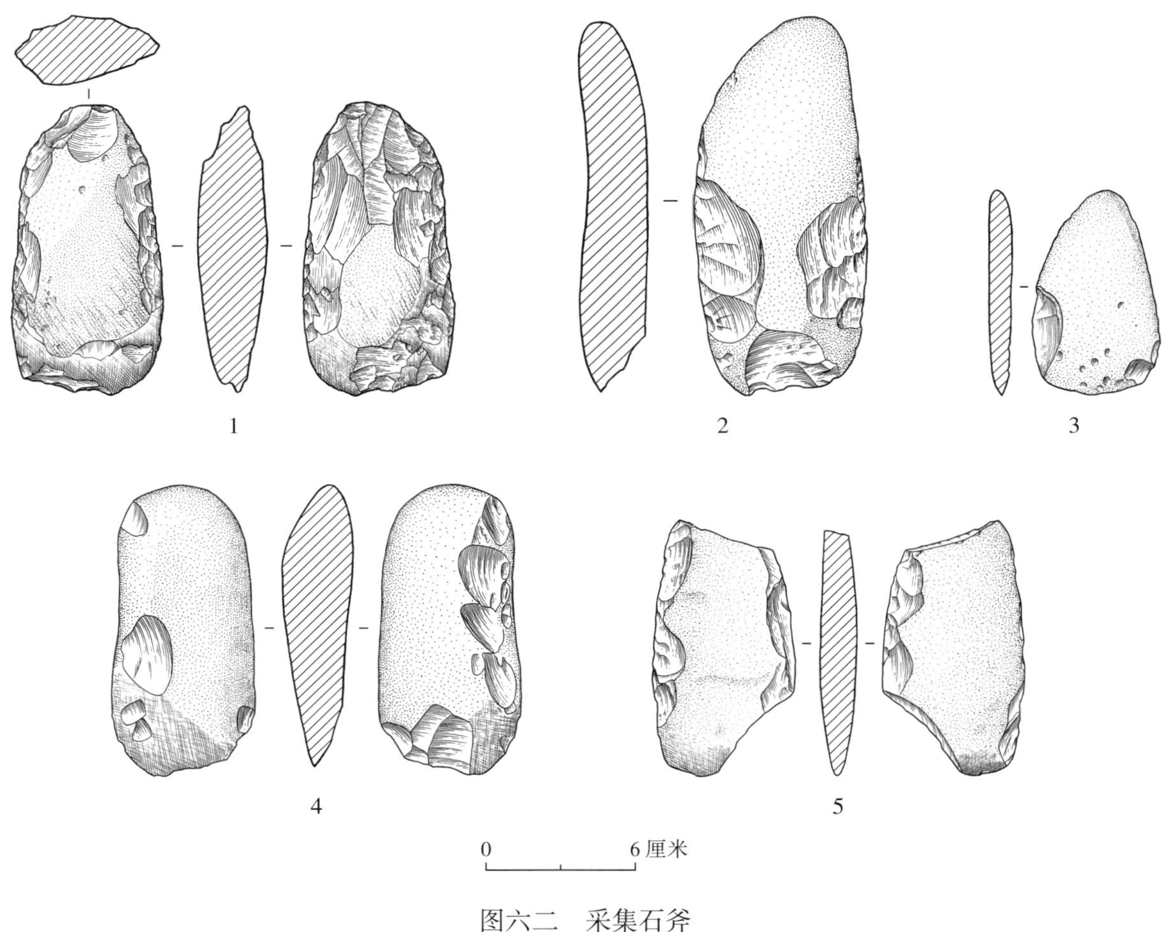

图六二　采集石斧

1 ~ 3. 近三角形石斧（采：38、采：28、N 采：11）　4、5. 近梯形石斧（采：31、N 采：4）

微磨制，因风化磨痕不清。刃缘微弧，有明显使用痕迹。长 8.5、宽 4.9、厚 0.9 厘米，重 60 克（图六二，3；彩版六一，5）。

（三）近梯形

2 件，仅占采集石斧总数的 22.2%。

采：31，黑灰色玄武岩，器表风化严重，呈灰黄色。体形不甚规整。右侧有向正面连续剥片片疤，个别片疤向背面崩裂。刃部双面磨制，但由于风化严重，磨面较为模糊。刃缘圆弧，因使用残损严重。长 11.8、宽 5.8、厚 2.8 厘米，重 268 克（图六二，4；彩版六一，6）。

N 采：4，灰褐色细砂岩，器表稍微风化。柄端及刃端局部残缺，器体两侧连续向面部打片修整，修整面较小，片疤主要沿侧缘分布。刃部轻微磨制，刃部大部分残缺。残长 10.4、宽 5.6、厚 1.6 厘米，重 126 克（图六二，5；彩版六二，1）。

十二　石锛

共 2 件。岩性有石英岩、石英砂岩两种。除刃部为偏锋外，其余特征与石斧基本相同。

采：36，黑褐色石英岩。体形规整，平面近三角形。器体中下部两侧至刃端连续向正面单面打片修整，柄部左侧有一向正面劈裂的大块片疤。刃部双面磨制，正面磨制程度较深，背面仅轻微磨制，器体两侧缘有轻微磨痕。偏锋弧刃，刃缘较锋利，有使用痕迹。长 8.7、宽 5.3、厚 1.5 厘米，重 93 克（图六三，1；彩版六二，2）。

采：37，青灰色石英砂岩，器表风化相对严重。体形略显宽短，平面近梯形。器体两侧连续打片修整，片疤沿侧缘分布，向两面崩裂。磨制部位集中于刃部及侧缘，侧缘磨制相对轻微，片疤棱角基本磨除。刃部使用残损较严重，刃缘及部分刃面已残损。长 7.8、宽 5.2、厚 1.4 厘米，重 102 克（图六三，2；彩版六二，3）。

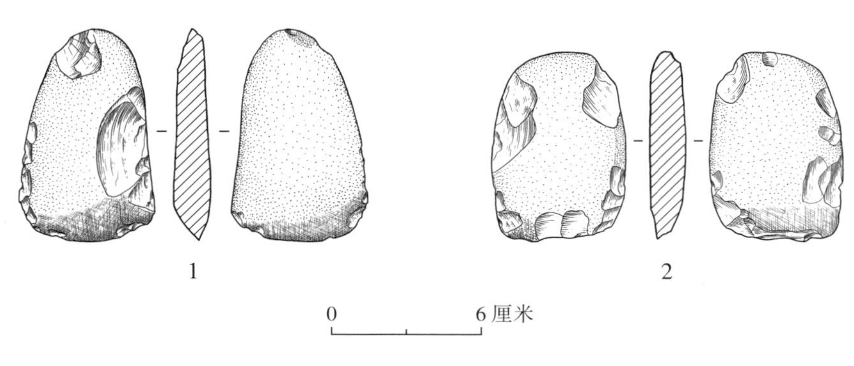

图六三　采集石锛

1. 采：36　2. 采：37

十三　石凿

共4件。岩性有辉绿岩、石英岩、玄武岩三种。除体形较为细长外，其余特征和斧、锛并无太大区别。

N采：3，青灰色辉绿岩。体形窄长厚重，器身弯弧，平面近长方形。器体左右两侧至刃端连续打片修整，片疤均密集层叠，正面基本被片疤所覆盖，左侧有连续向背面打制的片疤。磨制部位集中于刃部及一侧，左侧缘磨制较轻微，仅对局部进行稍微磨制；刃部精磨，正面磨制范围稍大，背面磨制范围略小，局部有片疤残留。磨面微弧，为偏锋弧刃，刃缘有细碎使用崩疤。长9.3、宽4.6、厚2.1厘米，重140克（图六四，1；彩版六二，4）。

B采：10，黑褐色石英岩。体形窄长，器身弯弧，平面近长方形。器体右侧有单面打制片疤，其余保留砾石面。刃部双面精磨，磨面较小，其余部分未进行磨制。正锋，刃缘微弧，较锋利，无明显使用痕迹。长8.6、宽3.7、厚1.1厘米，重65克（图六四，2；彩版六二，5）。

采：33，灰绿色辉绿岩，器表风化严重。体形扁平细长，平面近长方形。器体右侧及刃端单面打片修整，片疤大而深，局部向背面轻微崩裂。磨制部位集中于刃部，正面磨制较深，背面磨制相对轻微。偏锋，刃缘微弧，较锋利，无明显使用痕迹。长9.4、宽4.2、厚1.4厘米，重92克（图六四，3；彩版六二，6）。

N采：14，黑褐色玄武岩。上部残缺，仅余刃端。近刃部左侧残留有一个较为模糊的片疤。刃部双面磨制，为偏锋圆弧刃，刃缘有明显使用痕迹。残长4.1、宽3.9、厚1.2厘米，重35克（图六四，4）。

十四　研磨器

共3件。岩性有细砂岩、石英砂岩、辉绿岩三种。均为砾石未进行打坯修整直接利用，形状

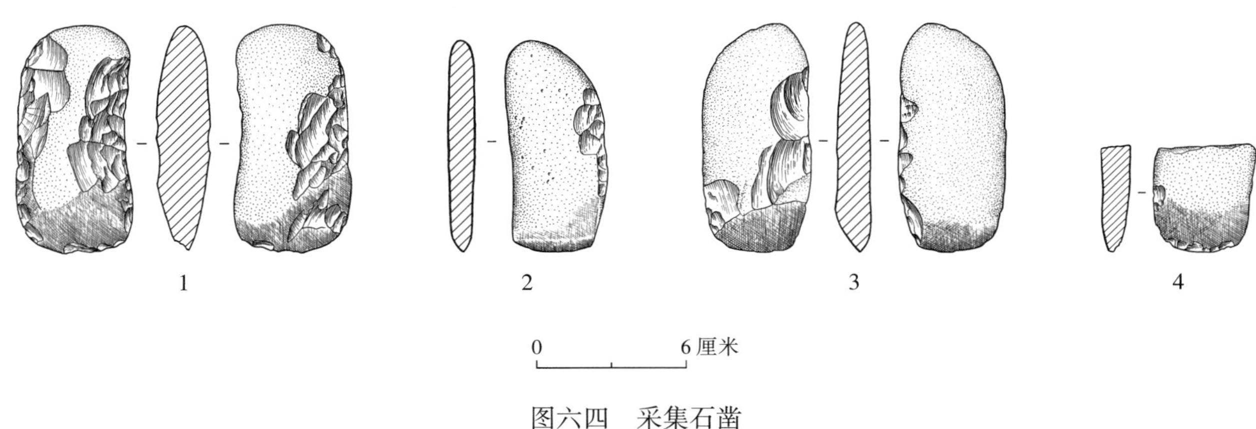

图六四　采集石凿

1. N采：3　2. B采：10　3. 采：33　4. N采：14

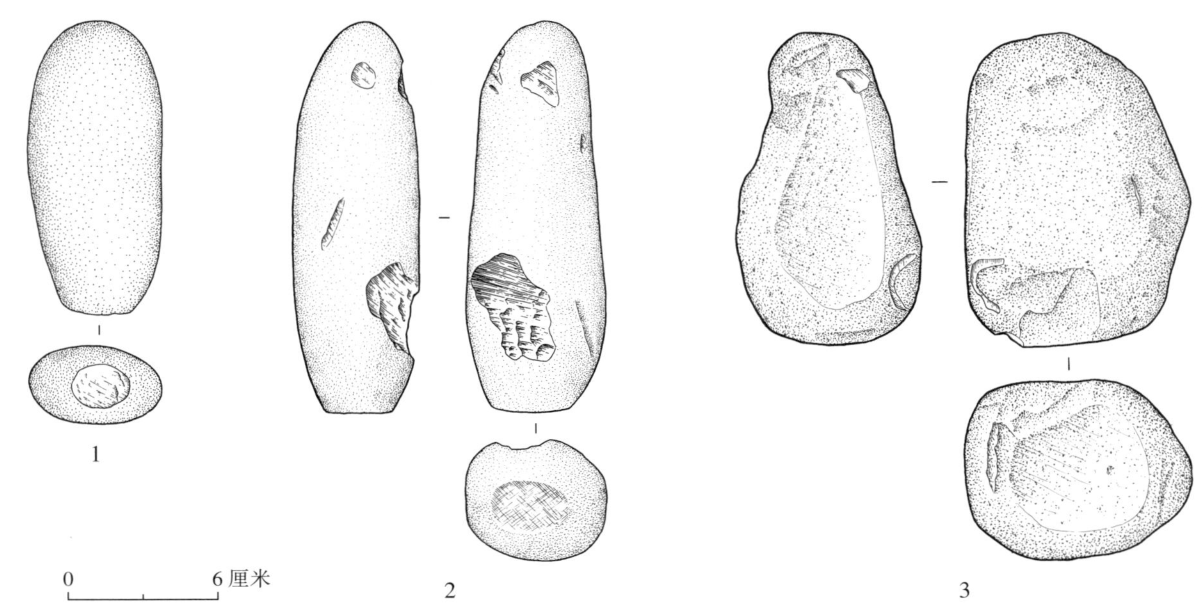

图六五　采集研磨器

1. B采：11　2. B采：12　3. 采：48

有棒形和秤砣形两种。

B采：11，黄褐色细砂岩。器体光滑规整，柄端宽扁，研磨端截面呈圆形。端部有小而平整的研磨面，研磨面相对粗糙，可能同时兼锤捣功能。长12.1、宽5.3、厚3.1厘米，重298克（图六五，1；彩版五六，3）。

B采：12，灰褐色石英砂岩。器体呈圆柱状。器身略显粗糙，近研磨端有深凹的砸击坑疤。研磨面小而平滑。长16、直径5.5厘米，重578克（图六五，2；彩版五六，4）。

采：48，灰绿色辉绿岩，质地较为坚硬致密。器体厚重，略呈秤砣形。器身未见打制痕迹，底面及一侧有轻微磨痕。长12.8、宽8.9、厚7.4厘米，重1304克（图六五，3；彩版五六，5、6）。

第四章　相关问题的讨论

一　采集石器所属期别

整体上看，舍巴遗址采集石器与第一、二期出土石器基本一致，二者很难从形态特征及制作方式上进行区分，但通过石器表面凝结物及石料的对比分析，还是可以对其所属期别做出一个大致的判断。

从石器表面凝结物看，舍巴遗址采集石器分为表面无凝结物、表面有钙及水垢凝结、表面凝结有螺壳三种。根据此前发掘情况可知，第一期贝丘堆积出土石器普遍有螺壳胶结，但也有少量仅有钙结核等凝结物而无螺壳胶结者；第二期棕红色沙黏土堆积出土石器虽然也存在部分胶结有钙结核的现象，但基本未见螺壳胶结，且大部分表面无凝结物。由此可以大致推测，表面有贝壳凝结者应当来自于第一期贝丘堆积，表面有凝结物但无贝壳者及表面洁净无凝结物者来自第一、二期均有可能，但绝大部分可能来自于第二期。

关于这一点，从砍砸器、刮削器、石片这三类劈裂面较大且易于观察对比的打制石器石料特征也可得到印证。从发掘情况看，第一期出土打制石器所选取的石料均为颜色较深的黑灰色辉长岩，而第二期出土的打制石器石料主要以颜色相对较浅的辉绿岩和石英岩为主（见彩版八，1、3）。从采集的打制石器看，表面有贝壳胶结的打制石器同样以黑灰色辉长岩为主，而表面有凝结物但无贝壳者和表面洁净无凝结物者石料特征亦主要以颜色较浅的辉绿岩或石英岩为主，其石料特征与第一、二期基本能够对应。

二　各期文化特征、年代及其与周边文化的关系

（一）第一期文化

第一期为遗址第 5 层，属贝丘堆积。从整个遗址堆积情况看，贝丘为遗址的主体堆积，但由于本次发掘位置地处遗址边缘，故在实际发掘中，贝丘堆积显得较为单薄。本期堆积物以螺、贝、蜗牛等甲壳类软体动物遗骸为主，包含有部分龟鳖、鱼等水生及哺乳动物骨骼。遗物以石制品为主，骨器只发现骨针 1 件，不见陶器及蚌器。石制品数量不多，仅出土 18 件，类别有砍砸器、刮削器、

石片、砺石、石斧、石锛及斧（锛）毛坯几种，以砍砸器、刮削器及石片类打制石器为主，斧、锛类磨制石器次之。除砺石外，石器均以砾石为原料进行制作，其中砍砸器及刮削器均以石片为素材进行简单修整，石片主要通过锐棱砸击的方式进行打片，石片边缘锋利，绝大部分可直接作为刮削器或切割器使用。斧、锛类石器多以砾石进行局部打坯修整，磨制部位以刃部为主，器身基本不进行磨制。从整体上看，本期石器无论是原料的选择、石器的形态特征还是在制作方式方面均和广西其他新石器时代早、中期遗址基本一致，表明其所处年代和广西其他新石器时代早中期遗址大致相当。

关于本期的年代，有两个碳 –14 数据可作参考。本期分别在第 5 层及第 6 层（实为第 5 层底部）各采集到一个炭样进行测年，其中第 5 层碳 –14 年代（BP）为 7960 ± 30，树轮校正年代为 8989BP（92.0%）8697BP；第 6 层碳 –14 年代（BP）为 8145 ± 30，树轮校正年代为 9136BP（90.5%）9007BP（表一）。由于第 5 层为本期堆积层，第 6 层为土质较为纯净的生土层，仅表面偶尔杂有零星螺壳，可以看作是本期人类活动最早残留，因此这两组数据可作为本期年代的上下限来参照。根据碳 –14 测年结果及遗物特征推测，本期年代大致在距今 8000 年上下。

表一　加速器质谱（AMS）碳 –14 测试报告

送样单位　广西文物保护与考古研究所
送 样 人　谢光茂
测定日期　2016.7

LaB 编号	样品	样品原编号	出土地点	碳 –14 年代（BP）	树轮校正后年代	
					1σ（68.2%）	2σ（95.4%）
BA160133	炭	舍巴遗址 T1 ⑤	新石器时代，龙州舍巴遗址	7960 ± 30	8977BP（35.6%）8880BP 8870BP（16.4%）8826BP 8799BP（15.0%）8755BP 8733BP（1.2%）8729BP	8989BP（92.0%）8697BP 8674BP（3.4%）8652BP
BA160134	炭	舍巴遗址 T1 ⑥	新石器时代，龙州舍巴遗址	8145 ± 30	9116BP（7.2%）9105BP 9092BP（61.0%）9022BP	9241BP（2.2%）9221BP 9202BP（2.8%）9177BP 9136BP（90.5%）9007BP

注：所用碳 –14 半衰期为 5568 年，BP 为距 1950 年的年代。

树轮校正所用曲线为 IntCal13 atmospheric curve（Reimer et al 2013），所用程序为 OxCal v4.2.4 Bronk Ramsey（2013）；r: 5.

1. Reimer, P.J., Bard, E., Bayliss, A., Beck, J.W., 2013. IntCal13 and Marine13 radiocarbon age calibration curves 0–50000 years cal BP, Radiocarbon 55, 1869–1887.

2. Christopher Bronk Ramsey 2015, https: //c14.arch.ox.ac.uk/oxcal/OxCal.html.

在与周边文化关系方面，本期与广西史前贝丘属同一生业模式类型，相互之间必然存在一定的联系。广西是我国史前贝丘遗址分布最为密集的区域，目前在左江、右江、邕江、郁江、漓江、黔江等流域及沿海地区均有发现，这类遗址主要分布于河旁台地、洞穴、岩厦及滨海丘陵上，以邕江及左江流域的河旁台地及洞穴岩厦最为集中，目前在这一区域发掘的遗址主要有横县秋江[1]、横县西津[2]、南宁顶蛳山[3]、南宁豹子头[4]、南宁灰窑田[5]、扶绥敢造[6]、扶绥江西岸[7]、崇左冲塘[8]、崇左何村[9]、崇左江边[10]、龙州根村、无名山、宝剑山A洞、龙州大湾、龙州坡叫环等[11]，这些遗址均以螺、贝堆积为主，出土遗物主要有石器、陶器、骨器、蚌器及大量动物骨骼。石器数量较其他类型遗址普遍偏少，主要以砾石为原料进行加工，器类主要有砍砸器、刮削器及斧、锛、凿几种，以斧、锛、凿一类的磨制石器最为普遍；骨、蚌器主要有骨锥、骨针、骨鱼钩、蚌刀、蚌铲等；陶器以夹砂绳纹圜底罐为主，多较细碎。绝大多数遗址有大量墓葬共存，葬式有仰身直肢、仰身屈肢、侧身屈肢、俯身屈肢、肢解葬等。

与上述贝丘遗址相比，舍巴遗址第一期仅有少量石器和个别骨器出土，不见陶器、蚌器及墓葬，这或许与发掘面积较小及发掘位置处于遗址边缘有关，但舍巴遗址第二期也未发现陶片和骨器的事实表明，遗址陶器和骨器可能确实不发达。在石器方面，本期的斧、锛类石器均以砾石为原料在端部及两侧稍微打坯后对刃部进行简单磨制，这一点与其他贝丘遗址基本一致，事实上就斧、锛类石器而言，在双肩石器出现以前的广西所有新石器时代遗址中，无论是贝丘遗址还是非贝丘遗址，在斧、锛类磨制石器的形态及制作工艺方面均无太大差异。但在打制石器方面，本期以石片为坯料简单修整制作砍砸器或刮削器的技术方法相对独特，而且这一技术还被遗址第二期所继承，成为舍巴遗址最具代表性的文化特征之一。从目前考古发现看，这类石器制作工艺在左江上游的坡叫

[1] 广西壮族自治区文物工作队、横县博物馆：《广西横县秋江贝丘遗址的发掘》，《广西考古文集》第二辑，科学出版社，2006年。

[2] 彭书琳、蒋廷瑜：《广西西津贝丘遗址及其有肩石器》，《东南文化》1991年第Z1期。

[3] 中国社会科学院考古研究所广西工作队、广西壮族自治区文物工作队等：《广西邕宁县顶蛳山遗址的发掘》，《考古》1998年第11期。

[4] 中国社会科学院考古研究所广西工作队、广西壮族自治区文物工作队等：《广西南宁市豹子头贝丘遗址的发掘》，《考古》2003年第10期。

[5] 李珍、黄云忠：《南宁市灰窑田新石器时代遗址》，《中国考古学年鉴2007》，文物出版社，2008年。

[6] 广西壮族自治区文物考古训练班、广西壮族自治区文物工作队：《广西南宁地区新石器时代贝丘遗址》，《考古》1975年第5期；部分资料保管于广西文物保护与考古研究所。

[7] 广西壮族自治区文物考古训练班、广西壮族自治区文物工作队：《广西南宁地区新石器时代贝丘遗址》，《考古》1975年第5期；部分资料保管于广西文物保护与考古研究所。

[8] 何安益、陈曦：《广西崇左冲塘新石器时代贝丘遗址发掘新收获》，《中国文物报》2008年5月9日。

[9] 杨清平：《广西左江流域发现新石器时代贝丘遗址新的文化类型——崇左市江州区何村遗址发掘成果》，《中国文物报》2008年6月6日。

[10] 杨清平：《崇左市江边新石器时代贝丘遗址》，《中国考古学年鉴2008》，文物出版社，2009年。

[11] 广西文物保护与考古研究所：《广西左江花山考古（2013～2016）》，文物出版社，2021年。

环和大湾[1]这两处贝丘遗址中亦有明显的体现，这两处遗址不仅在地域上和舍巴遗址较为接近，而且整体文化面貌也较为相似，显示出较为明显的亲缘关系。

（二）第二期文化

第二期包括遗址第3、4层，均为棕红色沙黏土堆积。出土遗物有大量动物骨骼及石器，但不见陶片。石器数量较多，在10平方米发掘范围内被一块天然石灰岩体占据大半发掘面积的情况下，依然出土石器165件，可见石器的密集程度。石器类别有砍砸器、刮削器、手镐、石核、石片、研磨器、石斧、石锛、石凿、斧（锛）毛坯及半成品等，以砍砸器、刮削器及石片等打制石器居多，斧、锛类磨制石器的数量也不少。砍砸器及刮削器绝大多数以石片为素材进行制作，斧、锛类磨制石器依然延续砾石打坯磨刃的传统，除石料的岩性略有差异外，石器类型特征及制作方式与第一期并无太大的差别，但石器的种类及数量均明显增加，这种变动的原因显然是应生业模式的变化而做出的调整。从地层堆积看，本期第4层基本不含螺壳，第3层虽含零星螺壳，但螺壳多朽化成粉末状。由于第一期贝丘堆积主要位于遗址高处，从朽化程度看，这些螺壳显然并非本期人类食用后的废弃物，其由第一期扰入的可能性较大。本期螺壳堆积的消失表明，本期人类获取食物资源的方式由主要依赖捕捞水生软体动物向主要依赖陆地狩猎采集转变。相对于渔猎捕捞为主的生业模式来说，以陆地狩猎和采集为主的生业模式对石器的需求量必然更大，这也是广西这一时期的非贝丘类遗址出土石器数量普遍较贝丘遗址更为密集的原因。

至于本期所处的年代，由于未采集到炭样进行测年，因此只能依靠地层叠压、遗物特征及与其他遗址的对比进行大致推测。

从地层叠压及遗物特征看，本期直接叠压于第一期贝丘堆积之上，二者之间无明显间歇，表明两期文化在时间上前后延续的可能性较大。

从石器特征看，本期出土石器延续了第一期的打片方式及以石片制作砍砸器的传统，在磨制石器方面亦延续了以砾石局部打坯磨刃的加工方式，无论是制作方式还是器形特征均较为一致，表明两期之间在文化上具有明显的承袭关系。

从与其他遗址的对比情况看，本期为棕红色沙黏土堆积，包含大量兽骨及较为密集的石器，类似的地层堆积在广西新石器时代早、中期遗址中多有发现。从目前考古发现看，都安北大岭第一期[2]（彩版六三，1）、马山索塘岭[3]、马山古楼坡[4]、百色革新桥第一期[5]（彩版

［1］广西文物保护与考古研究所：《广西左江花山考古（2013～2016）》，文物出版社，2021年。

［2］林强、谢广维：《河池都安北大岭遗址》，《广西基本建设考古重要发现》，广西科学技术出版社，2015年。

［3］广西文物考古研究所：《广西红水河流域新石器时代遗址考古调查报告》，《广西考古文集》第三辑，文物出版社，2007年。

［4］广西文物考古研究所：《广西红水河流域新石器时代遗址考古调查报告》，《广西考古文集》第三辑，文物出版社，2007年。

［5］广西文物考古研究所：《百色革新桥》，文物出版社，2012年。

六三，2）、桂平大塘城（彩版六三，3）第一期[1]、邕宁顶蛳山第一期[2]均为棕红色沙黏土堆积，且除顶蛳山第一期外，其他遗址均有较为密集的石器分布，如此相同的地层堆积及相似的石器密集度显然并非偶然。鉴于广西新石器时代早、中期文化无论是在石器形态、加工方式还是陶器的特征方面均极为相似，在缺乏一系列可靠碳-14测年数据的情况下，要弄清各遗址之间的具体年代确实存在不小困难，因此这一典型的地层堆积对于判定此类遗址的年代似乎有可供参考之处。

仅就地层的形成来说，在相同或相似因素的综合作用下，同一时空下的地层堆积无论是在土质土色还是包含物方面往往会呈现出一定的共性特征，这种相同或相似的因素包括但不限于相同的自然环境（包括土壤、植被、温度、湿度、降雨量）、相似的形成过程（包括人类活动、洪水淤积）等自然或人为因素。从上述遗址棕红色沙黏土堆积的共性特征看，这些遗址均位于河流沿岸，地层堆积均为含少量细沙的棕红色黏土。由于这类地层大多叠压于生土之上，且所叠压的原生土均为不含沙的黄色黏土，因此堆积中的细沙当与洪水的泛滥有关。而土壤之所以呈现棕红色，很可能是高温高湿条件下土壤中的铁、铝等物质氧化与人类活动综合互动的结果。由此推测，此类地层堆积的形成很可能正好处于气候高温湿热多雨的小环境周期之内，而这类小环境周期很可能就是此类堆积形成的时间范围。

关于这类堆积形成的小环境周期，虽然目前还没有气候环境方面的研究结果可供参考，但从相关遗址的碳-14测年情况看，可能主要集中于距今10000～9000年和8000～6000年两个大的时段。其中顶蛳山第一期和大塘城第一期分别为距今10000年和9000年左右，北大岭第一期和革新桥第一期分别为距今8000余年[3]和6000年上下，索塘岭和古楼坡的年代与北大岭大致相当[4]。从遗址文化面貌及相对年代范围看，舍巴遗址第二期与北大岭及革新桥所处年代范围较为接近，至于其年代更接近于北大岭还是革新桥则可以通过遗物特征的对比进一步明确。

从出土遗物看，革新桥和北大岭均出土了数以万计的石制品，其中北大岭石制品数量更是多达5万余件。在这些石制品中，虽然占大宗的斧、锛类磨制石器无论是从原料的选择还是打坯、磨制技术方面在各个遗址中的表现均较为一致，但研磨器这类在左、右江及红水河流域均有广泛分布的特殊器物却有着相对清晰的演变轨迹。从目前考古发现看，此类器物大致经历了从近圆锥形或近圆柱形到束腰或束颈的秤砣形的演变，其中北大岭出土的研磨器仅见近圆锥形及近圆柱形两种，其形态特征相对原始，而处于右江上游的革新桥遗址除近圆锥形和近圆柱形外，还发展出了大量制作较为精美的束腰和束颈的秤砣形两种形态，而这两种形态的研磨器在左江流域的不少

[1] 谢广维：《贵港桂平大塘城遗址》，《广西基本建设考古重要发现》，广西科学技术出版社，2015年。

[2] 中国社会科学院考古研究所广西工作队、广西壮族自治区文物工作队等：《广西邕宁县顶蛳山遗址的发掘》，《考古》1998年第11期。

[3] 林强：《广西红水河流域新石器时代台地遗址的发现和研究》，《南方文物》2007年第3期。

[4] 林强：《广西红水河流域新石器时代台地遗址的发现和研究》，《南方文物》2007年第3期。

遗址中亦有发现。舍巴遗址发现的研磨器虽然不多，但均未进行打坯修整，而是直接以砾石磨制端部，其形态特征甚至比北大岭还要原始一些。种种迹象表明，舍巴遗址第二期的年代与都安北大岭更为接近，其上接遗址第一期，年代范围大致在距今 8000 ~ 7000 年。

在与周边史前文化关系方面，无论舍巴遗址第一期还是第二期均延续了左江上游地区新石器时代早、中期史前文化打制石器高占比的传统，且通过一次性锐棱砸击打制石片的方式均较为盛行，表明这些遗址之间的关系较为密切。但在砍砸器和刮削器的制作方面，与包括遗址所处的左江上游地区在内的广西诸史前遗址主要采取以砾石为原料直接打制刃部的制作方式不同，舍巴遗址一、二期的砍砸器或刮削器均主要先以砾石采取锐棱砸击的方式打取大块石片，然后再以石片为素材采取单面简单打制刃部的方式进行制作，这是舍巴遗址区别于其他遗址最为典型的特征之一。从目前考古发现看，此类打制石器的制作方式在稍后发掘的龙州坡叫环和大湾遗址中亦有较为明显的体现，且两处遗址均发现有手镐和未经打坯磨刃的近圆锥形或近圆柱形研磨器。种种迹象表明，这类主要以石片为素材进一步制作石器的方式属于左江上游地区史前文化中的一种新类型。

从更大范围来看，舍巴遗址出土的研磨器在左、右江及红水河中上游的扶绥江西岸、扶绥敢造、崇左何村、崇左冲塘、龙州大湾、龙州坡叫环、隆安鲤鱼坡[1]、百色革新桥、百色百达[2]、百色坎屯[3]、巴马坡六[4]、大化江坡[5]、都安北大岭等遗址中均有发现，而这一广西新石器时代最具地域和时代特征的器物类型基本不见于其他地区；除此之外，遗址出土的手镐这类新石器时代以来较为罕见的器物亦主要见于这一区域的龙州无名山、龙州坡叫环、百色革新桥、大化大地坡[6]、都安北大岭等遗址。由此不难看出，左、右江及红水河中上游地区同属一个大的史前文化区域。从各个时期的考古发现看，这一区域的文化不仅在以砾石为原料制作石器的新石器时代早、中期较为接近，到了新石器晚期至商周时期的双肩或梯形的岩块石器阶段亦是如此，即便是到了今天，这一区域的民族、语言、习俗等文化的相似性依然存在。

（三）第三期文化

舍巴遗址第三期与第二期之间存在一层黄褐色沙土淤积间歇层，二者在时间上并不连续，这

[1] 资料现存于广西文物保护与考古研究所。

[2] 谢光茂：《百色右江百达遗址》，《广西基本建设考古重要发现》，广西科学技术出版社，2015 年。

[3] 谢光茂：《百色右江坎屯遗址》，《广西基本建设考古重要发现》，广西科学技术出版社，2015 年。

[4] 广西文物考古研究所：《广西红水河流域新石器时代遗址考古调查报告》，《广西考古文集》第三辑，文物出版社，2007 年。

[5] 广西文物考古研究所：《广西红水河流域新石器时代遗址考古调查报告》，《广西考古文集》第三辑，文物出版社，2007 年。

[6] 广西文物考古研究所：《广西红水河流域新石器时代遗址考古调查报告》，《广西考古文集》第三辑，文物出版社，2007 年。

一点在出土器物方面也有较为明显的体现。

本期仅发现墓葬一座，随葬品有砺石、石锛、凹刃石凿、切割石料、网坠、小石子及圜底陶罐七种。从石器特征看，本期出土的锛、凿等石器均不进行打坯，而是选用硬度较大、质地较为细腻的硅质或玉质等上好的岩块原料进行切割，然后再对切割的石料进行精细磨制。其在石料选择及制作方式上一改广西新石器时代早、中期以来以砾石局部打坯磨刃的传统，全面向精细化、小型化的岩块石器转变。

关于本期的年代，可以通过磨制石器的特征来进行判断。就广西史前文化的发展过程来说，以斧、锛类磨制石器为例，此类石器的制作大致经历以下三个阶段。

第一阶段为以砾石局部打坯磨刃为主要特征的砾石石器阶段。这一阶段的石器主要以砾石为原料对端部或两侧进行局部打坯修整，然后再对刃部进行简单磨制。其主要特征是石料在就近的河滩上采选，打坯方式主要是由两侧或端部向面部剥片修整，通体打制者较少，修整面主要集中于刃部和近刃部的两侧缘，磨制部位亦主要集中于刃部，除个别器类外，基本不见通体磨制者。此类石器数量普遍较大，而且流行时间较长，从磨制技术出现以来一直到双肩石器出现之前均普遍存在，期间并未发生明显的改变。

第二阶段为以岩块通体打坯磨制的双肩石器阶段。这一阶段的斧、锛类石器绝大部分以岩块为原料进行打坯修整，也有少部分以砾石为原料进行打坯的。石器整体数量较第一阶段明显偏少，石料来源不再限于河滩，大部分可能取自更为遥远的旷野。与第一阶段以局部打坯和主要磨制刃部不同，这一阶段的石器以通体打制和通体磨制为主，而且大多有意识的打出肩部，无论是原料的选择还是打坯、磨制技术均较第一阶段有了更高的要求。从目前考古发现看，双肩石器在广西的出现时间目前尚不十分明确，保守估计大致在距今5500年前后，并一直延续至夏商之际。

第三阶段为精致小巧的岩块切割磨制阶段。这一阶段同样主要以岩块为原料对石器进行加工制作，石料的质地普遍比第二阶段更加坚硬细腻，大多为接近玉石的硬质玉料。与前两个阶段在磨制之前普遍对坯料进行打坯修整不同，这一阶段一般不对原料进行打坯修整，而是以扁薄的刀状砂岩直接对原始坯料进行切割制坯，然后再对分割好的坯料进行通体磨制。石器向更加小型化、精致化的方向发展，肩部特征基本消失，并被梯形所取代。与前两个阶段相比，这一阶段石器的整体数量更加稀少，预示着这一时期的生业模式已经发生了较大的改变，可能已经出现了相对成熟的农业技术。伴随着切割及磨制钻孔技术的出现，环、玦、管一类的装饰品在这一阶段也普遍出现。从目前考古发现看，这一阶段的石器流行时间大致为商周时期。

从以上分析可以看出，本期出土石器与第三阶段基本一致，年代亦大致相当。从与周边遗址的对比情况看，舍巴遗址第三期年代明显比武鸣岜旺[1]、弄山[2]及大新歌寿[3]等岩洞葬偏晚一

[1] 广西文物考古研究所、南宁市博物馆：《广西先秦岩洞葬》，科学出版社，2007年。

[2] 广西文物考古研究所、南宁市博物馆：《广西先秦岩洞葬》，科学出版社，2007年。

[3] 广西文物考古研究所、南宁市博物馆：《广西先秦岩洞葬》，科学出版社，2007年。

些，与龙州更洒岩洞葬[1]相比似乎也略微偏晚。从出土的锛及凹刃石凿看，其年代与武鸣敢猪[2]和岜马山[3]岩洞葬基本相当。

在与周边文化关系方面，本期遗物与左、右江及红水河流域的岩洞葬及土坑墓均较为一致，表明二者关系较为紧密，这一点仅从随葬小石子这一共有的文化习俗就可看出。

在本期墓葬中，共发现小石子151颗，这些小石子均为扁椭圆形河卵石，出土时集中摆放于一起。石子大小相差不大，绝大部分长2.8、宽2.3厘米，重7克左右，其中接近26%的小石子还存在明显的加工痕迹，表明其为故意埋放且具有某种特殊的用途。同样的现象在武鸣岜马山岩洞葬、武鸣敢猪岩洞葬、武鸣马头元龙坡墓地[4]均有发现，这些小砾石体形均较小，且数量较多，除岜马山岩洞葬为48颗外，其余单座墓葬随葬的小砾石均超过100颗，其中敢猪岩洞葬更是达到597颗。与舍巴遗址一样，这些小石子出土时均集中堆放，形态大小相对一致，且大部分或全部经过不同程度的加工。尽管目前还无法明确这类小石子的功能和用途，但作为一种共同的文化现象，其表达的文化习俗及意识形态诉求是相同的，因此可以将其作为同一族群文化来加以看待。

（四）舍巴遗址各期文化之间的关系及其变动原因

舍巴遗址由于发掘面积较小，遗迹遗物较少，石器种类较单一，陶器及骨、蚌器均少有发现，这些都对遗址文化面貌的整体认识带来一定的影响。但就遗址本身来说，各期之间的关系还是比较清晰的。从遗物特征来说，舍巴遗址第一、二期之间虽然在生业模式上存在较大的差异，但二者石器特征却极为相似，而且在锐棱砸击石片及以石片为素材制作砍砸器或刮削器这一石器制作技术方面还形成了自己独特的风格特征，表明二者之间为前后相承的关系。但在与第三期文化方面，无论是堆积状况还是遗物特征均表现出明显的断层，表明遗址在第二期之后曾经有过一段长时间的废弃。

关于第一、二期生业模式的转变及第二期以后遗址废弃的原因，一般来说，生业模式的转变或文化的消失无外乎人和环境两大因素，相对而言，环境在早期人类活动中的决定作用往往更大一些。就舍巴遗址生业模式的转变来说，贝丘和非贝丘这两期文化面貌基本一致的群体不太可能因为口味的改变而放弃传统的取食方式，其之所以做出调整，必然与环境的压力有关。而在众多的环境因素中，水位的持续上涨可能是其中的关键。前面我们在讨论遗址第二期年代时曾提到过，第二期棕红色沙黏土堆积的形成时期可能正处于一个高温高湿的小环境周期内，而高温高湿的自然环境与水位的上涨是存在一定的因果关系的。

---

[1] 广西文物考古研究所、南宁市博物馆：《广西先秦岩洞葬》，科学出版社，2007年。
[2] 广西文物考古研究所、南宁市博物馆：《广西先秦岩洞葬》，科学出版社，2007年。
[3] 广西文物考古研究所、南宁市博物馆：《广西先秦岩洞葬》，科学出版社，2007年。
[4] 广西文物保护与考古研究所、南宁市博物馆：《武鸣马头先秦墓》，文物出版社，2020年。

由此我们不妨做这样一个大胆的假设，在第一期人类活动时期，舍巴遗址可能正处于一个气候相对干凉少雨的小环境周期内，受降雨量等气候环境因素的影响，周边河水处于相对低位，遗址周边河岸出现了大量浅滩，为当时人类捕捞螺、贝等食物资源提供了良好的条件，从而形成了以渔猎捕捞为主的生业模式。后来随着气候的逐渐变暖和雨水的增多，河流水位逐步抬升，到了第二期的时候，原先遍布螺、贝的浅滩逐渐被深没于水下，人们不得不放弃捕捞螺贝的传统生活方式，在继续捕捞鱼鳖等水生动物的同时，更多的转向陆地寻求食物资源。实际上就遗址所处河岸环境来说，这种假设是极有可能的。从遗址所处位置看，舍巴遗址位于明江和丽江交汇处，两江河面均较窄且河岸陡直，仅交汇处有相对开阔平缓的河漫滩及沙洲。在水位较低的情况下，从这些河滩上获取食物确实极为便利，也足以满足舍巴这样一个小群体的生活所需。可水位一旦上涨，大部分的河滩和沙洲都将被淹没，以这一河段两岸的陡直程度，在没有河漫滩的情况下，想要获得螺、贝一类的食物资源确实有些困难，由此，对食物来源进行调整也就成为了必然的选择。

更进一步来说，实际上不仅仅是生业模式的转变，舍巴遗址第二期的废弃同样也可能与河水的上涨有关。如前所述，舍巴遗址第二期堆积之上有一层较为纯净的黄色沙土淤积，而这层沙土就是洪水淤积的证据。或许正是由于频繁的洪水袭扰，最终直接导致了遗址所属群体转往他处发展。对于这一点，都安北大岭遗址地层堆积及文化变迁也可作为补充。与舍巴遗址离江面垂直距离较矮不同，处于红水河岸边的北大岭遗址离江面的垂直距离达 20 米左右，以常理揣之，洪水似乎很难上涨到如此高度，但与舍巴遗址一样，在棕红色沙黏土堆积之上也出现了一层较厚的黄色沙土淤积，其最厚之处甚至超过 1 米。鉴于北大岭位于山岭之上，几乎处于山岭的最高处，而且其原生土为不含沙的黄色黏土，由此看来，这层黄色沙土淤积来自洪水淤积的可能性更大。更为巧合的是，这两处遗址海拔高度基本一致，都在 123 米左右，而且不仅仅有文化面貌相似的棕红色沙黏土堆积，甚至在黄色沙土淤积层之上也都出现了文化面貌较为一致的新石器时代晚期堆积。

我们在发掘很多类似遗址时，常常会困惑于同一遗址内两种分别代表砾石局部打坯磨刃石器和双肩或梯形的岩块石器的文化堆积在年代上的断裂和文化面貌上的突变，由此观之，或许正是洪水的袭扰导致了人类活动在相当长一段时期内处于低潮阶段，正如舍巴和北大岭所展示的那样，当人类再次踏足这片土地时，文化面貌已然发生了较大的改变。

三 舍巴遗址石器特征及制作技术探讨

舍巴遗址石器整体上可分为砾石石器和岩块石器两大类，其中第一、二期均为以砾石为原料进行打、磨的砾石石器，第三期主要为以岩块为原料进行切割加工的岩块石器，两类石器不仅在原料的选择上存在着巨大的差异，在制作技术方面亦存在明显的不同，现就两种石器制作技术分别进行说明。

（一）第一、二期石器制作方式

1. 石料的选择

舍巴遗址第一、二期石器主要有纯打制的砍砸器、刮削器、石片及先打坯后磨制的斧、锛、凿两大类，所用石料均为采自河滩的砾石，每类石器依据制作方式及使用功能的不同，在石料的选择方面也各有侧重。从观测结果看，砍砸器、刮削器、石片等打制石器选料相对单一，形态上主要以体形稍大的近扁圆或扁椭圆砾石为主，岩性以辉长岩、辉绿岩及石英岩为主，石料结构均较为致密，不仅硬度大，而且脆性好，非常适合大面积劈裂及局部修整。斧、锛、凿类石器一般以扁长形砾石为原料，岩性种类稍显丰富，石质结构相对细腻，脆性及颗粒结构一般较打制石器小，非常适合局部琢打及磨制。从石料的选择可以看出，这一时期的人群对石料的特性有着较为充分的认识。

2. 各类石器的制作

（1）石片的打制

舍巴遗址第一、二期出土石片较多，总数达到 39 件，占到打制石器总数的 39%。除了纯石片之外，在出土的刮削器、砍砸器、手镐及斧、锛、凿一类的石器中，亦有不少以石片为素材进行制作，如果将此类石片也计算在内的话，则石片在打制石器中的占比会更高，足见石片的打制技术在遗址中的分量。

从石片特征看，舍巴遗址石片绝大多数以砾石为原料一次性打片而成，显示遗址石核的使用效率极为低下，这与遗址位于河边，石料较为充足密切相关。从打片方式看，尽管石片打击点有大有小，但绝大多数均无向背面崩裂的片疤，即便偶有向背面崩裂的，片疤也较细碎，显示石片打制方式主要为锐棱砸击打片。

值得注意的是，遗址出土的石片大多形态规整，边缘锋利，而且不少石片还存在明显的使用痕迹。结合遗址出土的部分砍砸器及刮削器仅对刃部进行简单修整的情况看，石器制作的简单高效及实用性是舍巴人追求的基本原则。从这个角度上讲，这些石片的打片目的可能并非仅仅是为其他石器的制作提供素材或者是加工其他石器时的副产品那么简单，有部分很可能是直接以实用工具为目的进行打片的。事实上从大多数石片的硬度及锋利程度看，其作为切割或刮削的使用效果实际上并不比刮削器及斧、锛类石器差。

（2）刮削器的制作

舍巴遗址出土和采集的刮削器分别为 28 件和 22 件，分别占出土和采集石器总数的 15.3% 和 21.0%。制作方式有石片简单修刃和砾石修刃两种，除 1 件为砾石修刃外，其余均以石片直接修刃而成。砾石修整者修整面相对较大，其一般选取扁圆形砾石从边缘向中间连续单面打片修整，这种加工方式相对费时费力，因此极少采用。石片修刃者修整面较小，其先以砾石为原料通过一次性劈裂的方式打取适合的石片，然后再以石片为素材在边缘单面修制刃部，其制作方式相对简洁高效。

（3）砍砸器的制作

舍巴遗址出土和采集砍砸器共44件，占石器总数的15.3%。石器体形多较扁薄，以横长型侧刃为主，刃缘横向相对较宽，但刃面纵向较短，几乎全部为单面加工，加工方式亦较为简单高效。根据制作方式的不同，可分为砾石直接修刃、砾石打片修整修刃及石片修刃三种。

其中砾石直接修刃者相对较少，仅占砍砸器总数的15.9%。此类砍砸器体形稍显厚重，除个别对砾石进行截断后再在侧边修刃外，其余均直接在砾石的端部或侧面修刃，修整面及修整片疤一般均相对略大，刃面也相对略陡一些。

砾石打片修整修刃者数量更少，只占砍砸器总数的9.1%。与砾石直接修刃不同，此类砍砸器除了对刃部进行打制外，对器身局部也进行打片修整，其制作方式稍微烦琐一些。

石片修刃者数量最多，占到砍砸器总数的75%。其均以体形相对厚重的类石核主石片或主次不太分明的大型石片进行修刃制作，不仅制作方式简捷合理，而且高效实用，显示出舍巴人在砍砸器制作方面的独特技巧，是舍巴遗址在砍砸器制作技术方面最为显著的一个特征。其制作方式大致分为两个步骤，第一步先选取体形大小适中的砾石进行对半或部分劈裂，由于选取的石料都是硬度较大且脆性相对较好的砾石，因此一次性劈裂的成功率均相对较高。在将砾石劈裂后，通过对打下的大块石片或打片后留下的类石核石片远端或侧面的简单修整即可完成砍砸器的制作。

（4）手镐的制作

手镐在舍巴遗址中虽然发现不多，仅占出土石器总数的2.7%，但大部分特征较为鲜明。其制作方式与石片修刃砍砸器一样，均先选取砾石通过一次性劈裂的方式获取适合的石片，然后再从石片两侧向较窄的一端连续单面修制侧刃和尖部，部分石片在修刃前还对一端进行截断。修整片疤大小细密不一，两侧缘及尖部多较锋利。

（5）斧、锛、凿的制作

斧、锛、凿是舍巴遗址石器的主要器类，占到石器总数的39.6%。其制作方式分为打坯和磨制两个环节。

打坯是此类石器制作中较为重要的一环，在这类石器中，除个别未经打坯而是直接以砾石磨制刃部外，其余在磨制之前均进行打坯。坯料的来源有砾石和石片两种，除极个别为石片外，其余均为体形相对扁长的砾石。打坯方式为将石器侧竖或直立垫于石砧之上，一手扶住坯料，另一只手握住石锤按一定的角度由两侧和两端向面部进行交替打片。打击点主要位于器体侧面及端部，片疤主要向单面崩裂。除个别为通体或边缘连续打片修整外，绝大部分仅对器身局部进行零星修整。片疤主要沿两侧缘及端部断续分布，以器身下半段两侧最为集中，器体面部中间多保留砾石面。部分还对侧缘较为锋利的片疤进行琢打，以便于把握。

在打坯完成后，绝大部分石器均进行磨制，也有来不及磨制和磨制未最终完成的，分别将其称之为毛坯和半成品。磨制部位以刃部为主，个别器身局部亦有轻微磨痕，但通体磨制者基本不见。

刃部磨制范围相对较小，磨面以弧面为主，绝大多数为双面磨制，但两面的磨制程度不一，尤以锛类单面磨制程度最为明显。

从此类石器的制作方式看，刃部小范围磨制的特征亦体现了舍巴人在石器制作上简单实用的原则，但打坯却与此相反。从石器的打坯情况看，出于减轻磨制量的考虑，刃部的修整取薄尚容易理解，但两侧及柄端的修整却显得较为多余，除了徒增工作量之外甚至还影响使用时的手持把握。实际上从这类石器相对扁薄的原料特征看，即便是不对刃部进行修整取薄，也可直接快速地完成刃部的磨制。从广西新石器时代早中期诸遗址的发现看，不独舍巴如此，自斧、锛、凿类的磨制石器出现开始，一直到以岩块为主的双肩石器出现为止，几乎所有遗址的斧、锛类石器都采用此类方式进行加工制作。从制作效率及使用效果看，这种打坯磨刃的石器制作方式很可能更多的是出于传统而非实用性的考虑，随着新石器时代晚期岩块石器及砺石切割技术的兴起，这种砾石打坯磨刃的石器制作传统也就逐渐退出了历史的舞台。

（二）第三期石器制作方式

第三期石器以斧、锛、凿为主，均以岩块切割成适合的坯料后再进行磨制，在原料的选择及制作技术上与第一、二期存在本质的区别。

首先，从原料的选择看。第一、二期石器原料均为就地取材，石料均采自遗址附近的河滩，而第三期石器原料均为质地较为坚硬细腻的硅质或玉质岩块，其来源地不详，但极有可能来自于离遗址较远的某个地方。

其次，在坯料的制作方面。第一、二期直接选用大小、形态合适的天然砾石进行打坯，而本期石器均不进行打坯，而是以板状砺石从岩块上切割坯料。

第三，从磨制方式看。第一、二期以刃部磨制为主，器身一般不进行磨制。而本期除刃部外，器身大部分亦进行精细磨制，而且刃部磨面差异也较大。其中第一、二期刃部横截面一般随器身弧度呈弧形，而第三期绝大多数较平整。

舍巴遗址动物考古学研究报告

陈 曦
（南京师范大学社会发展学院文物与博物馆学系）

一 动物群面貌

在舍巴遗址的发掘过程中，随机采集了部分软体动物的壳体，未进行系统取样；全面采集了可见的脊椎动物骨骼，但未对土样进行过筛，因此可能会遗漏部分小动物的骨骼。对可鉴定的脊椎动物标本进行单独编号，编号前缀为“广西舍巴遗址”的缩写“GSB”，编号规则为“GSB- 地层序号 - 每层的标本序号”。

动物骨骼的鉴定参考了相关的动物骨骼图谱、前人的动物考古学研究报告，并借鉴了中国科学院动物研究所、中国科学院古脊椎动物与古人类研究所和南京师范大学文博实验室的现生动物标本。为使行文简洁，上前臼齿、上臼齿分别用 P、M 表示，乳前臼齿用 DP 表示；对应的下牙则用 p、m、dp 来表示。文中的测量单位皆为毫米。

（一）软体动物遗存

软体动物壳体的鉴定主要参考了《中国经济动物志——陆生软体动物》[1]、《中国经济动物志——淡水软体动物》[2]，以及近年对于沟蜷类的综述文章[3]。舍巴遗址中共鉴定出 10 种软体动物，包括腹足纲 7 种和瓣鳃纲 3 种。这些类群多数是左江流域及附近地区的现生种类。值得一提的是，舍巴遗址中越南沟蜷的形态与现生种相近，但尺寸较广西地区的现生同类要大得

---

［1］陈德牛、高家祥：《中国经济动物志——陆生软体动物》，科学出版社，1987 年。

［2］刘月英等：《中国经济动物志——淡水软体动物》，科学出版社，1979 年。

［3］Du L. N. and Yang J. X., “A review of *Sulcospira* (Gastropoda: Pachychilidae) from China, with description of two new species.” *Molluscan Research*, 39.3 (2019), pp. 241-252.

多[1]，其原因尚有待探析。舍巴遗址的软体动物种类如下：

软体动物门 Mollusca

腹足纲 Gastropoda

前鳃亚纲 Prosobranchia

中腹足目 Mesogastropoda

田螺科 Viviparidae

圆田螺属 *Cipangopaludina*

1. 圆田螺未定种 *Cipangopaludina* sp.（图 1: A）

环棱螺属 *Bellamya*

2. 环棱螺未定种 *Bellamya* sp.（图 1: B/C）

角螺属 *Angulyagra*

3. 多棱角螺 *Angulyagra polyzonata*（图 1: D/E）

厚唇螺科 Pachychilidae

沟蜷属 *Sulcospira*

4. 越南沟蜷 *Sulcospira tonkiniana*（图 1: F/G/H/I）

环口螺科 Cyclophoridae

环口螺属 *Cyclophorus*

5. 环口螺未定种 *Cyclophorus* sp.（图 1: J/K1/K2）

肺螺亚纲 Pulmonata

柄眼目 Stylommatophora

坚齿螺科 Camaenidae

坚螺属 *Camaena*

6. 皱疤坚螺 *Camaena cicatricose*（图 1: L1/L2）

巴蜗牛科 Bradybaenidae

射带蜗牛属 *Laeocathaica*

7. 射带蜗牛未定种 *Laeocathaica* sp.（图 1: M）

瓣鳃纲 Lamellibranchia

真瓣鳃目 Eulamellibranchia

蚌科 Unionidae

丽蚌属 *Lamprotula*

[1] Du L. N. and Yang J. X., "A review of *Sulcospira* (Gastropoda: Pachychilidae) from China, with description of two new species." *Molluscan Research*, 39.3 (2019), pp. 241-252.

图 1　舍巴遗址动物遗存：软体动物

A: 圆田螺未定种； B/C: 环棱螺未定种； D/E: 多棱角螺； F/G/H/I: 越南沟蜷； J/K1/K2: 环口螺未定种； L1/L2: 皱疤坚螺； M: 射带蜗牛未定种； N1/N2: 多瘤丽蚌； O1/O2: 铆钮尖丽蚌； P1/P2: 圆顶珠蚌

比例尺：N1–2/O1–2 为 10 cm； 其余标本为 5 cm

8. 多瘤丽蚌　*Lamprotula polysticta*（图 1: N1/N2）

尖丽蚌属　*Aculamprotula*

9. 铆钮尖丽蚌　*Aculamprotula nodu losa*（图 1: O1/O2）

珠蚌属　*Unio*

10. 圆顶珠蚌　*Unio douglasiae*（图 1: P1/P2）

对于保存较完整的软体动物壳体，测量其高度和宽度，它们的数值区间如下（表 1）。

表 1　舍巴遗址各类软体动物的测量

	圆田螺未定种	环棱螺未定种	多棱角螺	越南沟蜷	环口螺未定种	皱疤坚螺	多瘤丽蚌	铆钮尖丽蚌	圆顶珠蚌
数量	47	7	9	130	18	1	5	12	1
壳高	16.2~37.3	21.9~25.0	22.1~26.6	29.5~54.2	32.2~36.1	37.2	59.1	46.1~65.4	42.6
壳宽	12.2~27.1	13.8~14.7	15.4~18.0	14.7~23.6	35.8~42.7	54.3	49.5	60.3~87.6	25.2

（二）鱼类遗存

鱼类遗存的鉴定参考了现生鱼类的比较解剖资料[1][2]。国内遗址中，高庙遗址[3]、贾湖遗址[4]和田螺山遗址[5]的鱼类遗存鉴定较为深入，其报告也是我们参考的依据。鱼类咽齿的术语和测量方法参考中岛经夫等[6]。现将舍巴遗址的鱼类遗存描述如下：

硬骨鱼纲　Osteichthye

鲤形目　Cypriniformes

鲤科　Cyprinidae

鲃亚科　Barbinae

鲃亚科未定种　Barbinae gen. et sp. indet.

材料：1 件左侧咽骨（图 2: A），保存了前腕，以及大部分的生齿面。

描述：咽骨前腕相当狭窄，前端显著地折向内下方。咽齿冠面无存，根部呈前后径较大的椭圆形。根据齿槽可辨识出如下的咽齿：A1 ～ A4、B1 ～ B2、C1。由于生齿面后部残损，因此可能还有缺失的咽齿。现生鲃亚科鱼类的咽骨较为纤细，齿式约为 5.3.1，与上述标本相符。

雅罗鱼亚科　Leuciscinae

青鱼属　*Mylopharyngodon*

青鱼　*Myloppharyngodon piceus*

材料：1 件右侧咽骨（图 2: B）。

描述：咽骨粗壮；咽齿仅有一列，皆大而圆钝，表面无沟。该标本仅保存了 A1 和 A2 齿，结合齿槽可知应有 4 枚咽齿。A1 齿前后径 12.8，内外径 14.3+；A2 齿前后径 8.4，内外径 12.3。

鲤属　*Cyprinus*

鲤属未定种　*Cyprinus* sp.

材料：1 件右侧咽骨标本（图 2: C），前腕残缺。

描述：根据咽骨的齿槽，可知 A 列应有 3 枚咽齿，但仅保存了 A3 齿；B 列和 C 列则各有 1 枚咽齿。A3 齿前后径 5.3，内外径 13.2，咀嚼面有一条横向沟。该咽齿的齿列和形态与鲤属相符。现龙州地区特有的鲤鱼为龙州鲤（*Cyprinus longzhouensis*），特点是 A2 齿仅有一条咀嚼面沟；可

---

［1］孟庆闻、苏锦祥、李婉端：《鱼类比较解剖》，科学出版社，1987 年。

［2］陈星玉：《雅罗鱼亚科咽骨及咽齿的研究》，《动物学研究》1986 年第 2 期。

［3］莫林恒：《高庙遗址出土鱼类遗存研究》，湖南大学硕士学位论文，2011 年。

［4］中岛经夫等：《河南省舞阳县贾湖遗址出土的鲤科鱼类咽齿研究》，《第四纪研究》2015 年第 1 期。

［5］中岛经夫等：《田螺山遗址 K3 鱼骨坑内的鲤科鱼类咽齿》，《田螺山遗址自然遗存综合研究》，文物出版社，2011 年。

［6］中岛经夫等：《河南省舞阳县贾湖遗址出土的鲤科鱼类咽齿研究》，《第四纪研究》2015 年第 1 期。

惜舍巴标本未保存 A2 齿，无法与之对比。

鲌亚科 Cultrinae

鲌亚科未定种 Cultrinae gen. et sp. indet.

材料：1 件右侧咽骨（图 2: D）。

描述：该咽骨仅保存了生齿面，咽齿均已脱落。根据齿槽可知 A 列有 4 或 5 枚咽齿，齿式为 5(4) .3.2。咽骨生齿面较宽，前支较为狭长。这些特征与鲌亚科相符。

鲇形目 Siluriformes

鲶科 Siluridae

鲶属 *Parasilurus*

鲶属未定种 *Parasilurus* sp.

材料：1 件胸鳍棘（图 2: F），仅保存近端。

描述：骨骼粗壮，关节面呈圆盘状隆出，前缘锯齿细小，后缘无锯齿。

鲿科 Bagridae

黄颡鱼属 *Pelteobagrus*

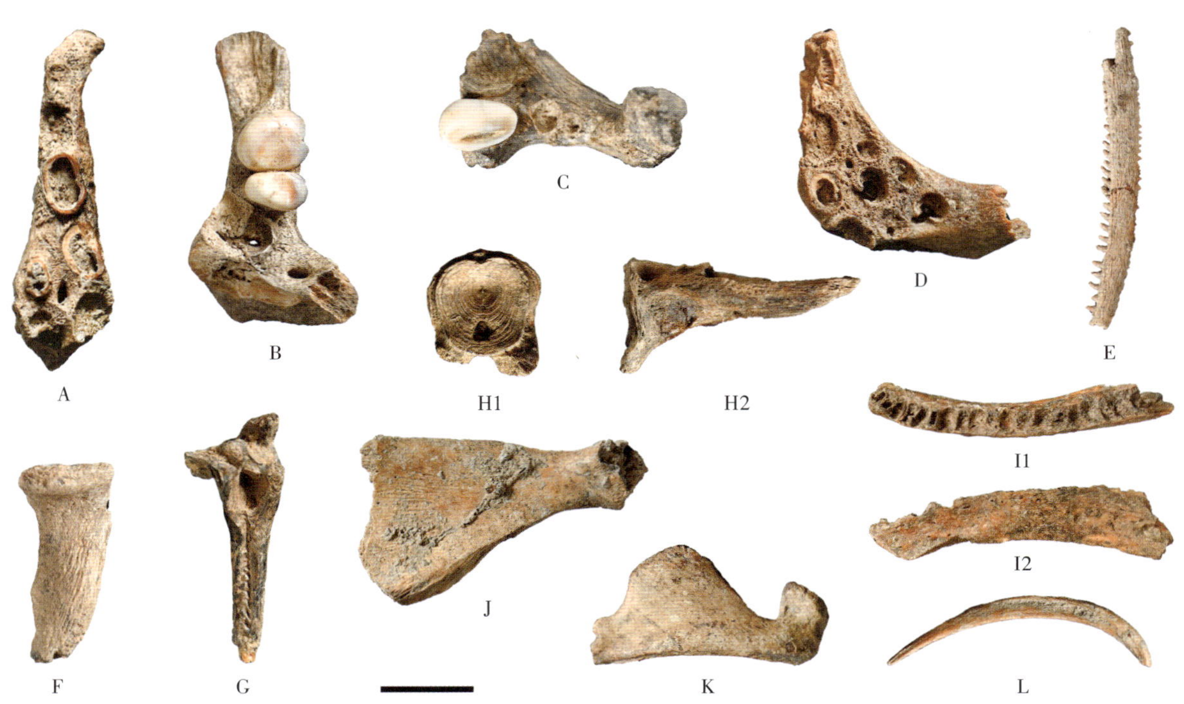

图 2 舍巴遗址动物遗存：鱼类

A: 鲃亚科未定种，咽骨；B: 青鱼，咽骨；C: 鲤属未定种，咽骨；D: 鲌亚科未定种，咽骨；E: 黄颡鱼属未定种，胸鳍棘；F：鲶属未定种，胸鳍棘；G：未定种，胸鳍棘；H1–2：未定种，基枕骨；I1–2：未定种，上颌骨；J：未定种，舌颌骨；K：未定种，前颌骨；L：未定种，肋骨

比例尺：A/C/D/L 为 1 cm；B/E/F/G/H1–2/I1–2/J/K 为 2 cm

黄颡鱼属未定种　*Pelteobagrus* sp.

材料：1 件胸鳍棘（图 2: E），近端关节面缺失。

描述：该标本骨体纤薄，后缘锯齿发育，前缘有小的锯齿，且排列整齐。

此外，由于作者研究水平有限，还有不少近乎完整的鱼类骨骼，如鳃盖骨、齿骨、舌颌骨、前颌骨、胸鳍棘、基枕骨、脊椎骨等，未能鉴定到具体属种（图 2：G ~ L）。

舍巴遗址鱼类遗存，就常识而言，显然都是相当大的个体。以青鱼为例，咽骨与体长存在大致的比例关系[1]，即体长约相当于咽骨长度的 12.14 倍；舍巴遗址青鱼咽骨的长度为 64，估算体长约 777。现生鲤鱼 A2 齿的尺寸与体长也有较好的对应关系[2]。舍巴遗址鲤鱼 A3 齿的前后径 5.3，内外径 13.2，若此为 A2 齿的尺寸，则该个体的体长为 621.5。通常情况下，A2 齿远大于 A3 齿，因此该鲤鱼的体长或在 1 米左右。

（三）龟鳖类遗存

舍巴遗址的龟鳖类遗存有龟和鳖两类。这两类动物的甲片较易辨识，但肢骨难以区分。舍巴遗址的鳖类遗存有两种，一种个体巨大，背甲纹饰相当深（图 3: H）；另一种个体较小，背甲纹饰较浅（图 3: I）。从肢骨的尺寸可知，遗址中以个体较大的龟鳖类为主。其中 1 件股骨上呈现病理特征（图 3: G）。

（四）蛇类遗存

爬行纲　Reptilia

有鳞目　Squamata

眼镜蛇科　Elapidae

眼镜蛇科未定种　Elapidae gen. et sp. indet.

材料与测量：1 件脊椎（GSB-4-17； 图 4: A）；长 13.0，宽 16.0+，高 14.2。

描述与讨论：该脊椎的长度显著地小于宽度，棘突呈薄片状，椎体下突很发育，符合于眼镜蛇科的特点。

（五）鸟类遗存

鸟纲　Aves

鸟纲未定种　Aves sp.

材料：1 件残破的左侧乌喙骨（GSB-4-7； 图 4: B），缺乏鉴定特征，难以归类。

---

[1] 陈星玉：《雅罗鱼亚科咽骨及咽齿的研究》，《动物学研究》1986 年第 2 期。

[2] 中岛经夫等：《田螺山遗址 K3 鱼骨坑内的鲤科鱼类咽齿》，《田螺山遗址自然遗存综合研究》，文物出版社，2011 年。

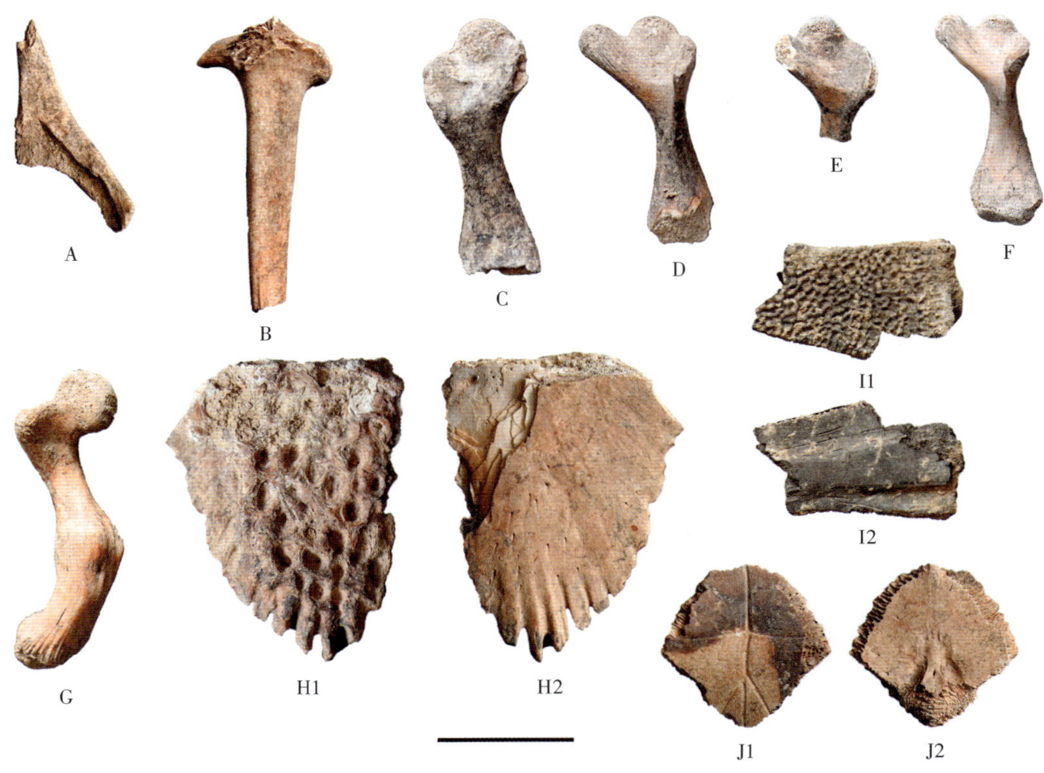

图 3　舍巴遗址动物遗存：龟鳖类

A：未定种，右侧下颌； B：未定种，肩带； C/D/E/F：未定种，第 4 层肱骨； G：未定种，股骨病理现象； H1–2：大型鳖类，甲板； I1–2：小型鳖类，甲板； J1–2：龟类，甲板

比例尺：2 cm

（六）哺乳类遗存

哺乳纲　Mammalia

啮齿目　Rodentia

松鼠科　Sciuridae

松鼠科未定种　Sciuridae gen. et sp. indet.

材料与测量：1 件右侧股骨的近端及骨干，第三转子略残（GSB-4-27； 图 4: C）。近端宽 9.6，第三转子区宽 10.5+，股骨头厚 5.1。

描述与讨论：骨干纤薄，股骨头圆隆，大转子偏向内侧；小转子近三角形，内缘略超出股骨头；第三转子发育，呈翼状伸展。该股骨符合树栖型松鼠的形态，参见文献（Isaac et al., 2018, Figure 5: g）[1]；但因缺乏对比材料，暂不能鉴定到种。

[1] Isaac, Casanovas-Vilar et al., “Oldest skeleton of a fossil flying squirrel casts new light on the phylogeny of the group.” *Elife*, 7 (2018), pp. 1-48.

豪猪科 Hystricidae

帚尾豪猪属 *Atherurus*

帚尾豪猪 *Atherurus macrourus*

材料与测量：1 件保存了颊齿齿槽的左侧下颌骨（GSB-5-17；图 4: D）；自齿槽处测得颊齿列（p4~m3）的长度为 19.8。

描述与讨论：龙州地区的新石器遗址中曾发现两种豪猪：大型的马来豪猪和小型的帚尾豪猪。龙州大湾遗址和无名山遗址的帚尾豪猪保存了完整的 p4~m3，其在齿槽处的颊齿列长度为

图 4 舍巴遗址动物遗存：蛇类、鸟类、哺乳类

A：眼镜蛇科未定种，脊椎；B：鸟纲未定种，左侧乌喙骨；C：松鼠科未定种，右侧股骨；D：帚尾豪猪，左侧下颌骨；E：马来豪猪，左侧下颌骨；F：穿山甲未定种，左侧肱骨；G：现生中华穿山甲，左侧肱骨；H：猴科未定种，右侧髋骨；I：猴科未定种，左侧股骨；J：猴科未定种，右侧跟骨

A1/B1/H2/J：背侧视；A2/B2：腹侧视；A3/C1/F1/G1/I1：前侧视；A4/C2/F2/G2/I2：后侧视；D1/E1/H1：外侧视；D2/E2：冠面视

比例尺：A1–4/B1–2/C1–2/D1–2/E1–2/I1–2/J 为 2 cm；F1–2/G1–2/H1–2 为 4 cm

20.0~21.3，与舍巴标本相近。

豪猪属 *Hystrix*

马来豪猪 *Hystrix brachyura*

材料与测量：1件左侧下颌残段带p4、m1（GSB-3-69；图4: E）；p4长8.8+，宽5.0；m1长8.4，宽5.3。

描述与讨论：该标本下颊齿的尺寸明显大于帚尾豪猪，应属于体型较大的马来豪猪。

鳞甲目 Pholidota

穿山甲科 Manidae

穿山甲属 *Manis*

穿山甲未定种 *Manis* sp.

材料与测量：1件左侧肱骨的远端部分，外侧破损，骨干的前内侧被纵向砍削（GSB-3-56；图4: F）；远端残宽为29.4。

描述与讨论：该肱骨远端前后向很薄，且滑车相当圆隆，说明肘关节的扭转角度较大；髁上突特别发达，且极度向内侧延伸；髁上孔处虽被砍断，仍可见其相当发育。以上均是掘地型动物的特点，与现生中华穿山甲基本一致（图4: G）。

穿山甲科共有三个现生属，其中穿山甲属分布在亚洲。穿山甲属分四种，在我国的是中华穿山甲（*Manis pentadactyla*）。由于华南与东南亚属于同一动物地理区，且我们的标本仅为一件残破的肱骨，因此暂作未定种处理。

灵长目 Primates

猴科 Cercopithecidae

猴科未定种 Cercopithecidae gen. et sp. indet.

材料与测量：1件右侧髋骨，保存了髋臼，以及部分坐骨和髂骨（GSB-4-05；图4: H）；髋臼长22.5，髂骨干最小高17.6。1件左侧股骨的近端，股骨头被横向切断（GSBS-5-14；图4: I）；近端宽31.3。1件近乎完整的右侧跟骨（GSB-4-36；图4: J）；最大长30.6+，最大宽16。

描述与讨论：髂骨整体狭长，背侧向内倾斜，髂骨翼外侧呈内凹的窝状；髂后背嵴特别发育，并向内侧伸展；髂骨的腹侧较宽，斜向内上方，形成一处平面；髋臼为正圆形，髋臼窝深陷于月状面的下方。

猴类与食肉类的髋骨较为相似，但也有明显的不同：猴类的髂骨斜向内侧，而食肉类的近于直立；猴类的髂骨翼明显比食肉类的长；猴类的髋臼窝比食肉类的深。猴类股骨的近端也和食肉类相似，不同的是猴类的小转子特别发育，在内侧明显超出骨干。猴类跟骨的跟骨管较短，背侧视骨体稍有弯曲，中部凸向外侧。由于尚未发现牙齿，暂不能鉴定到属、种。

食肉目 Carnivora

鼬科 Mustelidae

鼬獾属　*Melogale*

鼬獾未定种　*Melogale* sp.

材料与测量：1 件完整的右侧肱骨（GSB-4-30；图 5: A）；最大长 56.5，内侧长 54.9，近端宽 12.1，近端厚 13.7，骨干最小宽 5.0，远端最大宽 15.6。

描述与讨论：该肱骨骨干较直，宽度均匀；肱骨头较大，三角肌粗隆显著；远端滑车窄，内上髁、外上髁发育，髁上孔显著。鼬科动物根据其行为特征可分为掘地型（Fossorial）、游泳型（Natatorial）、攀爬型（Scansorial）和广适型（Generalized），它们的肱骨形态也各有特

图 5　舍巴遗址骨骼标本：哺乳类、人类

A：鼬獾未定种，右侧肱骨；B：熊属未定种，右侧第五掌骨；C：大灵猫未定种，左侧下颌骨；D：果子狸，右侧下颌；E：椰子狸，左侧下颌；F：野猪，右侧 m1；G：野猪，左侧肱骨；H：野猪，左侧桡骨；I：小麂，左侧角枝；J：小麂，右侧下颌；K：小麂，右侧股骨；L：小麂，右侧肱骨；M：水鹿，右侧下颌；N：水鹿，右侧肱骨；O：智人，跟骨；P：智人，肩胛骨

比例尺：C1–2/D1–2/E1–2/F 为 2 cm；A1–2/B1–3/G/H1–2/I/J1–2/K/L/M1–2/N/O1–2/P1–2 为 4 cm

点[1]。该肱骨的形态接近于广适型鼬科动物，且个体很小，这里暂作鼬獾未定种处理。

熊科 Ursidae

熊属 *Ursus*

熊属未定种 *Ursus* sp.

材料与测量：1 件完整的右侧第五掌骨（GSB-5-13； 图 5: B）；全长 59.1，远端宽 14.9。

描述与讨论：现生熊类和大熊猫的掌骨在形态和尺寸上均较为接近。该标本的近端关节面呈掌侧较宽的三角形，而大熊猫的近似于上宽下窄的四边形，据此可判断舍巴标本是属于熊科的。广西地区在更新世和现生动物群中均可见两种熊类化石：亚洲黑熊（*Ursus thibetanus*）和马来熊（*Ursus malayanus*），它们在掌骨上的区别还不清楚，因此暂作未定种处理。

灵猫科 Viverridae

大灵猫属 *Viverra*

大灵猫未定种 *Viverra* sp.

材料与测量：1 件左侧下颌水平支，带 p4、m1 和 m2 的齿槽（GSB-3-62； 图 5: C）。沿齿槽处测得 m1 长 15.0，宽 6.1。

描述与讨论：下颌纤长，具两枚臼齿；m1 较长，从齿槽可知跟座应长过三角座；m2 很小，位于 m1 的后内侧。以上特征及尺寸与大灵猫属相符，暂不能鉴定到种。

果子狸属 *Paguma*

果子狸 *Paguma larvata*

材料与测量：1 件右侧下颌水平支，保存了 m1，以及 p4 和 m2 的齿槽（GSB-4-26； 图 5: D）。m1 长 10.2，宽 6.9，下颌骨在 m1 后的高度为 13.4。

描述与讨论：m1 的外形圆润，下前尖横置，下后尖在下原尖之后，跟座短宽。果子狸的下颊齿具有膨大的基部和低矮圆钝的齿尖，较易辨识。

椰子狸属 *Paradoxurus*

椰子狸 *Paradoxurus hermaphroditus*

材料与测量：1 块带 dp4 的左侧下颌水平支，m1 正在齿窝中萌发（GSB-4-25； 图 5: E）。dp4 长 7.9，宽 4.4。

描述与讨论：dp4 冠面近长三角形，齿尖圆钝，齿根纤细；下前尖稍尖，下后尖小，附于下原尖的后内侧，跟座宽过三角座。

猪科 Suidae

猪属 *Sus*

---

[1] Brandon M. Kilbourne, "Selective regimes and functional anatomy in the mustelid forelimb: Diversification toward specializations for climbing, digging, and swimming." *Ecology and Evolution*: 7.21 (2017), pp. 8852-8863.

野猪　*Sus scrofa*

材料与测量：1 件右侧 m1（GSB-3-31；　图 5: F）；长 19.8，宽 12.3。1 件左侧肱骨的远端（GSB-3-24；　图 5: G）；远端滑车宽 37.3，远端最大宽 51.8。1 件左侧桡骨的近端（GSB-3-26；　图 5: H）；近端关节面宽 34.1，近端最大宽 34.8。

描述与讨论：舍巴遗址的猪类材料中，缺乏头骨、下颌或 m3 等区分家猪、野猪的关键部位。尽管如此，测量值对比显示，舍巴遗址的标本比考古遗址中的家猪要大。舍巴遗址的 m1 长 19.8，新石器时代晚期云南海门口遗址的家猪为 12.9 ～ 16.5；舍巴遗址猪类肱骨的远端宽度为 51.8，而中原地区仰韶至战国时代的家猪多数小于 44，海门口遗址的家猪为 31.0 ～ 49.4；舍巴猪类桡骨的近端宽度为 34.8，海门口遗址的家猪为 19.8 ～ 31.3[1]。由于舍巴遗址猪类遗存的体型较大，以及在动物群中的占比较小，推断其为野猪。

鹿科　Cervidae

麂属　*Muntiacus*

小麂　*Muntiacus reevesi*

材料与测量：1 件左侧角枝（GSB-3-34；　图 5: I）；角干长 91.9，眉枝长 14.2，角基周长 77.0。1 件右侧下颌的水平支，带 p2 及 m1~3（GSB-3-45；　图 5: J）；m1~3 长 33.8，p2~m3 长 57.3。1 件右侧股骨近端（GSB-5-04；　图 5: K）；近端最大宽 31.9，股骨头最大厚 15.0。1 件右侧肱骨远端（GSB-4-11；　图 5: L），远端滑车宽 18.2，远端最大宽 21.3。

描述与讨论：龙州地区的现生麂类动物有小麂和赤麂两种，新石器时代考古遗址中也曾发现过大角麂[2]。舍巴遗址麂类下臼齿的颊侧齿柱发育，有细密的皱褶；齿列长度小于赤麂，在现生小麂的变异范围之内。舍巴遗址的麂类角柄虽不完整，但可见其眉枝极短，而赤麂的眉枝通常更加发育[3]。目前，舍巴遗址中可辨识的麂类遗存都是属于小麂的。

鹿属　*Cervus*

水鹿　*Cervus unicolor*

材料与测量：1 件右侧下颌带 p3 ～ m3（GSB-3-72；　图 5: M）。p3 长 17.0，宽 7.6；p4 长 17.7，宽 9.9；m1 长 18.8，宽 12.4；m2 长 23.4，宽 13.3；m3 长 29.2，宽 13.2；m1~3 长 73.6。1 件右侧肱骨远端（GSB-3-12；　图 5: N）；远端关节面宽 55.3，远端最大宽 62.5+。

描述与讨论：舍巴遗址的鹿类牙齿，外形硕大，珐琅质很厚，表面有粗糙的褶皱；下臼齿舌侧的主尖很发育，颊侧有锥状的齿柱（附尖）。肢骨的测量值较大，超出现生梅花鹿的变异范围。水鹿是华南现生鹿类中体型最大的种类。舍巴遗址的大中型鹿类骨骼皆较为破碎，从大小判断，

---

[1] Wang Juan, *A Zooarchaeological Study of the Haimenkou Site, Yunnan Province, China*. Oxford: BAR Publishing, 2018, pp. 1–200.

[2] 陈曦、杨清平、江左其杲：《广西左江流域新石器时代贝丘遗址动物考古学研究》，《南方文物》2019 年第 2 期。

[3] 盛和林：《中国鹿类动物》，华东师范大学出版社 , 1992 年。

其中多数应属于水鹿，但不能排除存在梅花鹿的可能性。

（七）人类骨骼

舍巴遗址也出土了少量的人类骨骼，包括下颌、肩胛骨、跟骨等部位（图 5: O/P）。这些人类骨骼混杂在动物骨骼之中，表面被火烧烤，有的还见到新鲜状态下形成的破裂面或人工切割痕。上述现象表明它们并非来自于被扰动的墓葬，而很可能是食人或祭祀行为的产物。

二 骨骼标本量化分析

（一）软体动物

舍巴遗址的软体动物遗存包括腹足纲的“螺类”和瓣鳃纲的“蚌类”。由于未开展系统采样，因而无法对遗址中的介壳进行精确的量化统计。尽管如此，根据对发掘现场的观察，以及采集标本的相对比例，还是可以做出大致的判断。就种类而言，各种“螺类”的介壳占绝大多数，其中又以越南沟蜷和田螺居多；“蚌类”较少，主要是体型较大的丽蚌（见表 1）。在层位分布上，第 5 层是软体动物介壳的富集层，3、4 层的介壳很少，且风化严重。舍巴遗址的软体动物丰度从第一期到第二期急剧降低。

（二）脊椎动物

舍巴遗址的脊椎动物遗存分属鱼纲、爬行纲（龟鳖类和蛇类）、鸟纲和哺乳纲，共计 991 件。标本数以哺乳类为主，占 68.9%；龟鳖类和鱼类也较多，分别占 19.4% 和 11.3%；鸟类和蛇类很少，各占 0.3% 和 0.1%（表 2）。从历时性观察，脊椎动物标本从早到晚逐渐增多，且主要表现为哺乳动物数量的增加；鱼类和龟鳖类的数量在各层中都较为稳定，但占比逐层降低。

表 2 舍巴遗址各类群标本数统计

	鱼类	龟鳖类	鸟类	蛇类	哺乳类	总数
3 层	43	71	–	–	400	514
4 层	36	54	3	1	181	275
5 层	33	67	–	–	102	202
总数	112	192	3	1	683	991

1. 龟鳖类

舍巴遗址的龟鳖类遗存共计 192 件，主要是各部位的甲板，也有少量的内骨骼，如下颌骨、肱骨、股骨、肩带等。龟鳖类的最小个体数可依据肢骨数量计算。不同层位中，龟鳖类的标本数和个体数分布较为均匀（表 3）。

2. 鱼类

舍巴遗址的鱼类遗存共 112 件，其中多数是脊椎和头骨碎块，少部分为支鳍骨（表 4）。因未能全部鉴定，无法统计其最小个体数。

表 3　舍巴遗址龟鳖类标本数统计

层位	甲板	肢骨	头骨 / 下颌	标本总数	个体数
3 层	61	10	–	71	4
4 层	39	14	1	54	4
5 层	57	10	–	67	4
总数	157	34	1	192	12

表 4　舍巴遗址鱼类标本数统计

层位	脊椎	头骨	支鳍骨	标本总数
3 层	25	15	3	43
4 层	12	14	10	36
5 层	6	17	10	33
总数	43	46	23	112

3. 哺乳动物

舍巴遗址的哺乳动物标本共有 683 件，其中可鉴定标本 313 件，占总数的 45.8%。不少碎骨虽难以鉴定到种，但可以归入较高的分类单元，我们也将之视为可鉴定标本，并归入啮齿类、食肉类、麂类、鹿类、野猪和猴类等六个大类。

动物考古学研究中，衡量类群丰度的常见指标包括可鉴定标本数（NISP）、最小骨骼部位数（MNE）和最小个体数（MNI）[1]。舍巴遗址中有蹄类（鹿类、麂类、野猪）的肢骨十分破碎，致使其 NISP 严重偏高；另一方面，每个类群的标本量都较少，且类群间分布不平衡，因而 MNI 的统计也会失真。相比较而言，MNE 反映了破碎标本所能代表的完整骨骼的数量，相对较好地反映舍巴动物群的类群丰度。

各个类群的 MNE 统计显示，鹿科动物（鹿类和麂类）占比 50% ～ 62%，是舍巴动物群的优势类群。食肉类，主要是小型的鼬科动物和灵猫科动物，数量也较多，在 3、4 层均超过 20%。啮齿类和野猪在各层中的比例都介于 5% ～ 12%，居于相对次要的地位。猴类的数量很少，且呈逐渐减少的趋势，到第 3 层完全消失（图 6；表 5）。

［1］Lyman R. L., *Quantitative paleozoology*, Cambridge: Cambridge University Press, 2008.

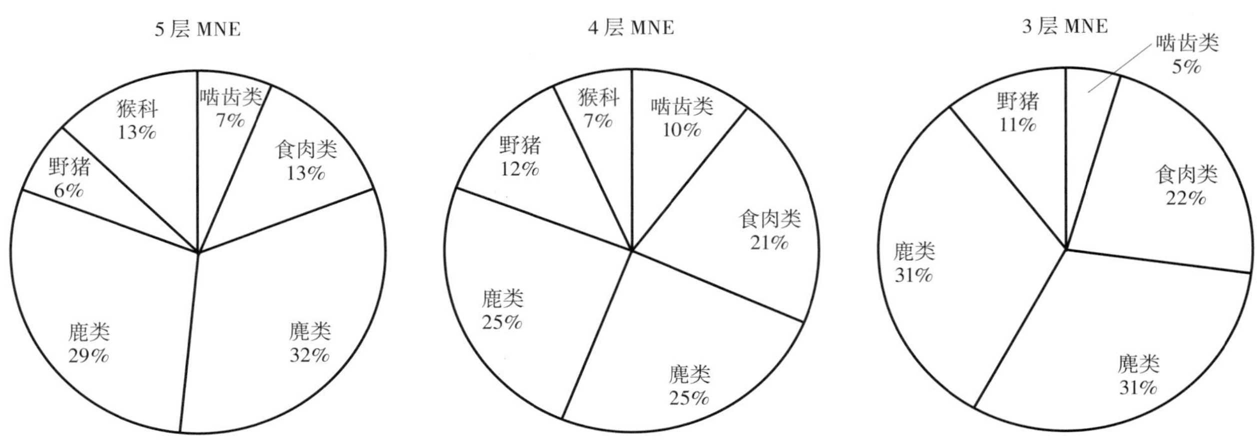

图6 舍巴遗址哺乳动物不同类群 MNE 对比

表5 舍巴遗址哺乳动物标本统计

	3层			4层			5层		
	NISP	MNE	MNI	NISP	MNE	MNI	NISP	MNE	MNI
啮齿类	5	5	3	6	6	2	2	2	2
食肉类	23	23	5	12	12	5	4	4	3
鹿类	40	32	5	17	14	3	10	10	3
鹿类	123	32	4	27	14	3	9	9	2
野猪	13	11	3	7	7	2	2	2	2
猴类	–	–	–	4	4	2	4	4	2
总计	204	103	20	73	57	17	31	31	14

在不同层位中，骨骼部位的MNE分布基本相似，都是以四肢骨居多，次是脚骨，再次为头骨/下颌、肩腰带，中轴骨（脊椎/肋骨）的数量很少（图7）。但若考虑到动物身体中不同骨骼部位的实际数量，如头骨/下颌仅有2件，而脚骨（腕/跗骨、掌/跖骨、指/趾骨）超过50件等，则不同骨骼部位的丰度依序为：头骨/下颌、四肢骨、肩腰带、脚骨、中轴骨（附表1～3）。这可能反映了古人对不同骨骼部位的选择性搬运，即倾向于将富含营养的头骨、四肢等部位运回遗址，而将乏肉的脚骨等抛弃在野外。脊椎、肋骨的数量也较少，这通常是古人类优先消费的部位。

（三）历时性变化

舍巴遗址的第5层为螺壳密集的贝丘堆积，第4层、第3层则少见螺壳。与之相对应的是，第5层中脊椎动物标本的数量和重量较低，水生动物（鱼类、龟鳖类）的占比较大；而在第4层、第3层，脊椎动物标本的数量和重量有显著的增加，同时水生动物（鱼类、龟鳖类）的占比降低（图8）。上述变化反映了舍巴先民动物消费的转变，即从以水生动物为主，转变为以陆生动物为主。

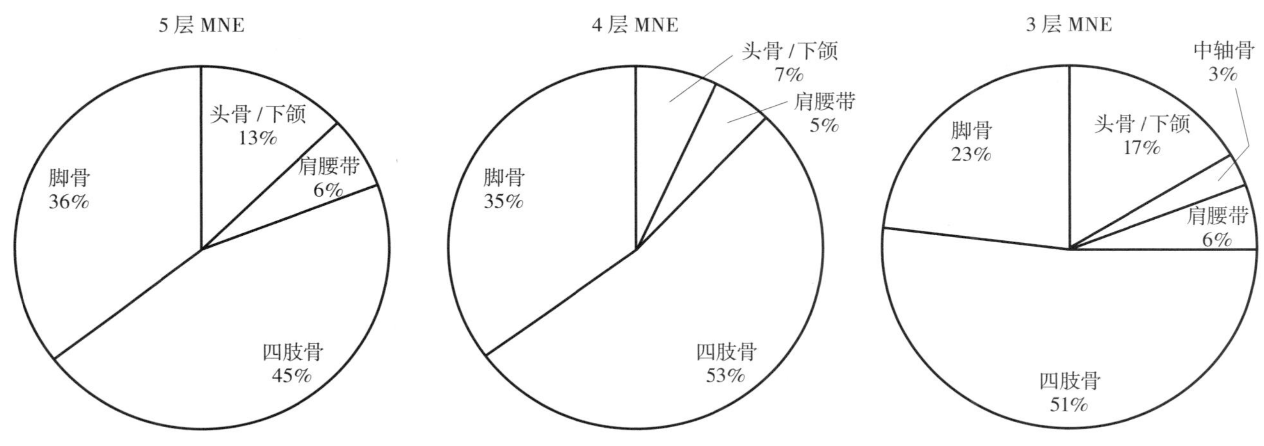

图7　舍巴遗址哺乳动物不同骨骼部位的MNE对比

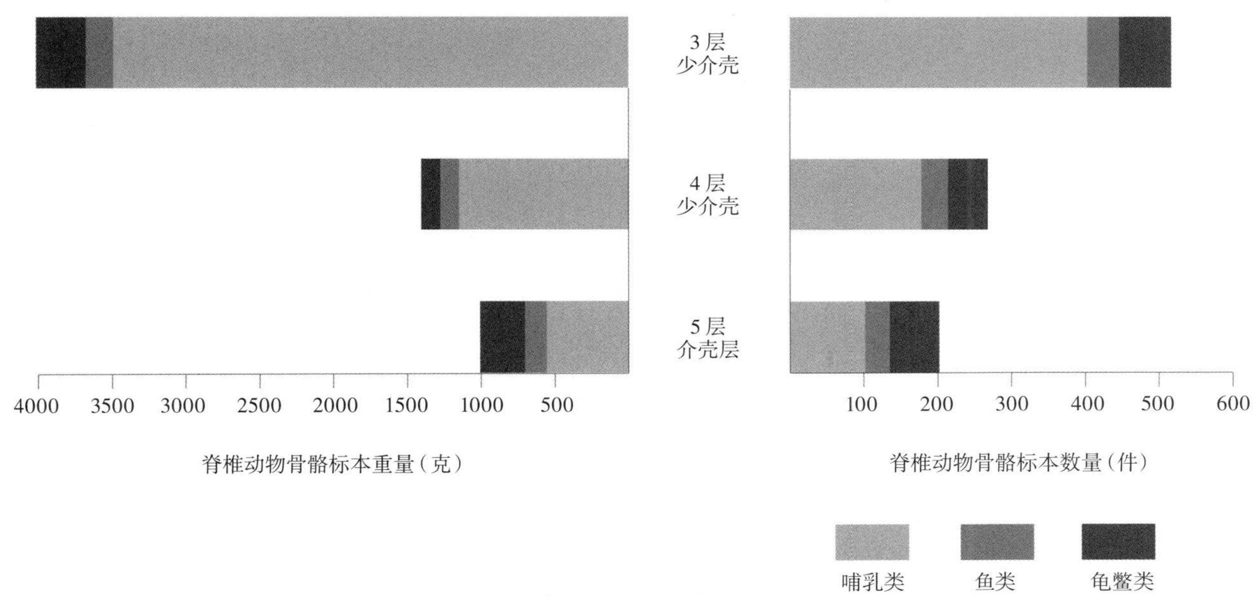

图8　舍巴遗址各层位中哺乳类、鱼类、龟鳖类的标本重量和数量分布

三　骨骼表面改造痕迹

动物考古涉及的骨骼表面痕迹可分为自然痕迹和人工痕迹两类，前者主要由自然风化、水流搬运和生物改造等因素造成，后者则是在人类消费、加工动物的过程中形成，包括切割痕、敲砸

痕、烧烤痕，以及与骨器制作相关的痕迹等。舍巴遗址中多数骨骼的表面保存完好，基本未受风化作用的影响，可见在地表的暴露时间较短。这在一方面反应了地层的堆积速率较快；另一方面也提示先民可能对废弃骨骼进行了刻意的掩埋。尽管在遗址的发掘过程中并未发现诸如灰坑之类的遗迹现象，但由于其独特的堆积形态，贝丘遗址中的遗迹开口通常是难以辨认的。此外，也未在任何骨骼的表面观察到食肉动物或啮齿动物的啃咬痕迹。鉴于自然改造对骨骼表面的影响甚微，可以推测舍巴先民对遗址进行了有效的管理和长时段的居住。

动物骨骼表面的人工痕迹非常丰富，尤其是具切割痕的标本较多，占比达 24.1%。一般而言，切割痕若分布在四肢末梢、头骨等皮下软组织较薄的部位，很可能与剥皮行为相关；若分布在关节的周边，肌腱、韧带的附着处，则往往和肢解尸体的行为相关；而若分布在富肉的部位，则可能为剔肉行为所致（图 9：A ～ D）。我们还注意到，少量偶蹄类长骨，主要是掌跖骨的远端，见有整齐的环切断口（图 9：A）。推测这很可能是制作骨器时所产生的废料，即在制备骨料的过程中截取骨干后的剩余部分。由于发掘面积较小，舍巴遗址中的骨器仅见一枚骨针。

舍巴遗址中多数骨骼标本处于破碎状态。长骨的破裂面往往较为光滑，顺长轴方向的断口呈螺旋状，说明是在新鲜状态下破裂的，应是古人类敲骨吸髓的产物（图 9：E ～ F）。值得注意的是，鹿类的近节或中节指骨 / 趾骨也多被敲开（图 9：G ～ H），反映了古人类对动物骨髓的强化利用；类似现象也见于左江上游的其他贝丘遗址[1]，以及云南早全新世的塘子沟遗址[2]，可能是这一时期西南地区古人类的行为共性。

和左江上游的其他贝丘遗址一样，舍巴遗址中几乎所有的骨骼都有烧烤痕迹。我们推测有两种可能：一是烧烤肉食，二是以骨骼作燃料。实验考古提供了类比的依据，如 Costamagno 等设计的火塘燃烧实验，将燃烧过后的碎骨分为 5 个烧烤等级，并统计了比例[3][4]。在实验模拟的所有场景下，都有过半的标本达到煅烧状态（3、4 级），而舍巴遗址中仅有 2% 的哺乳动物骨骼达到初步煅烧的状态（3 级）（图 9：I； 表 6），因此与用作燃料的场景相去甚远。又由于骨骼的灼烧常不均匀，且遗址中未见陶器，我们推测舍巴先民主要以烧烤的方式加工肉类。

所谓烧烤肉食，或许不局限于“烤肉”，亦有可能存在烤骨髓的行为。譬如东北的鄂伦春族会烧烤剔肉后的长骨，从而烤熟骨髓：“塔坦达老人特意带回一只犴（驼鹿）腿，犴肉剃掉后，

---

[1] 陈曦、杨清平、江左其杲：《广西左江流域新石器时代贝丘遗址动物考古学研究》，《南方文物》2019 年第 2 期。

[2] Jin J. J. H. and Mills E. W., “Split phalanges from archaeological sites: evidence of nutritional stress?” *Journal of Archaeological Science*, 38.8 (2011). pp. 1798-1809.

[3] Costamagno S., et al, “Taphonomic consequences of the use of bones as fuel. Experimental data and archaeological applications.” *Biosphere to Lithosphere : New studies in vertebrate taphonomy*. Ed. Terry o’Connor. Oxford: Oxbow Books, 2002, pp. 52-63.

[4] 该实验的对象为新鲜或干燥状态的牛、马、绵羊的肱骨，将其投入人工火塘，以木柴引燃，直至自然熄灭。燃烧结束后的骨骼分为 5 个烧烤等级：0 级，无烧烤痕；1 级，局部呈现烧烤痕；2 级，骨骼炭化，大部分呈黑色；3 级，初步煅烧，大部分呈灰色；4 级，深度煅烧，大部分呈白色。

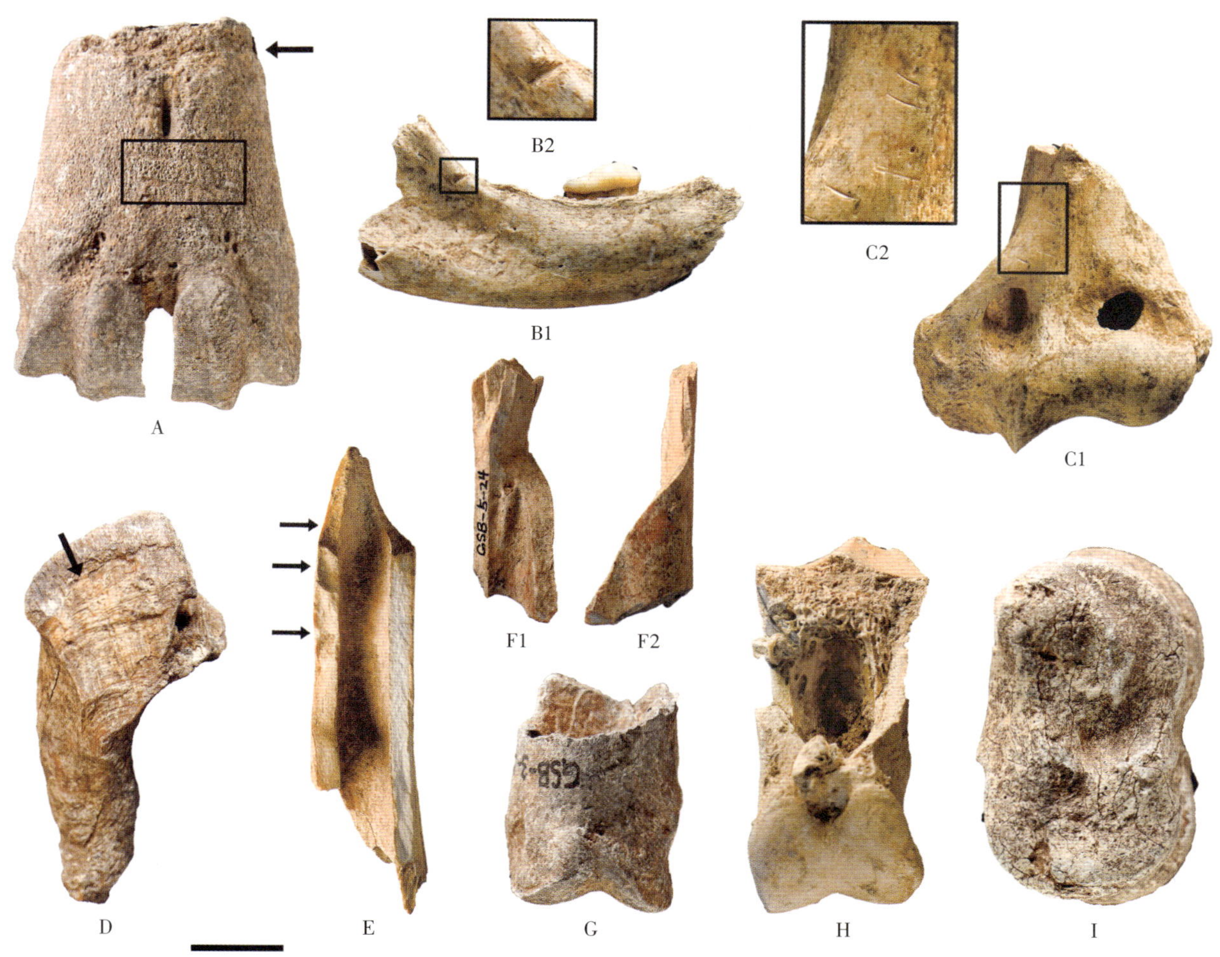

图 9　舍巴遗址哺乳动物骨骼表面改造痕迹

A：鹿类掌骨远端，切割痕；B1-2：果子狸下颌，切割痕；C：食肉类肱骨远端，切割痕；D：鱼类咽骨，切割痕；E：哺乳类长骨，敲砸疤；F：哺乳类长骨，螺旋状断口；G：鹿类指骨，敲骨吸髓；H：鹿类指骨，敲骨吸髓；I：水鹿距骨，烧烤痕（3 级）

比例尺：B1-2/C1-2/D/F1-2/G/H/I 为 1 cm；A/E 为 2 cm

表 6　舍巴遗址动物骨骼的烧烤等级

燃烧级	鱼类		龟鳖类		哺乳类		实验数据
	数量	百分比	数量	百分比	数量	百分比	
1 级	138	71.9%	88	78.6%	554	81.1%	
2 级	54	28.1%	24	21.4%	115	16.8%	
3、4 级	0	0.0%	0	0.0%	14	2.0%	>52.4
总计	192	100%	112	100%	683	100%	

把骨头放在火中烧，由于受热后骨髓膨胀，使犴骨裂纹，这时以猎刀轻轻敲打，犴骨就破开了，取出香喷喷的骨髓。”[1]舍巴遗址动物骨骼的烧烤痕深浅不一，部分标本已局部炭化，有的显现出火烤后的裂纹。因此，不能排除舍巴先民也有烧烤骨髓，或将部分剩骨投入火塘的可能。但由于缺少相关的类比实验，暂不能进行验证。

四　讨论

（一）动物群所见的自然环境

舍巴遗址出土的动物遗骨，由于是人为因素的堆积，因而难以反映自然动物群落的全貌。但舍巴先民的猎取范围较广，所得动物种属也较多，故仍可据此了解当时生态环境的概貌。

舍巴动物群的成员皆为现生种，多数仍可见于龙州当地的弄岗保护区。动物群中，含有大量的螺类、蚌类、鱼类和龟鳖类遗存，很好地吻合了遗址位于左江、丽江和明江交汇处的地貌特点；软体动物中数量最多的沟蜷、田螺，至今依然是当地的优势种类，说明长期以来区域内的水体环境相对稳定。陆生脊椎动物多数为森林型物种，如眼镜蛇、松鼠、帚尾豪猪、马来豪猪、穿山甲、猴类、鼬獾、熊、大灵猫、果子狸、椰子狸等，推测在遗址周边的峰丛地带，曾分布着大片的原始森林。动物群中，仅有小麂和水鹿以林缘灌丛、草地为主要生境，但它们的骨骼数量占比较大，反映了遗址周边溶蚀盆地内的植被环境。

通过分析动物组合，可大致复原舍巴遗址的自然环境。遗址地处三江交汇处的河谷地带，周边是成片的灌丛草地，不远处的山区为繁密的季节性雨林，整体植被接近于现今的弄岗自然保护区，气候也应是南亚热带季风气候。距今 9000 年以来，遗址周边的自然景观整体稳定，主要变化可能是原始森林的大幅减少，自然环境中赋存了丰富多样的动植物资源，为狩猎采集人群的生计提供了稳定的支撑，并使得这种生计方式得以长期延续。

（二）动物遗存反映的生业经济

舍巴动物遗骨的表面保存了丰富的人工痕迹，而几乎未见生物或其他自然因素改造的迹象，显然它们都是人类消费的产物。动物群的所有成员皆为野生种类，未见家养动物。其中猪骨的占比很小，且尺寸较大，被鉴定为野猪。仅就动物遗存而言，舍巴遗址无疑仍处于攫取经济的社会发展阶段。

从旧石器时代末期至新石器时代早中期，华南地区以广谱经济为主要生计方式，表现为对水生动植物、小粒型植物和小型动物的广泛利用。舍巴遗址的动物遗存也呈现出广谱经济的若干特点。首先是对水生资源的大量利用。舍巴先民不但捕捞大量的螺类、蚌类，以至于形成贝丘堆积，

[1] 宋兆麟：《民族考古之路——我的治学生涯》，商务印书馆，2018 年。

且脊椎动物中也有30.7%的标本为水生的鱼类或龟鳖类。其次是对小型脊椎动物的广泛猎取，包含鼬科动物、灵猫科动物、啮齿类、猴类，以及蛇类和鸟类等。这些小型脊椎动物的生境各异，如飞行、树栖、地栖、穴居等，并且不少是夜行性动物，反映出古人类娴熟的狩猎能力。广谱经济的发达，以人地关系的紧张为驱动因素，其直接反映就是左江流域同时期贝丘遗址的大量出现。

动物组合的历时性变化还折射出生业形态的转变。舍巴一期（第5层）是典型的贝丘堆积，介壳丰富，鱼类、龟鳖类的占比也较高，说明先民主要捕捞水生动物；舍巴二期（第3、4层）的介壳极为零星，贝丘消失，哺乳动物数量大增，说明更侧重于狩猎陆生动物。另外，地层中的石器数量从一期的18件陡增到二期的165件，可能体现了不同经济形态对石器需求的差异。贝丘遗址从兴盛到消亡的证据也见于邕江流域的诸多遗址，其原因尚有待探究[1]。

（三）动物资源的利用方式

舍巴遗址第一、二期未出土陶器，可见炊煮并非加工肉食的主要方式。另一方面，几乎所有脊椎动物骨骼的表面都有轻微的烧灼痕迹，推测是以烧烤的方式加工肉食。此外，陆生蜗牛的表面也多见轻微的烧灼痕迹，应也是烤熟后食用的结果；至今，广西民众还有将皱疤坚螺烤熟入药的习俗[2]。现有证据表明，在缺乏陶器的左江上游贝丘遗址中，烧烤熟食是一项共同的文化特征[3]。民族志材料将烧烤分为直烧法、石燔法和炮烧法，三类方法皆见于我国西南地区的现代少数民族[4]。

遗址中的水生螺类多从尾部被敲开，显然是为了方便吸食。水生螺类的表面不见烧烤迹象，推测先民有可能直接吸食生螺，但也有可能采取如竹釜法、石烹法之类的烹煮方式[5]。在广西地区，对螺类敲尾吸食的现象，不仅普遍存在于新石器时代的贝丘遗址，也见诸于娅怀洞[6]、白莲洞[7]等旧石器时代晚期遗址。目前，尚不清楚古人类是吸食生螺或熟螺，若要解决这一问题，需要通过模拟实验进行验证。至于陆生螺类，除进行烧烤外，在靠近壳口处往往敲一小口，可能也与食用方式有关。

动物不仅是食物的来源，也可用来制作骨器、蚌器等生产工具。舍巴遗址出土的骨器仅有一枚骨针，但发现了一些制备骨料所产生的废料，如具有整齐切口的鹿类掌跖骨、胫骨远端等，说明古人类曾在遗址中加工过骨器。值得注意的是，遗址中尚未发现任何蚌器，这在左江流域的同

---

[1] 吕鹏：《广西邕江流域贝丘遗址动物群研究》，《第四纪研究》2011年第4期。
[2] 陈德牛、高家祥：《中国经济动物志——陆生软体动物》，科学出版社，1987年。
[3] 陈曦、杨清平、江左其杲：《广西左江流域新石器时代贝丘遗址动物考古学研究》，《南方文物》2019年第2期。
[4] 宋兆麟：《中国风俗通史·原始社会卷》，上海文艺出版社，2001年。
[5] 宋兆麟、黎家芳、杜耀西：《中国原始社会史》，文物出版社，1983年。
[6] 宋艳波、谢光茂、赵文丫：《广西隆安娅怀洞遗址出土动物遗存初步研究》，《第四纪研究》2020年第2期。
[7] 广西柳州白莲洞洞穴科学博物馆编著：《柳州白莲洞》，科学出版社，2009年。

类遗址中显得特殊，是受制于发掘面积或是自身文化特征，目前尚不清楚。

五 结论

舍巴遗址出土动物可分为软体动物和脊椎动物两大类，分隶于腹足纲、瓣鳃纲、鱼纲、爬行纲、鸟纲和哺乳纲等7纲。软体动物共10种，分别为圆田螺未定种、环棱螺未定种、多棱角螺、越南沟蜷、环口螺未定种、皱疤坚螺、射带蜗牛未定种、多瘤丽蚌、铆钉尖丽蚌和圆顶珠蚌。脊椎动物共24种，包括鲃亚科未定种、青鱼、鲤属未定种、鲌亚科未定种、鲶属未定种、黄颡鱼属未定种、龟鳖目未定种、眼镜蛇科未定种、鸟纲未定种、松鼠科未定种、帚尾豪猪、马来豪猪、穿山甲未定种、猴科未定种、鼬獾未定种、熊属未定种、大灵猫未定种、果子狸、椰子狸、野猪、小麂、水鹿等。

舍巴遗址地处三江交汇的河谷地带，动物群反映的植被主要是南亚热带石灰岩季节性雨林，林缘地带也发育了成片的灌丛草地。动物群所见的生业经济是与环境较为契合的广谱渔猎，捞贝、捕鱼和狩猎并举，构成了因时、因地制宜的生业组合。区域内贝丘遗址的大量出现，说明人地关系的日趋紧张与广谱经济的逐渐发达存在着密切的关联。舍巴遗址的第一期和第二期遗存之间，伴随着石器数量的大幅增加，发生了以贝丘消亡为主要特征的生业形态转变，这一现象为研究西江水系贝丘遗址的兴衰提供了重要线索。

致谢：本文写作过程中，北京大学地球与空间科学学院江左其杲博士、中国科学技术大学人文与社会科学学院王娟博士和广西师范大学生命科学学院杜丽娜博士分别就食肉动物、鱼类和软体动物的鉴定提供了宝贵意见，河北师范大学杨淼燃同学帮助校对初稿，在此一并致谢。本研究得到广西壮族自治区文物保护与考古研究所“广西龙州舍巴遗址动物考古学研究（S11160A41944）”项目的资助。

附表 1　舍巴遗址第 3 层脊椎动物标本 NISP 和 MNE 统计

	啮齿类		食肉类		鹿类		鹿类		野猪	
	NISP	MNE	NISP	MNE	NISP	MNE	NISP	MNE	NISP	MNE
头骨			1	1	6	5	71	2	2	1
下颌	1	1	2	2	2	2	14	2	2	1
脊椎							3	3		
肋骨										
肩胛骨					6	5	1	1		
骨盆										
肱骨	1	1	4	4	3	2	4	3	1	1
桡骨			1	1	1	1	1	1	1	1
尺骨			4	4	4	4	2	2	3	3
髌骨							1	1		
股骨	2	2	5	5	3	2	4	2		
胫骨	1	1	4	4	5	3	6	4	1	1
腓骨										
腕 / 跗骨			1	1	3	3	4	4		
掌 / 跖骨					6	4	10	5	2	2
指 / 趾骨			1	1	1	1	2	2	1	1
总计	5	5	23	23	40	32	123	32	13	11

附表 2 舍巴遗址第 4 层脊椎动物标本 NISP 和 MNE 统计

	鸟类		蛇类		啮齿类		食肉类		鹿类		鹿类		野猪		猴类	
	NISP	MNE	NISP	MNE	NISP	MNE	NISP	MNE	NISP	MNE	NISP	MNE	NISP	MNE	NISP	MNE
头骨																
下颌							2	2	1	1			1	1		
脊椎			1	1												
肋骨																
肩胛骨							1	1					1	1		
骨盆															1	1
肱骨							4	4	4	2	3	2	1	1		
桡骨					1	1	1	1	3	2	2	1				
尺骨							2	2	1	1	1	1				
髌骨																
股骨					2	2	1	1	1	1			1	1		
胫骨							1	1	1	1	7	4				
腓骨															1	1
腕 / 跗骨									2	2					2	2
掌 / 跖骨					3	3			1	1	12	4	1	1		
指 / 趾骨									3	3	2	2	2	2		
其他	4	3														
总计	4	3	1	1	6	6	12	12	17	14	27	14	7	7	4	4

附表3　舍巴遗址第5层脊椎动物标本NISP和MNE统计

	啮齿类		食肉类		麂类		鹿类		野猪		猴类	
	NISP	MNE	NISP	MNE	NISP	MNE	NISP	MNE	NISP	MNE	NISP	MNE
头骨							2	2				
下颌	1	1			1	1						
脊椎												
肋骨												
肩胛骨												
骨盆							1	1			1	1
肱骨			1	1			1	1				
桡骨					1	1					1	1
尺骨			1	1			1	1	2	2		
髌骨												
股骨			1	1	2	2					1	1
胫骨					1	1	1	1				
腓骨												
腕/跗骨	1	1			2	2						
掌/跖骨			1	1	2	2	1	1				
指/趾骨					1	1	2	2			1	1
总计	2	2	4	4	10	10	9	9	2	2	4	4

后 记

岁月如梭，舍巴遗址从试掘至今转眼已10载有余，但发掘时的诸般情景，至今仍历历在目。遗址的试掘作为左江花山岩画申遗的一部分，其目的在探寻左江流域史前文化与岩画之间的内在关联。受当时相对单纯的试掘目的和时间、经费及征地等因素的影响，同时也囿于遗址长远保护的考虑，因此在试掘时有意避开了遗址堆积的核心区域，而是因地制宜地选择遗址边缘部位进行小范围的试掘。这样做虽然较为完整的保全了遗址的核心区域，但也为遗址文化面貌的完整呈现带来了一定的局限。另外在土样及螺贝等动物样品的定量采集及样本浮选和科学检测方面也有所遗漏，好在文化遗物的收集尚相对完整，使得我们对遗址整体文化面貌的了解不至于出现大的偏差。

遗址发掘面积虽小，遗物也较为单一，但地层堆积较为明确，生业模式的转变及文化的传承和演进关系亦较为清晰，这无疑为左江上游地区史前文化序列的建立及生业模式的转变与气候环境的关联性研究提供了某些参考。更为重要的是，遗址第一、二期虽然在文化面貌上与左江流域大部分遗址基本保持一致，但在石片、砍砸器、刮削器等打制石器的制作方面存在明显的区别。从目前考古发现看，这种以一次性劈裂石片简单修整制作打制石器的技术特征在稍后发掘的龙州大湾和坡叫环遗址中亦有明显的体现，这对于左江流域史前文化类型的研究无疑是有益的。

本项目发掘由谢广维负责，参加发掘的有已经退休的广西壮族自治区博物馆原副馆长蓝日勇，南宁博物馆的夏丽娜、蒲晓东及龙州县博物馆的黄伟。发掘时日虽短，但由于遗址所处位置当时未通公路，需换乘车船才能抵达，为免舟车劳顿，每日只能早出晚归，午饭也一直以面包干粮充饥。在此对所有参与发掘人员的辛苦付出表示衷心的感谢，尤其是蓝日勇先生，虽已年过花甲，依然坚守发掘现场与年轻队员同甘苦，其敬业精神着实令人感动。

资料整理主要由谢广维负责，余明辉亦参与了部分整理，动物骨骼由南京师范大学社会发展学院文物与博物馆学系的陈曦负责。器物图由张小波、郑云峰、龙耀英、宁豆功绘制。遗址照片由蒲晓东拍摄；器物照片由谢广维拍摄。由于石器照片重在打击点、放射线、片疤等细部特征的呈现，受自身拍照技术所限，要想清晰地展示这些肉眼都不易辨识的石器打制特征确实较为困难。经过不断地摸索尝试，最终呈现的结果虽未能尽如人意，但也算是尽己所能。在资料整理期间，王星和黄海荣参加了遗址的复查，并采集了大量石器，在此对所有参与资料整理及遗址复查的工作人员致以深深的感谢。

报告编写由谢广维负责，参与编写的有龙州县博物馆的黄伟，南宁博物馆的蒲晓东、夏丽娜，广西壮族自治区博物馆的黄海荣，广西文物保护与考古研究所的王星，南京师范大学社会发展学院文物与博物馆学系的陈曦。具体分工如下：

第一章由谢广维、黄伟执笔；

第二章由谢广维、蒲晓东、夏丽娜执笔；

第三章第一节由谢广维、蒲晓东执笔，第二节由谢广维、夏丽娜执笔，第三节由谢广维、黄伟执笔，第四节由谢广维、王星、黄海荣执笔；

第四章由谢广维执笔；

附录由陈曦执笔；

英文提要由中国人民大学历史学院博士生邱四平翻译。

报告的编写虽力求客观，但也不可避免地会受到个人主观认识的影响，不足之处，望读者不吝批评指正。

编者

2021 年 2 月

Abstract

This book is the initial excavation report of Sheba Site on 2010. The site is a complex site in upper reaches of Zuojiang River, composed of the Early and Middle Neolithic shell mound deposits, non-shell mound deposits and a Pre-Qin Period burial. The chronology of the site has three phases.

The cultural deposits of the Phase 1 are shell mound deposits. The subsistence economy during this phase depended on hunting-and-fishing. The excavated artifacts are relatively few, only in stone and bone. The types of the stone implements are choppers, scrapers, and ground tools including axes and adzes. The only type of the bone implements is needle. A plenty of large mammal bones are also found in this phase. No ceramic objects, as well as burials which commonly beneath the shell mounds from previous archaeological experiences, are discovered from this phase. The dating of the phase is about 8000 BP.

The cultural deposits of the Phase 2 are the non-shell mound deposits. The characteristics of excavated lithic implements at this phase did not differ much from the early counterparts of the Phase 1, but the subsistence economy had been shifted from hunting-and-fishing to hunting-and-gathering. The excavated artifacts are relatively rich, mainly in stone, as well as the skeletal remains of the large mammal. The types of stone implements discovered from this phase are chopping tools including choppers, scrapers, hand adzes, lithic cores, flakes, etc., and many axes, adzes, chisels which processed core reduction first then grounded into final shape. The characteristic artifacts are choppers, scrapers and hand adzes made of simple trimming flakes. The dating of the phase is about 8000 BP. –7000 BP.

The Phase 3 belongs to Shang and Zhou Periods. The discovery is only one burial, which is quite different from two previous phase in chronology and cultural aspects.

This book is composed of five chapters. The Chapter 1 and 2 introduce the background information about the natural environment and local history of Longzhou County, and the geographical location and the archaeological activities of the site. The Chapter 3 respectively illustrates the excavated and gathered artifacts from different phases. The Chapter 4 investigates the issues on the cultural aspects, dating, and lithic technologies observed in each phase of the site. The Addendum contains the zooarchaeological researches on the excavated animal remains of the Phase 1 and 2.

Being informative and well-illustrated, this book is available for reading and reference by the workers and in the fields of archaeology, history, museology, as well as the teachers and students who study in the fields.

1. 遗址俯拍图

2. 遗址近景

遗址地形、地貌

1. 探沟位置示意图

2. 探沟全景（西—东）

发掘位置及探沟全景

1. 发掘场景

2. 发掘工作照

发掘工作场景

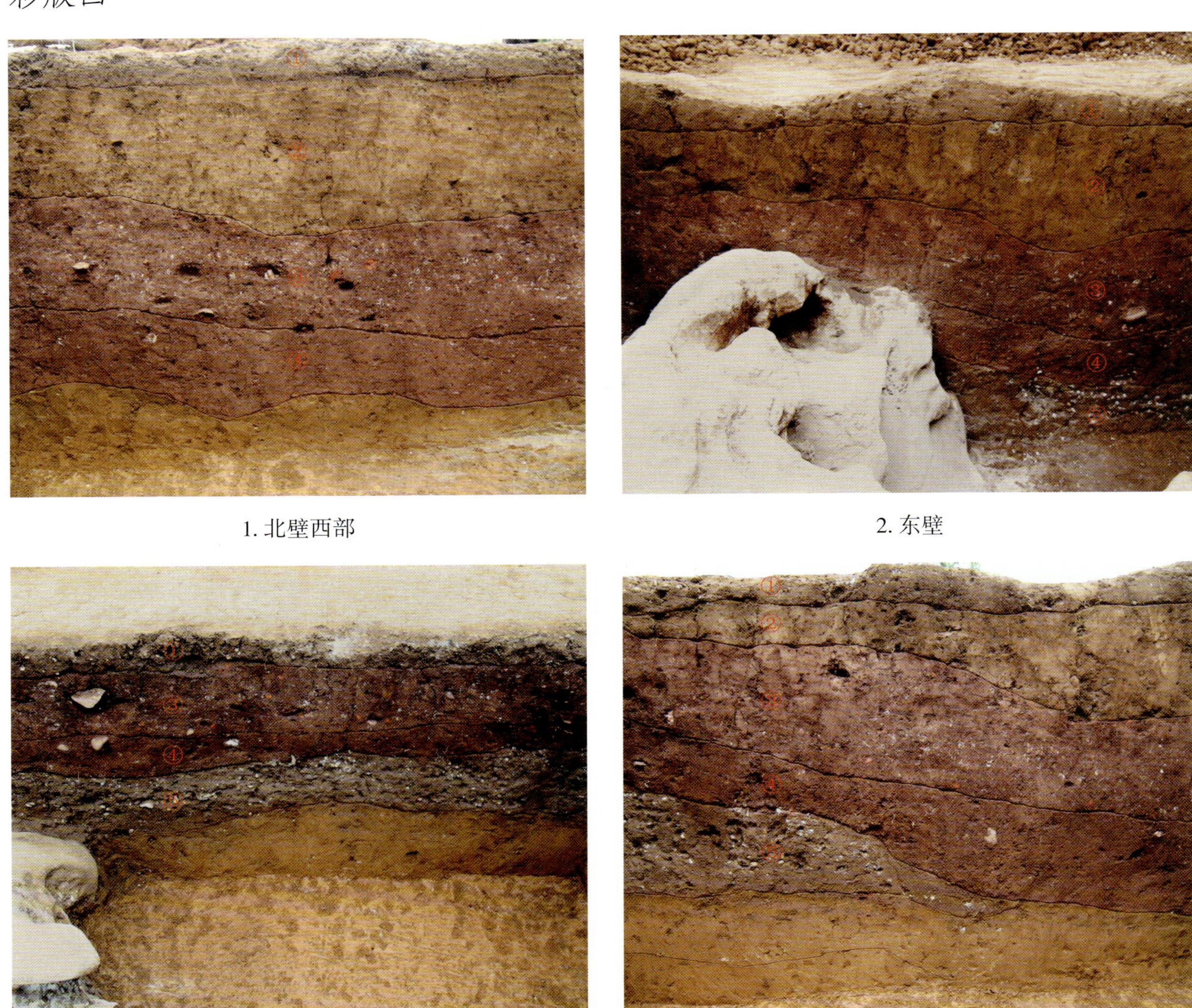

1. 北壁西部

2. 东壁

3. 南壁西部

4. 西壁

探沟四壁剖面图

1. 单边直刃砍砸器（T1⑤：8）

2. 双边刃刮削器（T1⑤：17）

3. 多边刃刮削器（T1⑤：13）

4. 多边刃刮削器（T1⑤：10）

5. 横长型石片（T1⑤：9）

6. 纵长型石片（T1⑤：18）

第一期砍砸器、刮削器、石片

1. 纵长型石片（T1⑤：7）

2. 纵长型石片（T1⑤：11）

3. 纵长型石片（T1⑤：6）

4. 纵长型石片（T1⑤：12）

5. 长椭圆形石斧（锛）毛坯（T1⑤：3）

6. 长椭圆形石斧（锛）毛坯（T1⑤：5）

第一期石片、石斧（锛）毛坯

1. 梯形石斧（T1⑤：4）

2. 梯形石斧（T1⑤：14）

3. 近三角形石斧（T1⑤：15）

4. 长椭圆形石锛（T1⑤：2）

5. 长方形石锛（T1⑤：16）

6. 砺石（T1⑤：1）

第一期石斧、石锛、砺石

1. 第一期打制石器

2. 第一期骨针（T1⑤：19）

3. 第二期打制石器

第一期骨针及第一、二期打制石器

1. 端直刃砍砸器（T1③：24）

2. 端直刃砍砸器（T1③：7）

3. 侧直刃砍砸器（T1③：23）

4. 侧直刃砍砸器（T1③：100）

5. 侧直刃砍砸器（T1③：28）

第二期单边直刃砍砸器

1. T1③：97

2. T1③：11

3. T1③：13

4. T1③：98

5. T1③：107

6. T1④：3

第二期单边侧直刃砍砸器

1. T1③：9
2. T1③：106
3. T1③：108
4. T1③：22
5. T1③：5
6. T1③：3

第二期单边侧弧刃砍砸器

1. T1③：104

2. T1③：44

3. T1③：103

4. T1③：110

5. T1③：10

6. T1③：118

第二期双边刃砍砸器

1. 双边刃砍砸器（T1③：1）

2. 手镐（T1③：102 ）

3. 手镐（T1③：18）

4. 手镐（T1③：101）

5. 手镐（T1③：99）

6. 手镐（T1③：4）

第二期砍砸器、手镐

1. T1④：1

2. T1③：12

3. T1③：109

4. T1③：38

5. T1③：43

6. T1③：33

第二期单边直刃刮削器

1. 直刃刮削器（T1③：45正面）

2. 直刃刮削器（T1③：45背面）

3. 弧刃刮削器（T1③：17）

4. 弧刃刮削器（T1③：19）

5. 弧刃刮削器（T1③：15正面）

6. 弧刃刮削器（T1③：15背面）

第二期单边刃刮削器

1. T1③：36

2. T1③：113

3. T1③：112正面

4. T1③：112背面

5. T1④：45

6. T1④：13

第二期单边弧刃刮削器

1. 单边弧刃刮削器（T1③：21）

2. 单边弧刃刮削器（T1③：39）

3. 单边弧刃刮削器（T1③：32正面）

4. 单边弧刃刮削器（T1③：32背面）

5. 双边刃刮削器（T1④：8正面）

6. 双边刃刮削器（T1④：8背面）

第二期刮削器

1. 双边刃刮削器（T1④：2）

2. 双边刃刮削器（T1③：20）

3. 双边刃刮削器（T1④：16）

4. 多边刃刮削器（T1④：6）

5. 多边刃刮削器（T1③：25）

6. 多边刃刮削器（T1③：116）

第二期刮削器

1. 石核（T1③：2）

2. 石核（T1③：31）

3. 石核（T1③：42）

4. 石核（T1③：42）

5. 横长型石片（T1③：16）

6. 横长型石片（T1③：26）

第二期石核、石片

1. T1③：50正面

2. T1③：50背面

3. T1③：27正面

4. T1③：27背面

5. T1③：121

6. T1③：115

第二期横长型石片

1. T1④：14

2. T1④：44

3. T1③：46

4. T1④：5

5. T1③：114

6. T1③：53

第二期横长型石片

1. 横长型石片（T1③：54正面）

2. 横长型石片（T1③：54背面）

3. 纵长型石片（T1③：35）

4. 纵长型石片（T1④：12）

5. 纵长型石片（T1③：29）

6. 纵长型石片（T1③：14）

第二期石片

1. T1④：4正面

2. T1④：4背面

3. T1③：40

4. T1③：48

5. T1③：52

6. T1③：30

第二期纵长型石片

1. T1③：6

2. T1③：8

3. T1④：11

4. T1④：10

5. T1③：37正面

6. T1③：37背面

第二期纵长型石片

1. T1③：49　2. T1④：7　3. T1③：34　4. T1④：15　5. T1③：47　6. T1④：9

第二期纵长型石片

1. T1③：68

2. T1③：63

3. T1③：79

4. T1④：31

5. T1④：39

6. T1④：41

第二期三角形石斧（锛）毛坯

1. 三角形石斧（锛）毛坯（T1④：32）

2. 梯形石斧（锛）毛坯（T1③：111）

3. 梯形石斧（锛）毛坯（T1③：70）

4. 梯形石斧（锛）毛坯（T1③：55）

5. 梯形石斧（锛）毛坯（T1③：91）

6. 梯形石斧（锛）毛坯（T1④：19）

第二期石斧（锛）毛坯

1. T1④：35

2. T1③：66

3. T1④：34

4. T1③：64

5. T1③：83

6. T1③：117

第二期梯形石斧（锛）毛坯

1. T1③：82　2. T1③：69

3. T1③：84　4. T1④：29

5. T1④：22　6. T1③：81

第二期长弧圆形石斧（锛）毛坯

彩版三〇

1. T1④：37　　2. T1④：36

3. T1③：74　　4. T1④：26

5. T1④：40　　6. T1④：23

第二期长弧圆形石斧（锛）毛坯

1. 石斧（锛）毛坯残段（T1④：43）

2. 石凿毛坯（T1③：51）

3. 石凿毛坯（T1③：56）

4. 石凿毛坯（T1④：27）

5. 石凿毛坯（T1③：76）

6. 石凿毛坯（T1③：61）

第二期石斧（锛）、石凿毛坯

1. 石凿毛坯（T1④：21）

2. 石凿毛坯（T1③：87）

3. 石凿毛坯（T1③：78）

4. 石斧（锛）半成品（T1③：75）

5. 石斧（锛）半成品（T1③：90）

第二期石凿毛坯、石斧（锛）半成品

1. 长弧圆形石斧（T1④：17）

2. 长弧圆形石斧（T1④：18）

3. 长弧圆形石斧（T1④：24）

4. 三角形石斧（T1④：28）

5. 三角形石斧（T1③：72）

6. 梯形石斧（T1③：73）

第二期石斧

1. 梯形石斧（T1③：95）

2. 梯形石斧（T1③：89）

3. 石斧残段（T1④：42）

4. 三角形石锛（T1③：86）

5. 三角形石锛（T1③：88）

6. 三角形石锛（T1④：25）

第二期石斧、石锛

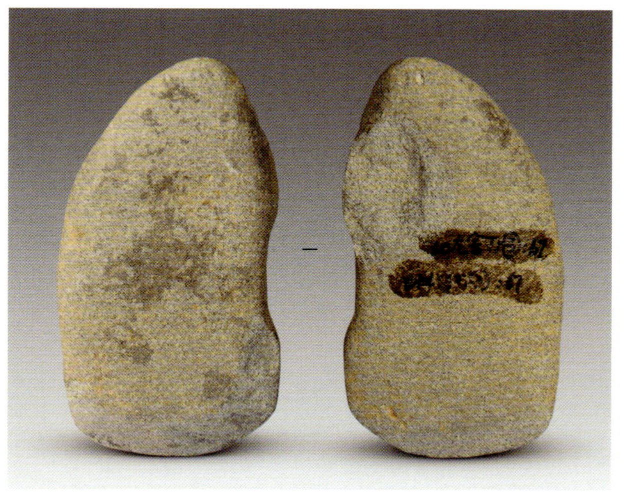

1. 三角形石锛（T1③：67）

2. 三角形石锛（T1③：57）

3. 三角形石锛（T1③：62）

4. 梯形石锛（T1③：120）

5. 梯形石锛（T1③：96）

6. 梯形石锛（T1③：77）

第二期石锛

1. 梯形石锛（T1③：119）

2. 梯形石锛（T1③：59）

3. 梯形石锛（T1④：38）

4. 梯形石锛（T1③：71）

5. 梯形石锛（T1③：93）

6. 四边形石锛（T1④：20）

第二期石锛

1. 石锛残段（T1③：92）

2. 石锛残段（T1③：65）

3. 石锛残段（T1③：94）

4. 石凿（T1③：41）

5. 石凿（T1③：60）

6. 石凿（T1③：80）

第二期石锛、石凿

1. 石凿（T1③：85）

2. 石凿（T1④：30）

3. 石凿（T1④：33）

4. 研磨器（T1③：105）

第二期石凿、研磨器

1. M1

2. 随葬石器

3. 随葬陶罐

M1及随葬器物

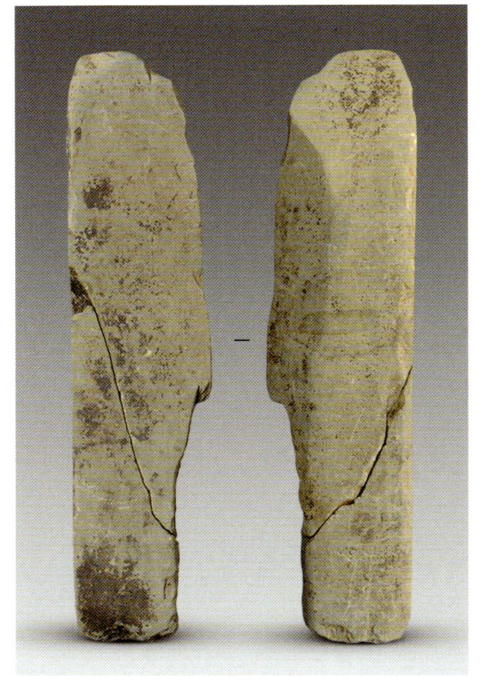

1. 砺石（M1：6）

2. 砺石（M1：7）

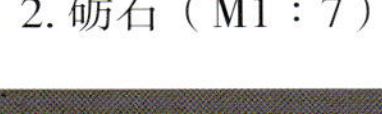

3. 砺石（M1：8）

4. 石网坠（M1：1）

5. 石切割废料（M1：10）

M1出土石器

1. 石锛（M1：3）

2. 石锛（M1：9）

3. 石锛（M1：5）

4. 石锛（M1：2）

5. 凹刃石凿（M1：4）

M1出土石锛、凹刃石凿

1. 小石子（M1：12）

2. 无加工痕迹小石子（M1：12）

M1出土小石子

1. 一端打制

2. 两端打制

3. 一侧打制

4. 器身打制

5. 通体磨制

M1出土小石子加工方式

1. B采：13
2. 采：15
3. 采：16
4. 采：8
5. 采：9
6. N采：24

采集单边侧直刃砍砸器

1. 侧直刃砍砸器（采：11）

2. 侧直刃砍砸器（采：18）

3. 侧直刃砍砸器（采：12）

4. 侧弧刃砍砸器（采：7）

5. 侧弧刃砍砸器（N采：23）

6. 侧弧刃砍砸器（B采：15）

采集单边刃砍砸器

1. 单边侧弧刃砍砸器（采：40）

2. 单边侧弧刃砍砸器（采：40）

3. 单边侧弧刃砍砸器（B采：21）

4. 双边刃砍砸器（采：17）

5. 双边刃砍砸器（采：5）

6. 双边刃砍砸器（采：10）

采集砍砸器

1. 双边刃砍砸器（采：4）

2. 双边刃砍砸器（B采：14）

3. 手镐（采：6）

4. 手镐（采：2）

5. 手镐（采：1正面）

6. 手镐（采：1侧面）

采集砍砸器、手镐

1. 采：26

2. 采：21

3. 采：24

4. N采：21

5. 采：3

6. 采：3

采集单边直刃刮削器

1. N采：22正面

2. N采：22背面

3. 采：13

4. N采：25

5. B采：19

6. B采：18

采集单边弧刃刮削器

1. B采：16

2. 采：46

3. B采：23

4. 采：50

5. 采：19正面

6. 采：19背面

采集单边弧刃刮削器

1. 单边弧刃刮削器（采：20）

2. 单边弧刃刮削器（采：27）

3. 双边刃刮削器（采：22）

4. 双边刃刮削器（B采：17）

5. 双边刃刮削器（B采：24）

6. 双边刃刮削器（采：23）

采集刮削器

1. 双边刃刮削器（采：25）

2. 切割器（N采：28）

3. 切割器（采：49）

4. 横长型石片（B采：26）

5. 横长型石片（B采：25）

6. 横长型石片（B采：25）

采集刮削器、切割器、石片

1. 采：44

2. B采：27

3. 采：42

4. N采：19

5. 采：14

6. N采：20

采集横长型石片

1. 横长型石片（B采：22正面）

2. 横长型石片（B采：22背面）

3. 纵长型石片（采：43）

4. 纵长型石片（B采：20）

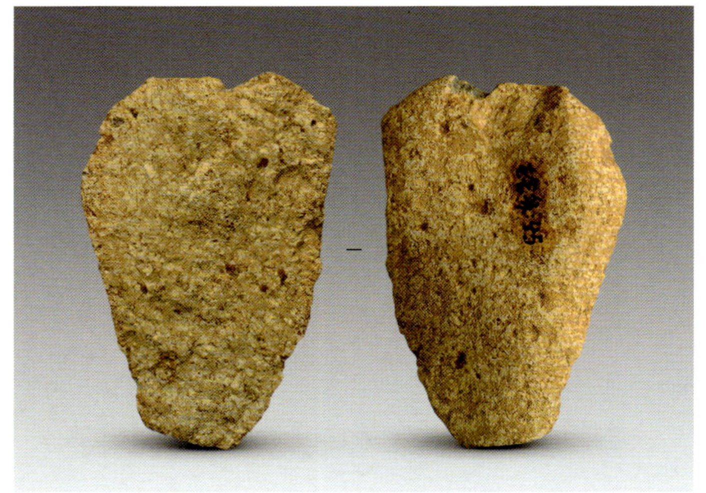

5. 纵长型石片（采：45）

6. 纵长型石片（N采：18）

采集石片

1. 纵长型石片（采：41）

2. 纵长型石片（N采：26）

4. 石锤（N采：27）

3. 棒形石砧（N采：17）

5. 石锤（采：39）

采集石片、棒形石砧、石锤

1. 磨石（采：47正、背面）

2. 磨石（采：47侧面）

3. 研磨器（B采：11）

4. 研磨器（B采：12）

5. 研磨器（采：48）

6. 研磨器（采：48）

采集磨石、研磨器

1. B采：2　2. B采：1

3. B采：6　4. 采：34

5. N采：9　6. B采：4

采集长椭圆形石斧（锛）毛坯

1. 长椭圆形石斧（锛）毛坯（N采：6）

2. 长椭圆形石斧（锛）毛坯（B采：5）

3. 长椭圆形石斧（锛）毛坯（B采：9）

4. 长椭圆形石斧（锛）毛坯（N采：16）

5. 三角形石斧（锛）毛坯（B采：8）

6. 三角形石斧（锛）毛坯（N采：8）

采集石斧（锛）毛坯

1. 三角形石斧（锛）毛坯（N采：5）

2. 三角形石斧（锛）毛坯（采：32）

3. 近梯形石斧（锛）毛坯（N采：7）

4. 近梯形石斧（锛）毛坯（采：29）

5. 近梯形石斧（锛）毛坯（采：30）

6. 近梯形石斧（锛）毛坯（B采：3）

采集石斧（锛）毛坯

1. 石凿毛坯（B采：7）

2. 石凿毛坯（N采：13）

3. 石凿毛坯（N采：12）

4. 石凿毛坯（N采：15）

5. 长椭圆形石斧（N采：10）

6. 长椭圆形石斧（N采：1）

采集石凿毛坯、石斧

1. 长椭圆形石斧（N采：2）

2. 长椭圆形石斧（采：35）

3. 近三角形石斧（采：38）

4. 近三角形石斧（采：28）

5. 近三角形石斧（N采：11）

6. 近梯形石斧（采：31）

采集石斧

1. 近梯形石斧（N采：4）

2. 石锛（采：36）

3. 石锛（采：37）

4. 石凿（N采：3）

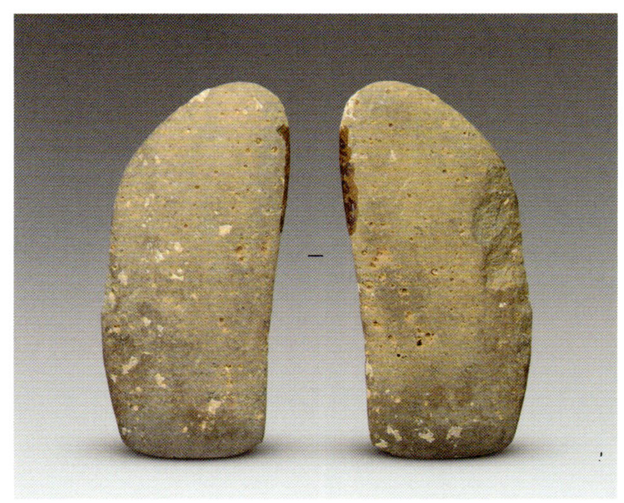

5. 石凿（B采：10）

6. 石凿（采：33）

采集石斧、石锛、石凿

1. 北大岭遗址

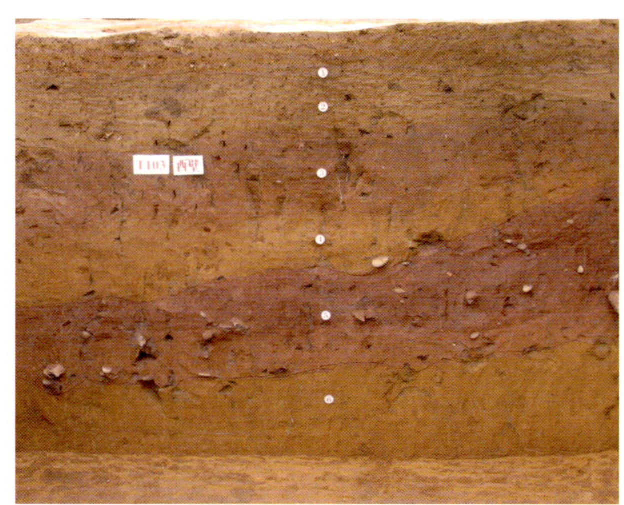

2. 革新桥遗址

3. 大塘城遗址

北大岭、革新桥、大塘城遗址棕红色沙黏土堆积